经济大趋势系列

冀俊峰　著

元宇宙浪潮

新一代互联网变革的风口

清华大学出版社

北　京

图书在版编目（CIP）数据

元宇宙浪潮：新一代互联网变革的风口 / 冀俊峰著. —北京：清华大学出版社，2022.5（2024.8重印）

（经济大趋势系列）

ISBN 978-7-302-60476-1

Ⅰ.①元…　Ⅱ.①冀…　Ⅲ.①信息经济－通俗读物　Ⅳ.①F49-49

中国版本图书馆CIP数据核字(2022)第060467号

责任编辑：顾　强
封面设计：周　洋
版式设计：方加青
责任校对：王荣静
责任印制：丛怀宇

出版发行：清华大学出版社
　　　　　网　　　址：https://www.tup.com.cn，https://www.wqxuetang.com
　　　　　地　　　址：北京清华大学学研大厦A座　　　　邮　　编：100084
　　　　　社 总 机：010-83470000　　　　　　　　　　邮　　购：010-62786544
　　　　　投稿与读者服务：010-62776969，c-service@tup.tsinghua.edu.cn
　　　　　质 量 反 馈：010-62772015，zhiliang@tup.tsinghua.edu.cn
印 装 者：艺通印刷（天津）有限公司
经　　销：全国新华书店
开　　本：148mm×210mm　　　印　　张：9.375　　　字　　数：206千字
版　　次：2022 年 7 月第 1 版　　　印　　次：2024 年 8 月第 2 次印刷
定　　价：69.00元

产品编号：095425-01

当社会搭上数字技术的快车

自 2021 年上半年开始兴起的"元宇宙浪潮",至今依然方兴未艾。相关文章与著作也纷纷问世,元宇宙的基本概念和知识得到前所未有的普及。这样的现象,超越了以前数字技术经历的任何阶段。这样的背景,对于任何深入探讨元宇宙的著作,无疑是一种挑战。

冀俊峰所著《元宇宙浪潮:新一代互联网变革的风口》接受了这样的挑战。这本书对于元宇宙提出了值得肯定的见解:①对于人类迄今为止探索"星际文明"和构建"元宇宙"两类选择加以优势比较,批评了某些人对元宇宙的负面认知,提出构建"元宇宙"的更为深远的意义;②强调和描述了元宇宙与现实世界"平行运作"和"同步运行"的特征,触及了数字孪生的本质所在;③说明了数字身份在元宇宙中的主体性地位,进而讨论了所谓的"元住民"和"元公民"问题;④分析了元宇宙引发的虚实交互作用架构下的经济系统;⑤描述了"元宇宙超智能社会",并做了实证性探讨;⑥在元宇宙的技术挑战讨论中,已经注意到人工智能的重要性。

其中，作者将"数字身份"列为"元宇宙核心特征"尤其值得读者思考。元宇宙的互联互通有赖于互操作性的实现，而数字身份是完成这一项工作的基础。只有确认了一名用户的身份，才有可能把他在一个元宇宙的动作、指令与信息正确地传输给另一个元宇宙的对应用户——数字身份即成为不同元宇宙间进行组织与协调的基础。因此，自主权身份（self-sovereign identity）作为一个新兴概念的流行便不足为奇：在元宇宙的背景下，它以用户为中心控制信息，比目前的用户数据存储方式更值得期待。自主权身份有可能解决数据安全和隐私问题，因为将个人信息存储在中央数据库的需要不复存在，并且个人能够控制自己存储和分享的信息。这种经过验证的、去中心化的信任水平，对于将数据元素结合在一起以建立一个统一、开放的元宇宙空间来说是至关重要的。

文字滞后于现实是一种常态。关于元宇宙的文字滞后于元宇宙实践尤其如此。仅仅在过去的数个月，在元宇宙的思想认知、虚拟现实技术创新、元宇宙与包括工业等各类产业的结合、元宇宙用于区域发展和社会组织等方面，都有了相当的突破和进展。元宇宙相关产业体系加速形成，与之相关的元宇宙的经济实体正在形成。

说到底，技术创新是实现元宇宙潜力和张力的深层动力。数字技术可以使过去难以应对的现象变得司空见惯。以"微型国家"（micronation）为例，当一群人出于某些目的决定划出一块地并建立国家的时候，并不一定会受到主权国家（sovereign state）承认而获得法理上的独立地位，即便其符合《蒙特维多国家权利义务公约》（*Montevideo Convention on the Rights and Duties of States*）第一条的"常住人口""界定的领土""政府"和"与其他国家建立关系的能力"4项要求。请读者注意，微型国家的存在极大地契合了互联网发展中的在线社群精神——它并非为挑战现行的主权国家架构，而是将一群有类似想法的人们以国家的形态聚拢在一起，达到一种思想的共识。当我们将微型国家视为一种社群形态时，元宇宙很明显可以通过相对廉价的数字空间给微型国家这种线上与线下、数字与物理相结合的组织形态提供更加丰富的展示窗口。我们甚至可以提出这样的猜想，元宇宙会使当前已然丰富的互联网社群组织形式更上一层楼——其决定性的模式更迭在于元宇宙的社群将会容纳更多人与机器和机器与机器的互动，而这显然是17世纪在威斯特伐利亚出席和平谈判的110名交战国代表所难以预见的。

最为极端的例子是战争。自20世纪90年代以来，战争的形态正在悄然改变，前线执行的战术任务正在被数字技术主导，以目不暇接的速度无情替代军人。在海湾战争中，刺破天穹的巡航导弹为电视机前的观众揭开了远距离精确打击的序幕；步入21世纪的战争，由无人侦察机指挥，可以在一定时间内滞空寻找攻击目标的巡飞弹甚至比传统的空地导弹价格更为低廉，并能够在完成战术任务的同时极大地减少生命损害。可见具有元宇宙技术特征的战争已经来临。

总之，本书不仅具有系统思想和架构，而且介绍和阐释元宇宙具体技术的应用场景，以及元宇宙各类技术发展的未来，厘清了元宇宙相关的基本课题，属于兼顾专业人士和一般读者的元宇宙读物。这本书反映了作者本人在计算机科学方面的专业训练是完整的，思考是深刻的。希望有更多的读者能够从中得到从元宇宙技术到人文意义的启发，关注元宇宙的发展和演变，搭上数字技术的快车，成为元宇宙的数字移民。

最后，引用意大利理论物理学家弗兰切斯卡·维多托（Francesca Vidotto，1980—）说的一段话："我想谈论的科学不是随着哥白尼革命或古希腊哲学而诞生的，而是在夏娃摘苹果的那一刻就出现了，这是一种求知欲，是人类的天性。"我们对于元宇宙的探讨其实刚刚开始，还要继续下去。

朱嘉明

横琴新区数链数字金融研究院学术与技术委员会主席

2022.4.21 北京

元宇宙作为 2021 年的热门科技名词，激起了全球科技界、投资界、文化界、娱乐界等绝大部分主流和前沿领域，以及消费人群的关注。然而，元宇宙到底是什么？今天人们心中期望的和未来随人类社会需求迭代演进的元宇宙到底与 1992 年科幻作家尼尔·斯蒂芬森在其小说《雪崩》中的畅想有何区别？相信并不是每个人都清楚。即使是在虚拟现实、增强现实、人工智能、数字游戏、互联网、数字货币等一些跟元宇宙紧密相关领域从业多年的专业人士，都会有不尽相同的答案。

时间退回到 1992 年，元宇宙这个概念第一次出现在小说中，到今天已经 30 年了。我们会发现，大多数科幻故事的局限，在于可以想象未来生产力或技术的发展，但很难想象未来的生产关系。因为，生产关系或者说社会生态组成不是自上而下设计出来的，而是无数人在博弈过程中寻找到的平衡。制度和生产关系的设计难度远远超过科幻作家脑力所能演绎的极限，因为那不是一个人的事。就算作家真的能设计出某种未来的生产和组织关系，就好比我们今天所说的生态系统，读者也未必能理解。

就好比让一个 20 世纪 90 年代的科幻作家想象当今中国的吃

穿住行、宇宙飞船不难，但让他想象今天的证监会是如何用大数据规范市场的却很难。编写想象未来的科幻小说时，设想互联网和人工智能方面的技术并把故事编出来不难。但是，这些技术给人类的行为、观念乃至组织形式会带来什么影响，却很难想清楚。即使最具想象力的科幻作家，其几十年前的设想，跟今天的实际情况相比，也仅仅是部分相似。

最近几年，大家发现社交网络的发达，不仅改变了传统的新闻媒体行业，甚至西方世界的政治格局也发生了微妙的变化。经济全球化、网络声音的极化等带来的西方社会撕裂，让很多有民粹主义倾向的政治素人都可以走到舞台中央。而技术进步带来的商业演进，也让硅谷和华尔街精英，以及一些互联网大鳄们形成了对社会资源和信息的垄断。相信，今天的很多社会现状，是人们在 30 年前无法预知的。

这 30 年我们一路走来都在见证着，上述提到的很多元宇宙相关技术，随着信息化技术革命，都经历了从实验室到产业化，最终飞入寻常百姓家的过程。无论是 20 世纪 90 年代落地的互联网技术，还是 21 世纪开始普及的宽带与无线通信，再到近 10 年的移动手持个人终端、区块链、三维虚拟现实等技术，我们都可以清晰地看到，它们一路发展过来的脉络与这些技术带给世界的改变，也正是这些技术对人类生活方式的改变，带来了商业和社会组织形式的变化。

今天看来，人们能够理解的元宇宙，更多的是一个与现实世界平行而又有紧密联系的三维虚拟数字空间，在现实世界中地理位置彼此隔绝的人们可以通过各自的"化身"进行交流娱乐，很像《雪崩》中所描述的情形。而人类到底如何使用和体验元宇宙相关技术所带来的各种虚拟空间？未来元宇宙会把线上的生活方式和人们的社群组织结构、生产关系引向什么样的方向？未来我们人类将会在元宇宙上真如今天所预测的那样生活吗？面对这样的问题，我们与 30 年前科幻作家最大的区别，就是这些年中，我们能够很清晰地观察和研究每一项元宇宙关键技术的演进、成长、落地的历程，并深入分析其演进方向背后的深层次原因。

本书不仅介绍了元宇宙从何而来，还通过一系列对其核心特征、核心技术（如数字身份、云计算、虚拟现实、区块链、物联网、宽带通信等）的研究介绍，展示了元宇宙底层技术和关键技术近 30 年的发展变化和趋势，以及由这些技术演进所带来的人们生活方式，甚至是产品形态和经济关系的改变。而且通过比较的研究方法，即借助对这些年元宇宙底层技术带来社会变化的分析和研究，书中还预测了未来虚实深度交织的元宇宙时代的数字新经济，包含个性化服务、商业模式、管理调控、安全治理等，并推演出在公共服务、智慧城市、智能交通、医疗健康养老等方面持续演进的元宇宙智能社会新模式。最后，作者也探讨了真正元宇宙时代的技术成熟度挑战、安全与隐私挑战、法律与伦理挑战、数字陷阱等一系列人类需要面对和解决的问题。

本书是一部通俗易懂却又暗含哲理的普及读物。其中既有对不同行业应用场景的介绍，也使用了深入系统演进的分析方法；不仅研究了元宇宙相关的历史和技术成长历程，也探讨分析和预测元宇宙将来的应用和可能。它是一本连接着元宇宙的过去、今天和未来的书。希望能给读者认知元宇宙的世界带来帮助，提供一把通向元宇宙未来的钥匙。

迟小羽，歌尔集团技术总监

自 序

我们应该探索"星际文明",还是构建"元宇宙"?

20 世纪 50 年代,物理学家休·埃弗雷特在博士论文中提出一个匪夷所思的假说,即量子分裂将形成无数个平行世界。当然我们既无法感知这些世界,也无从证伪。而尼尔·斯蒂芬森在1992 年出版的科幻小说《雪崩》中描绘的由计算机生成的虚拟世界——元宇宙,则能让人进入其中交互与生活。2021 年,游戏公司 Roblox 在纽约证券交易所上市时,招股书将其游戏平台称为元宇宙的落地形态,这家公司随后受到资本市场的热烈追捧,元宇宙成为公众关注的焦点。

在当前火爆的元宇宙浪潮中,什么是元宇宙并没有一个公认的说法。游戏界和图形芯片公司强调元宇宙的虚拟世界特性,社交领域注重社交体验,而币圈、链圈则主张区块链数字经济。还有资深 IT 人通过研究认为,"它什么都不是"。知名科幻作家刘慈欣认为,"人类的未来,要么是走向星际文明,要么就是常年沉迷在 VR 的虚拟世界中。如果人类在走向太空文明以前就实现了高度逼真的 VR 世界,这将是一场灾难"。那么,真实情况究竟是怎样呢?

　　首先我们看它究竟是什么。按照当前大多数技术专家的观点，元宇宙是互联网的未来新形态。这就像我们不能说 TCP/IP、Web 协议或 HTML 哪个才是互联网，也不能笼统地说具体哪项技术就是元宇宙，它是一系列技术综合而成的复杂体系。本书第 1 章简要概括元宇宙的概念内涵和特征，梳理其来龙去脉，并结合互联网发展规律和经验，展望元宇宙的产业发展趋势和愿景；第 2 章主要阐述元宇宙的核心特征；第 3 章介绍构建元宇宙的各项关键技术。

　　科幻小说是作家想象的产物，它既体现了作家对未来的憧憬，也有作家对科技发展的担忧和人文情怀。而当前的元宇宙并非科幻小说的精准复制，而是虚拟和现实交织互补的可视化数字世界，并可赋能和超越现实世界。它既是沉浸式应用，更是功能性平台。

　　社交元宇宙是连通经济社会各领域的枢纽，它让人们以虚实交织融合的方式进行社交、娱乐、旅游、购物、创造和生产。很多原本需要到相隔万里的地方参与的商务、娱乐等活动，都可以在元宇宙中以虚拟方式完成，这将大大降低能源消耗，有利于早日实现"碳达峰"和"碳中和"。（参见第 4 章）

　　元宇宙有开放的数字经济体系，用户可自主掌控数字身份和个人数据。通用法定数字货币和数字资产，以及激励机制，可以促进用户创造，激发数字经济活力，有助于打破互联网垄断，维护社会公平，促进共同富裕。

　　工业元宇宙将以扩展现实、人工智能、数字孪生（digital twin）和工业互联网为手段，打通设计、生产、物流和消费等环节，让设计者、生产者和消费者等都会聚在同一数字空间，围绕产品和服务进行交流互动。一个工人只需在元宇宙中就能管理操控一个偌大的无人工厂，让生产井井有条；同样，医生可以利用元宇宙挽救无数病人的生命；等等。这些愿景很多都正在成为现实，比如微软和英伟达公司正在欧洲试验构建工业元宇宙项目。（参见第 5 章）

探索"星际文明"对我们研究宇宙万物规律固然很重要，卫星测绘和导航也带来了很大经济利益。元宇宙也并非是"精神毒品"。我们开拓浩瀚的数字世界，利用网络和人工智能等技术，将人类从重复性的繁重劳动中解放出来，将生产效率和客户体验提高到一个前所未有的新高度，可改善千千万万普通人的生活和工作体验。偏远落后地区的人们进入元宇宙，可超越时空，创造新的工作机会，带来新收益，摆脱贫困，并享受现代文明成果。

简单重复性劳动的减少，收入的增加，将让人们有更多的时间消遣娱乐，或提升认知维度，从事探索、创造等超人工智能的工作。这些愿景的实现，将是人类文明的一次巨大跃迁。

纵观互联网的历史，其发展轨迹也耐人寻味。50 年前，互联网在美国诞生，它就像一个呱呱落地的婴儿，功能简陋，问题很多。但经过一代人的不懈努力，到 20 世纪 90 年代，信息和通信技术（ICT）创新达到临界点。当时还处于 PC 时代，使用命令行 DOS 系统，视窗系统（Windows）也刚刚推出初期版本，很多人憧憬的音频、视频等多媒体技术，以当时的硬件条件远远满足不了需求。但随着技术演进，在今天这些都成为很普遍的日常应用。

随后的 20 多年，互联网浪潮在全球爆发，尽管也经历了泡沫破裂，但互联网却永久改变了人类经济社会的发展模式。同时，新理念不断碰撞，新技术不断迭代升级。今天，互联网又发展到了一个变革时刻。尽管当前技术能力在很多方面与元宇宙的要求还相差甚远，VR/AR 设备远达不到高度沉浸感，AI 系统也只是初步的原型，但是元宇宙愿景明确，技术路径清晰，无论它叫什么名字，成为现实也只是时间问题。

人类应该探索"星际文明"，还是构建"元宇宙"，更广阔历史视角下的美苏争霸为我们提供了一个参考案例。在冷战时期，美苏都竞相发射火箭、探索太空和月球。这是一项极其消耗资源的项目，且没有直接经济回报。苏联热衷于探索"星际文明"，大肆扩张军备，还投巨资与美国的"星球大战计划"对抗。由于不重视国内民生，人民生活水平低下。到 20 世纪 90 年代，人民义无反顾地抛弃了这一发展模式，苏联分崩离析。

反观美国，在与苏联进行太空竞赛的同时，还在大力发展元宇宙相关技术。像人工智能、虚拟现实、互联网、操作系统和芯片产业等，都是美国在冷战期间研发出的黑科技。这也给美国的经济社会带来丰厚的回报。

1993 年 9 月，劫后余生的俄罗斯正在经济上实施令社会阵痛的"休克疗法"时，美国政府则宣布实施"国家信息基础设施（NII）行动计划"，宣称将以国家力量建设"将永远改变美国人生活、工作和沟通方式"的"信息高速公路"。在当时，NII行动设想的这些愿景对很多美国人来说，都是极为超前的狂想；但在今天来看，它们几乎都已成为现实。可以说，NII 行动催生了全球互联网革命。

元宇宙具有巨大的潜在经济商业价值，也面临很多风险与挑战，但机遇与挑战并存。可以说，元宇宙是一项涉及很多国家、企业和机构的长期工程，并将对国家间的战略竞争和博弈产生重大影响，国际分工体系也将可能被重塑，缺乏竞争力的国家将处于劣势。为此，我们应尽早做好对元宇宙的前瞻性布局，以国家战略推动元宇宙发展。

本书是一本元宇宙的普及性图书，书中提出的观点、方法及建议都是个人思考或设想，不代表任何组织或机构的立场，也不构成任何投资建议。另外，书中介绍的国际最新理念、方法或案例都有其国情或文化环境的限制，主要供读者开阔眼界，开拓视野，在参考借鉴时需结合具体情况有选择性地使用，不宜机械照搬。

本书在写作过程中得到了很多朋友的帮助和支持，在此深表感谢。特别是本书编辑顾强老师，在策划阶段就提出了很多修改意见，并提供了不少相关资料。我的师弟，歌尔集团技术总监、北航 - 歌尔未来技术研究院院长迟小羽博士，从一开始就深度参与本书的写作，为本书第 4 章和第 5 章提供了大量素材和建议，并参与撰写了部分内容。华文未来文化传播有限公司提供了许多案例，对本书的出版给予了大力帮助。

作为新一代互联网技术理念，元宇宙涉及众多数字技术，由于作者水平有限，书中可能会有疏漏或不妥之处，还请各位读者提出批评或建议。

冀俊峰

目 录

第1章
元宇宙来了

早期编程名著《C 程序设计语言》一书使用"Hello，world！"或"你好，世界！"作为第一个演示程序的输出，后来它成为每个程序员进入程序世界的第一句话。今天，元宇宙作为一个新的数字革命形态得到全球互联网产业界的广泛关注，这也预示着一个新的互联网时代的到来，人类即将进入一个新的宇宙世界。

"Hello，metaverse！""你好，元宇宙！"

1.1 元宇宙掠影

尽管元宇宙在业界被谈论得很火爆，但究竟什么是元宇宙，目前在业界却尚无普遍认可的定论，元宇宙也被称为互联网历史上最缺乏清晰定义的概念。为此，我们首先从事件和特征谈起，探究什么是元宇宙。

1. 元宇宙元年

互联网行业流行对新事物赋予元年的传统，为此有人将 2021

年称为元宇宙元年。实际上，元宇宙在 2020 年就展示出了强大影响力。我们将 2020 年 4 月到 2021 年 3 月这段时间定为元宇宙元年，正是在这约一年的时间里密集发生的一系列标志性事件，成为元宇宙风潮的青蘋之末。

2020 年 4 月，美国说唱歌手特拉维斯·斯科特（Travis Scott）在多人射击类游戏《堡垒之夜》（Fortnite）上举办了一场沉浸式虚拟演唱会。在这场名为"天文"（Astronomical）的演唱会上，特拉维斯的数字分身乘飞船而来。在演唱过程中，随着歌曲节奏不断变换，一个个奇妙虚幻的景象展现在玩家面前，歌手的虚拟形象随手抓住两颗星星，碰撞出了漫天流星。演唱会时间仅 10 分钟，却吸引了多达 1230 万名玩家同时在线观看。这次活动也被视为元宇宙时代的标志性事件。

《堡垒之夜》是由 Epic Games 公司开发的游戏，经过不断的迭代完善，逐渐成为一个超越游戏的虚拟现实平台，自 2017 年就开始显示出元宇宙的部分特征，比如跨平台的虚拟身份、与其他玩家社交、沉浸式的游戏体验，还可在不同地点通过不同设备登录等。

《堡垒之夜》的创意模式 Fortnite Creative 为玩家提供了自己创作游戏的空间，实现了用户创作内容（user generated content，UGC），允许玩家可以将不同体系的动漫角色混搭起来，比如说可以让 DC（Detective Comics）的蝙蝠侠和漫威（Marvel Comics）的钢铁侠共聚一堂，也可以自由设计自己的创意品牌（IP）。

2020 年暴发的新冠肺炎疫情打乱了全世界的运转节奏，社交隔离成为常态，高校要举办正常毕业典礼几乎不可能。当美国加州大学伯克利分校的学生被告知他们的毕业典礼将要在线上举行的时候，他们决定把这重要的一天转移到一款生存类游戏《我的世界》（*Minecraft*）里。

《我的世界》是一款建造类沙盒游戏，它的玩家创作自由度很高，只要几百个基本方块就能造出一个个虚拟的大千世界场景。3 月 15 日，一个名叫比约恩·卢斯蒂克（Bjorn Lustic）的学生发起了在《我的世界》中重建毕业典礼的项目，有 100 多名毕业生加入，重建了校园中的 100 多个建筑和设施，如教学楼、宿舍、体育馆、嘉宾座位、大屏幕，各种设施一应俱全。

5 月 16 日，加州大学伯克利分校的学生们在这个虚拟游戏中举办了毕业典礼。毕业生都通过操控自己的虚拟形象走进毕业会场，参加毕业典礼。虽说是在线虚拟毕业典礼，但校长致辞、学位授予、抛礼帽等，该有的环节一个也不少。校长还使用自己形象的虚拟人物发表了致辞演讲。

不久，哥伦比亚大学于 5 月 20 日在线上举行了 2020 届学生的毕业典礼，同样也在《我的世界》中进行。一年后的 2021 年 6 月 16 日，中国传媒大学动画和数字学院的毕业生利用《我的世界》还原了学校的基本风貌，并在其中举行了虚拟"云毕业典礼"。

元宇宙元年的另一个标志性事件是 Roblox 公司在纽约证券交易所上市。2021 年 3 月 10 日，Roblox 公司上市首日市值即上涨至 400 亿美元。公司招股书中写入的元宇宙，迅速成为互联网科技资本圈的"新星"，被认为是未来数字经济创新的新疆域，前景广阔。

Roblox 公司成立于 2004 年，公司核心产品 Roblox 是一个在线创建、分享和经营的沙盒游戏平台。在这个游戏平台中，玩家可以在名为"收养"（*Adopt Me*）的游戏中收养婴儿或宠物，装修房子并邀请朋友来开派对；在《皇室》（*Royale High*）中扮演公主，挑选漂亮的时装和服饰参加舞会；或者进入《越狱》（*Jail Break*）扮演一名正在越狱的逃犯，并在成功逃出后潜入城市体验"自由的快感"。

Roblox 不仅允许玩家参与玩游戏，还可以利用游戏创作工作室"Roblox Studio"中的工具方便地搭建出包括个性化剧情、角色和空间的新游戏，并邀请其他用户进入体验，可从中获利。

Roblox 还发行虚拟货币 Robux，玩家可以用它来购买游戏和道具，开发者可以将挣到的 Robux 换成现实世界中的美元货币，让虚拟货币与现实货币可自由流通，这极大地激发了玩家的创造力。Roblox 建成了完整的游戏生态，吸引的月活跃玩家超 1 亿人，创造了超过 1800 万种游戏体验。

腾讯研究院发表的文章《Metaverse：互联网的未来是虚拟时空》认为，《堡垒之夜》和 Roblox 代表了元宇宙的两种发展路径：前者以游戏平台为基础吸引用户，然后添加社交、经济等玩法，增加可玩性；后者通过开放式平台和创作激励机制，由玩家主导创造去中心化的世界。

元宇宙概念的兴起不是偶然的，这是多年来网络和数字技术发展从量变到质变的必然结果。当然，2020 年新冠肺炎疫情的暴发，让人们的很多活动都从线下转移到线上，起到了"临门一脚"的催化作用。

2. 概念溯源与解析

英语中的"universe"（宇宙）来源于拉丁文 universum，意为"将所有（时间和空间）转变为一个整体"；而中文中的"宇宙"

则为"四方上下曰宇，往古来今曰宙"，主要强调空间与时间。相比而言，中文"宇宙"的意涵更为深远。

　　元宇宙的英文 metaverse 源自美国科幻作家尼尔·斯蒂芬森（Neal Stephenson）于 1992 年出版的科幻小说《雪崩》。metaverse 由两部分组合而成，即 meta- 和 -verse。"meta-"是一个前缀，意为"在……之后"或"超出"（after or beyond）。亚里士多德的《形而上学》（meta-physics）意思就是在物理学之后的书，他的原意是把他那个时代所不能归类到物理学中的东西放到《物理学》的后面（见图 1-1），其中的内容大多玄幻难解，因而被翻译成玄学或形而上学。后世拉丁学者因而误以为这部分内容是超越了《物理学》的学科，meta- 这个前缀便有了"超越"的含义。由于罗马拉丁文化对西方学术界的深远影响，meta- 就成为一个富有生命力的"高大上"词汇在科技领域广泛应用，比如常见的元数据就是指关于数据的数据，元规则就是关于规则的规则。

图 1-1　亚里士多德的主要著作，其中《形而上学》排在《物理学》之后

　　中文中的"元"确实很切合元宇宙的本意。元的中文意思为人的头部，通常是指位居人体最高处的重要功能，可引申为天地万物的本源或根本。人是元宇宙的主体，这个"元"很契合元宇

宙强调人及其数字身份的理念。

元宇宙的词根"-verse"源自英语单词"universe"（宇宙），metaverse 直译过来就是"超越宇宙"，意指一个脱胎于现实物理世界，但又超越它，并始终在线的平行数字世界。也有人将其翻译为"元域"或"超元域"，但还是"元宇宙"这个词最为贴切，也被产业界所广泛接受。

但究竟什么是元宇宙，目前众说纷纭。Roblox 公司 CEO 巴斯祖奇（David Baszucki）认为，没有人确切知道元宇宙是什么样的。很多互联网巨头 CEO 或者风险投资家都基于自己的理解给出了概念和特征表述，他们有共同理念，但也有观点分歧。大部分都同意，元宇宙是一个与现实世界平行且关联的数字虚拟世界。

维基百科对元宇宙给出的描述是："通过虚拟增强的物理现实，呈现收敛性和物理持久性特征的，基于未来互联网，具有链接感知和共享特征的 3D 虚拟空间。"

本书对元宇宙给出一个概念性描述：元宇宙是网络中无数的数字空间及时间节点组成的多维时空。也可以说，它并非完全虚拟，而是与现实物理世界高度关联，且相互交织与赋能；同时，它在时间上又与现实世界平行同步。人们在其中都拥有数字分身（avatar）和身份，并可在其中社交、生活、工作和创造。概括起来就是，元宇宙是可视化的下一代互联网。

元宇宙承载了人类的文明与梦想，是各种想象与现实交织的多维虚拟空间。正如英伟达公司技术副总裁 Rev Lebaredian 所说的，几千年来，人类一直在探索构造新世界的方式，音乐、艺术和文学就是基于人类感官构建的虚拟现实，而元宇宙则是为其增加交互性和协作能力。在日本动漫游戏《刀剑神域》中，有成千上万个虚拟游戏世界相互连通。在未来，佛教中的三千大千世界、《红楼梦》中的太虚幻境等都能在元宇宙中找到栖身之地，栩栩如生地呈现在人们眼前，人类可参与其中，进行互动。正如毕加索所说，"任何你想象到的都能是真实的"。可以预见，我们在科幻电影中看到的炫酷特效即将在元宇宙中成为现实。

3. 元宇宙的主要特征

对于一个新概念，人们不仅要对其进行定义，还需要探究其各种特征要素。业界出现了关于元宇宙特征的多种说法，影响较大的是 Roblox 公司 CEO 巴斯祖奇提出的元宇宙八大基本特征，分别如下。

- **身份**：用户在元宇宙中拥有形象化的数字分身，具有不同职业，如银行职员、时装模特等，可与现实中不同。
- **社交**：提供社交工具结交朋友是元宇宙的核心特征之一。
- **沉浸感**：让人有身临其境的交互和体验。
- **低延时**：人与人、人与网络系统之间的交互要即时响应，并可快速同步。
- **多元化**：元宇宙不仅有各种参与者，也有大量且多样化的内容，包括玩法、道具、素材等，用户还可创造内容。
- **随时随地**：支持多种终端设备，以各种方式，随时随地进入元宇宙。
- **经济系统**：指与现实世界相关联且又独立的虚拟经济系统。
- **文明**：通过建立虚拟社区把人们聚到一起，为保障安全与稳定，需要共同建立数字文明规范。

上述这八项特征比较抽象，不大容易理解，普通人需要经过二次解释才能明白其含义。另外，巴斯祖奇认为元宇宙还包括创造、娱乐、展示、交易、开放等特征要素，目标是让人们在"元宇宙"中获得深度体验。

风险投资家马修·鲍尔（Matthew Ball）提出，元宇宙应具有以下七项核心特征。

- **持续运行：**它的运行一直无限期地持续，不会暂停、结束或重启，这也是实现经济交易的前提。

- **同步和实时：**元宇宙中发生的一切都应同步展示、即时响应，这类似巴斯祖奇提出的低延时。

- **无准入限制：**可让无限量的人在同一时间进入元宇宙，一起参与特定事件 / 活动，并为每一个用户提供个性化的"存在"体验。

- **完整的经济功能：**个人和企业能够创造、拥有、投资、销售和获得广泛意义的"工作"回报，并让身份、商品和货币自由流通。元宇宙中的商场使用数字货币支付，你的数字身份可以关联你的各种特征和偏好，如鞋子尺码、热量摄入，以及喜爱的服装等。

- **无缝切换体验：**在现实与数字世界之间、公共与私有网络之间以及开放与封闭平台之间都能实现无缝跨越和平滑切换。

- **开放与互操作：**通过开放技术接口，实现对数据、数字物品 / 资产、内容等在各种体验中的跨平台互操作性。比

如，你在《火箭联盟》① 设计的汽车也可以带到 Roblox
中使用。这一特征让元宇宙真正具有了灵魂，发生质的
飞跃。

- **可创造**：允许创作者自由创作内容丰富的数字"内容"
和"体验"，他们既可以是个人，也可以来自商业机构
或组织团体。

从目前元宇宙的这些特征来看，当前很多号称元宇宙的游戏
或应用平台并非真正意义上的元宇宙。尽管《堡垒之夜》承载了
人们对于元宇宙的想象，但它仍然是一个竞技类游戏，比如它每
场比赛限制在 100 人以内，玩家在其中要做目标非常明确的事项，
并且不能做没有被纳入游戏规划的事情。

Roblox 最符合元宇宙的特征，但也只是个初步模型，因为
其沉浸感不够，并在低延迟、开放性等方面仍有差距。实际上，
目前几乎所有主流游戏，包括最逼真的虚拟现实游戏，在沉浸感
方面离元宇宙相差甚远。同样，《我的世界》中搭建的场景也与
现实世界相差甚远，沉浸感很差，难以称为元宇宙。可以说，目
前市面上几乎还没有具有完整形态的元宇宙产品，元宇宙的发展
还处于很初级的阶段。

4. 元宇宙的技术要素

就像互联网一样，元宇宙并不是一项技术，而是由一系列数
字技术要素综合构建的新科技，比如虚拟现实（VR）/ 增强现实
（AR）、5G 和人工智能、可穿戴配套硬件设施、云计算 / 边缘计算，
还有区块链技术等。

---

① 一款由美国独立游戏工作室 Psyonix 开发的网络游戏。

元宇宙的各种技术要素需要恰当的分工配合、有机协同，而不能是各种数字技术简单拼凑而成的"缝合怪"。马修·鲍尔提出了由八项技术构成的堆栈型框架，以赋能元宇宙，分别如下。

- **硬件**：用于访问、交互或开发元宇宙的技术设备，包括消费者硬件，如 VR 耳机、智能手机和触感手套，以及企业硬件，如用于创建 VR 或 AR 环境的设备，包括工业相机、投影和跟踪系统，以及扫描设备。

- **网络**：提供实时、高带宽的通信网络，去中心化的数据传输，数据交换及路由服务，以及消费者数据管理等。

- **计算**：为元宇宙提供充足的计算能力，支持物理计算、渲染绘制、数据的协调与同步、人工智能、数字孪生等功能。

- **虚拟平台**：包括沉浸式交互的 3D 虚拟环境，支持用户探索、创建、社交和参与各种体验的世界（如赛车、绘画、上课、听音乐等），并可从事经济活动。这些与传统在线体验和多人视频游戏的不同之处在于，元宇宙虚拟平台具有由开发者和内容创建者组成的大型生态系统，他们可自由创建内容，并可获得经济收入。

- **交换工具和标准**：包括事实上的互操作标准工具、协议、格式、服务和引擎，并支持元宇宙内容的创建、操作和持续改进。

- **支付体系**：包括支持数字支付的流程、平台和操作，以及相关金融服务。

- **元宇宙内容、服务和资产**：与用户数据和身份相关联的数字资产（如虚拟商品和数字货币）的设计 / 创建、销售、转售、存储、安全保护和财务管理。

● **用户行为**：包括消费和投资、时间和注意力、决策和能力。

这些技术构成了元宇宙的技术框架体系。另外，还有区块链及加密技术，分散在各种技术要素和特征中，起着驱动支撑作用，比如交换工具和标准、支付体系等。

美国 Beamable 公司创始人乔·拉多夫从价值链的角度构建元宇宙的特征要素。这是一个七层嵌套结构，内容包括从人们追求的体验到能够实现这种体验的多层次技术，见图 1-2。主要内容如下。

● **体验（experience）**：个人的体验主要来自游戏娱乐、社交互动等，旅行、教育和现场表演等传统行业也将被以数字经济和游戏思维重塑，实现数字化生产和生存的社会。

● **发现（discovery）**：基于口碑的营销，去中心化交易所，虚拟社区方式的内容推送和获取。

● **创作者经济（creator economy）**：倡导用户通过数字内容创作获得成就感或经济利益；用户既是数字内容的消费者，也是创造者和传播者。

● **空间计算（spatial computing）**：利用 3D 游戏引擎和 VR 交互设备，混合了现实世界与虚拟空间的计算。

● **去中心化（decentralization）**：通过云计算和边缘计算的协同配合，计算能力像水、电一样使用便利，更具有低延时性。而去中心化信任和资产将激发元宇宙经济的活力。

● **人机交互（human interface）**：融入时尚和服装的可穿戴

智能设备计算能力强大，还可始终连接、全方位人机交互等。

● **基础设施（infrastructure）：**支撑元宇宙运行的各种设备、网络，以及提供数字内容的支撑平台。

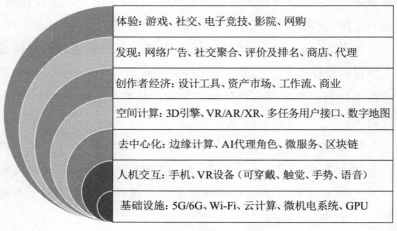

体验：游戏、社交、电子竞技、影院、网购

发现：网络广告、社交聚合、评价及排名、商店、代理

创作者经济：设计工具、资产市场、工作流、商业

空间计算：3D引擎、VR/AR/XR、多任务用户接口、数字地图

去中心化：边缘计算、AI代理角色、微服务、区块链

人机交互：手机、VR设备（可穿戴、触觉、手势、语音）

基础设施：5G/6G、Wi-Fi、云计算、微机电系统、GPU

图 1-2　元宇宙价值链特征要素

（资料来源：www.medium.com）

资深游戏从业者埃里克·艾略特（Eric Elliott）提出的元宇宙的基本构成要素对标现有互联网和区块链，采取渐进的扩展模式，开发新的技术标准。具体内容有以下几方面：

● 元宇宙以现有互联网为基础，提供分布式的网络基础设施。

● 元宇宙有开放的媒体标准，包括文本图像、音频视频、3D模型和场景，还有生成和集成这些对象的工具，目的是实现不同平台的互操作。

- 元宇宙需要开放的编程语言标准，类似 HTML、JavaScript、WebAssembly、WebXR、WebGPU 等。
- 扩展现实（XR）硬件，包括 VR 智能眼镜、虚拟触觉感知技术和全方位身体动作识别与跟踪等。
- 去中心化账本和智能合约平台，这是元宇宙经济的基础，将使元宇宙成为一种公共产品。与中心化模式相比，去中心化经济更加公平，也更有效。

1.2　元宇宙创世纪

元宇宙概念不仅传承了古典哲学和科幻的很多理念，还赋予了更多的意涵，比如价值观、人文思想、技术工具、经济模式等。从历史的视角来看，"元宇宙"的理念形成与发展经历了以下三个基本阶段。

1. 从哲学理念到科幻小说和电影的构想

按照西方的"言必称希腊"的传统，元宇宙的历史渊源可追溯到古希腊。英国哲学家怀特海说过一句名言，"西方 2000 多年的哲学都是柏拉图理论的注脚"。柏拉图在其哲学名著《理想国》中提出一个重要哲学观点，即大名鼎鼎的理念论，这一"二元理论"直接构建了西方哲学的研究范式，后世哲学家或赞同他的这个观点，或反对这一理论。经院哲学的开创者圣奥古斯丁的"山巅之城"、笛卡儿的心灵和身体二元论、康德的本体—现象二元论，以及黑格尔的绝对精神，都是这一观点的翻版或引申。

理念论是柏拉图庞大思想体系的核心，他的宇宙论、认识论、国家学说等，都建立在这一理论的基础之上。按照柏拉图的观点，我们的感官所能感知到的事物都是变化不定的，因而都是不真实的；真正实在的东西是永恒的、完美的，这种真实存在就是"理念"。这种"理念"是不依赖于人的主观意识而独立存在的，反映了同类事物的普遍特征或者"共相"，所有的理念构成一个客观独立存在的世界，即理念世界。现实世界的各种存在都是理念世界中相应理念的不完美模仿或摹本。或者说，现实世界只是理念的虚幻假象，而理念世界才是真正的永恒存在。

按照柏拉图的理论，理念世界与我们的感官世界高度相似，并紧密关联，同时理念世界又是一个超越感官的完美世界，且可被理性认知，这不就是当前很多人对元宇宙的理解和描述吗？可见，柏拉图的理念论是元宇宙的最早形态，如图 1-3 所示。

随着科学革命的兴起，科幻小说和电影又成了元宇宙的新形态，或者称为新古典元宇宙。1979 年，计算机教授弗诺·文奇完成了小说《真名实姓》，书中构造出了一个细节惊人的虚拟世界"另一平面"（the Other Plane），现实世界中的人可以通过类似脑机接口的设备接入这个虚拟世界，并用大脑操控在虚拟世界中的行为。在这个虚拟世界，人可以幻化为不同的虚拟形象，领略虚拟环境中的真实感官体验，如清凉的流水、炽热的火焰，甚至人在虚拟世界中的行为都可能影响到现实世界。

威廉·吉布森在 1984 年完成的《神经漫游者》直接预示了 20 世纪 90 年代的计算机网络世界。这本书首先创造了"赛博空间"（cyberspace，也称"网络空间"）的概念，这是一种虚拟的数字空间，同时也引发了"赛博朋克"（cyberpunk）文化，也就是"低端生活与高科技相结合"的生活方式。

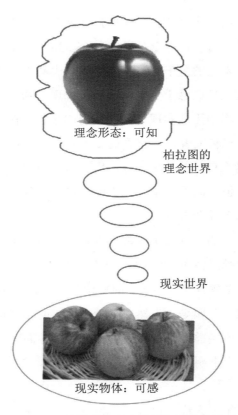

图 1-3　柏拉图的理念世界和现实世界

（资料来源：维基百科英文版）

　　1992 年，尼尔·斯蒂芬森出版了划时代的小说《雪崩》，"元宇宙"（metaverse）这一术语就是他在这本书中创造的。这本小说的理念也与《真名实姓》和《神经漫游者》一脉相承，元宇宙就是书中设定的虚拟世界的名称，具有浓厚的赛博朋克风。

　　《雪崩》的故事背景是未来某个时期全球经济崩溃之后的美

国洛杉矶，当时的世界均由巨型跨国企业掌管。正是他们构造了这个虚拟的元宇宙，它是一个周长为 65 536 千米的巨大城市，其间有一条 100 米宽的主干道，道路两侧灯火辉煌，庞大建筑鳞次栉比，巨型霓虹灯高悬于半空，它们无视现实物理时空法则，呈现一种现实世界中无法实现的高科技奇幻景象。在这里，用户可以使用个人计算机或者公共计算机接入元宇宙，每个接入的用户都拥有一个属于自己的数字分身，用户可自由定义其自身"阿凡达"的形象，但限制条件是身体不能比自己在现实中高，以免让元宇宙看起来太稀奇古怪。

《雪崩》中的场景之所以被认为是元宇宙，主要是因为其中有一套文明和经济体系。城市道路规划与规则体系由一个名为"计算机协会全球多媒体协议组织"的机构制定，玩家可以购买土地，开发建造房屋、公园等。当然，小说中构想的元宇宙是完全虚拟的世界，而我们当前讨论的元宇宙与现实世界高度关联，相互作用，两者在这点上明显不同。

在《雪崩》中，斯蒂芬森将"阿凡达"作为用户在虚拟空间的分身，并用第一人称视角进行各种交互和操作。这一交互模式很快就被人们广泛接受，且影响深远，很多科幻电影，如《黑客帝国》《阿凡达》《头号玩家》等，都是这一理念的传承者。

《雪崩》对未来的前瞻性预见，在很大程度上影响了计算机科学和互联网产业的发展方向。许多计算机科学和人工智能领域的研究者和管理者都公开表示受到了《雪崩》等作品的影响，比如图形学领域的传奇人物迈克尔·亚伯拉什就是因为受到《雪崩》的影响才下决心离开微软加入了约翰·卡马克的 id Soft 公司并参与开发了《雷神之锤》等游戏，引领了 3D 图形技术的革命。

迈克尔后来长期担任 Oculus 公司首席科学家，探索研究计算机图形学和虚拟现实的算法设计，这也是我们今日元宇宙越来越接近《雪崩》中所描述的虚拟世界的重要原因。

除此之外，谷歌联合创始人谢尔盖·布林声称，《雪崩》是他印象最为深刻的一本书，《谷歌地球》的创造者 Avi Bar-Zeev 声称《谷歌地球》就是以《雪崩》中的虚拟地球程序为原型设计的，AR 明星企业 Magic Leap 还聘任斯蒂芬森为其首席未来学家，微软副总裁阿拉德为 Xbox 开发团队中每一名成员都准备了一本《雪崩》。

电影可以更加形象逼真地展现科幻小说中描述的虚拟空间场景，其中最有代表性和震撼性的莫过于 1999 年全球上映的影片《黑客帝国》，这部影片展现了一个看似正常的现实世界却被名为"矩阵"的计算机人工智能系统所控制，或者说是一个类似元宇宙、具有高度真实感的虚拟空间。与当前元宇宙的 VR 交互不同的是，《黑客帝国》中的人都是通过脑机接口进入虚拟世界的。

真正展示元宇宙特征的科幻电影是卡梅隆的《阿凡达》，这是世界上第一部 3D 超大屏幕科幻大片，活灵活现地表现了元宇宙中的瑰丽虚幻的场景。在影片中，主人公除了吃饭和睡觉外，其他时间都戴着 VR 头盔，进入虚拟世界，利用其分身或阿凡达在其中参与各种社交和活动。当然，与电影不同的是，元宇宙不是外星文明，而是人为搭建的、实时的、可交易的虚构世界。

2018 年，斯皮尔伯格将科幻作家恩斯特·克莱恩（Ernest Cline）的科幻小说《头号玩家》搬上银幕。电影里名为"绿洲"的虚拟世界被很多人认为是元宇宙的完整形态，只不过是以电影形式直观地展现出来：当你戴上 VR 装备，就可进入"绿洲"。

在这个包罗万象，且与真实世界高度接近的虚拟世界里，不仅有鳞次栉比的高楼大厦，还有完善的经济运行体系，数据、数字物品、内容以及各种创意品牌等一应俱全，个人用户、机构、公司都可以创作内容或数字物品，并可进行交易和流通。参与玩家的身份也不受其在现实世界的限制，一个普通打工人可能成为超级富豪，或者成为一个虚拟角色。"绿洲"是与现实世界平行的数字世界，并且始终在线，这些都是元宇宙的主要特征要素。

美国科幻连续剧《西部世界》也是一个展示元宇宙特征的示例，剧中设定一个类似主题公园的未来虚拟世界，包括西部世界、罗马世界和中世纪世界三大主题版块，玩家可以与现实好友一起进入其中体验独特的个性化旅行。在剧中，玩家可被 AI（人工智能）机器仿生人接待，并与经典影视背景的机器仿生接待员进行互动和反馈，表演即兴剧情。这个虚拟世界还基于访客的选择而实时演进，其中仿生接待员还逐渐拥有了自我意识和情感。

2. 从 VR/AR 到开放沙盒游戏

科幻小说和电影给了我们关于元宇宙的原型和愿景，但这些就像是自动播放的产品演示文档，人们无法参与其中，也无法与之进行交互。实现元宇宙参与和交互的常见形态是网络游戏。

场景类网络游戏基本都是基于 VR 技术，也称灵境。这一术语最早是由美国的杰伦·拉尼尔（Jaron Lanier）在 20 世纪 80 年代提出的，主要利用计算机仿真系统模拟外界环境，为用户提供 3D 动态、交互式仿真体验。VR 综合利用计算机技术、传感器技术、心理学及生理学等，将虚拟和现实结合起来，主要包括以下三方面的特点（简称 3I）：

首先是沉浸感（immersion），仿真模拟出的外界环境十分逼真，无论视觉、听觉还是嗅觉等，都与人在现实世界的感觉一模一样，难辨真假，能让用户完全沉浸于其中。

其次为交互性（interaction），是指用户可对虚拟世界中的物体进行操作，并获得即时反馈。比如你在虚拟世界抓取一个物体，眼睛感知它的形状、颜色，手感知重量和质感，你还可以操控物体移动。

最后是想象性（imagination），虚拟世界不仅能展示现实世界真实存在的场景，还可以构想客观世界不存在或不可能发生的情景。

VR 技术构建的是完全虚拟的场景，与此相关的另一技术 AR 则是将虚拟图像在真实世界中呈现，通过"无缝"融合形成一个扩展现实的整体场景，但你可以分辨哪些物体是真的，哪些是假的。无论 VR 还是 AR，都要通过专门的显示头盔实现。

1986 年，卢卡斯影业游戏（Lucasfilm Games）推出了开创性的游戏作品《栖息地》（*Habitat*），它为用户构建了一个可自主进行各种行为和创造的虚拟世界，并塑造了成千上万的虚拟分身，"每一个虚拟形象的背后，都有一个精力旺盛且勇于冒险的人，他们除了惊喜外，什么都不期待"[1]。斯蒂芬森在《雪崩》的后记中提到，他是在成书后了解到这款游戏的，他认为这款游戏与《雪崩》中的元宇宙十分相似。《栖息地》开创了后世很多网络游戏的先河，也是元宇宙的最早实现原型。

1996 年，基于虚拟现实建模语言 VRML 构建的游戏《网络城镇》（*Cybertown*）推出。这是元宇宙发展史上的重要里程碑

---

[1]　卢卡斯影业制作的《栖息地》宣传视频解说词。

在这个游戏中，玩家将来到一个虚拟新星球，这里荒无人烟，百废待兴。玩家作为人类拓荒者之一，将在这里搜集资源，建造出一座城市，管理市民和经济，并让城市发展壮大。

《网络城镇》是一款沙盒游戏①，这类游戏具备了元宇宙的很多特征，比如 Roblox《我的世界》、《模拟城市》等，都属于沙盒游戏。沙盒游戏通常由一个或多个巨大地图场景构成，其中包含射击、格斗、驾驶、建造和经营等多种元素，玩家可以化身进入游戏中，以自身力量改变世界。在《我的世界》中，用户使用一个个 3D 体素或小立方块，结合简单编程，就能构建一个属于自己的个性化世界。游戏有"生存""创造"以及"旁观者"三种模式，可分别对应第一人称视角、上帝视角和第三人称视角这三种体验。据 App Annie 发布的《2021 年度移动市场报告》统计，2020 年沙盒游戏在全球游戏市场上占据的份额最多。

沙盒游戏已经接近元宇宙，但玩家自由度有一定局限性，比如玩家不能更改底层的游戏框架，这些通常是由专业创意团队设计创作的。为开放给玩家更多自由度，沙盒游戏可以融入开放世界游戏的功能特性，加入漫游式探索与用户创造功能，形成开放沙盒游戏。另外，开放沙盒游戏还赋予玩家改变和创造玩法的权力，允许"用户创作内容"（UGC）。

UGC 这个概念最早出现在 2002 年的经典游戏《魔兽争霸 3》中，当时游戏的内容生产速度跟不上玩家的内容消费，于是开放了地图编辑器，允许玩家自由设计地图与关卡玩法、修改游戏角色技能等。《DotA》（Defense of the Ancients，古迹守卫）就是

---

① 沙盒是一个心理学概念，隐喻人在沙池中堆沙子。沙盒疗法是让咨询者选择一些模型摆放在沙盘中构成场景，以此来了解他的内心世界。

根据《魔兽争霸 3》衍生出的地图编辑器游戏，《王者荣耀》和《英雄联盟》等多人在线竞技游戏都脱胎于《魔兽争霸 3》与《DotA》。

《DotA》编辑器也有限制，其中使用的设计资源和游戏逻辑只能来自《魔兽争霸 3》，而用户希望获得更大的自由度，把不同游戏主题和风格的东西都用在同一游戏里，并扩展更多的玩法。在游戏《我的世界》和 *Roblox* 中，玩家可以改变虚拟场景的地形地貌，搭建各种建筑物，甚至创造出计算器和硬盘这样的神奇虚拟物。开放世界类游戏中往往会提供众多的设计工具，支持玩家创作游戏内容，这样创作本身也成为玩游戏乐趣的一部分。

3. 关联现实与虚拟世界的元宇宙形态

沙盒游戏利用 VR/AR、UGC 等构建的虚拟空间体验已经很接近元宇宙的要求，但还有一些短板需要补上：一是元宇宙要有保障永不停机、实时响应、随时随地可用的计算技术；二是要有完善的经济系统，并与现实世界高度关联，让内容创作者将收益变现。

第一块短板涉及两方面的问题：一是计算资源的虚拟化和商业化，让计算资源能够实现随用随取，这可通过云计算来解决；二是终端设备能随时随地接入元宇宙网络，这就需要智能手机、可穿戴智能终端以及高速移动网络的普及。

虚拟化是云计算技术架构的基石。2000 年后，VMWare 公司推出虚拟化软件 Hypervisor，允许用户将硬件和网络资源划分成很多个基本单元，形成由很多小的计算单元构成的资源池，不同用户可以通过服务分享机制使用这些计算资源，而且可以按需分配，动态伸缩，价格低廉。

"云计算"（cloud computing）是谷歌首席执行官埃里克·施密特在 2006 年搜索引擎大会（SES San Jose 2006）上首次提出的。其理念是通过虚拟化计算，将主机、存储、网络、数据库及安全相关资源以服务的方式对外提供，如基础设施即服务、平台即服务、软件即服务等，也就是云服务。这样，客户就无须自建任何基础设施，而是直接像水、电、天然气一样，很方便地按照自己的需求购买云计算提供的各种资源服务，且可随用随取。亚马逊公司率先推出云计算产品，并对外提供云服务，开创了云计算的先河。随后，谷歌、微软、IBM，以及国内的阿里巴巴、华为纷纷推出自己的云服务。

另一支变革力量来自智能手机的出现。2007 年，苹果公司推出了划时代的智能手机 iPhone。安卓手机更是让智能手机如雨后春笋般大爆发，很快智能手机几乎成为每个人的标配。智能手机时代，各种计算终端几乎取代了笨重的台式机和笔记本电脑。随着通信技术的发展，5G 开始普及，移动网速已经能够流畅使用各种多媒体素材，随时随地获得计算机资源的时代到来了。

第二块短板就是建立虚拟经济社会，并实现与现实的关联。2003 年，美国林登实验室开发的网络游戏《第二人生》（*Second Life*）是一个里程碑，目标原型就是斯蒂芬森小说中描述的元宇宙。在游戏中，系统只提供土地，玩家可通过 DIY 在土地上创造各种自己想要的东西，做一切想做的事情，社交、购物、建造、经商，无所不能。经过所有玩家的共同努力，创造了一个与现实社会平行的虚拟经济社会。

《第二人生》有三个独特之处：一是游戏中没有人为设定的目标，而是持续存在的闲逛；二是虚拟社会的社交场景不仅可以编辑扩展，而且与现实世界的生活和工作紧密关联，比如社交、购物、做生意，有人在游戏中制作时装道具挣钱，新闻机构如 CNN 出版自己的虚拟报纸，IBM 在里面买地建销售中心，瑞典还在里面设立大使馆；三是具有独立的经济系统，游戏中的 Linden 币可兑换成现实中的美元。

　　尽管《第二人生》有独立的经济系统，但却基于中心化的管理模式，且游戏是封闭的，装备物品都局限于游戏内。转机出现在 2008 年，中本聪在论文《比特币：一种点对点的电子现金系统》中提出了区块链的概念。2009 年，首个基于区块链的电子货币"比特币系统"上线，开启了基于区块链的金融系统。加密货币是一个去中心化的加密货币体系，没有发行方和监管方，理论上全世界都能流通。除了比特币之外，还有很多其他区块链加密货币，如莱特币、达世币等。

　　加密货币的每个币都一样，称为同质化通证（tungible token，FT）。NFT 是非同质化通证（non-fungible token），通常为照片、视频、音频和其他类型数字资产，每个 NFT 都有唯一标识，代表资产稀缺性。NFT 相当于证明资产的数字证书，解决了传统数字时代"复制粘贴"无法保护知识产权的难题。区块链让虚拟物品资产化，是构建虚拟世界经济体系不可或缺的技术。

　　《去中心化之地》（Decentraland）是第一个完全去中心化的、由用户拥有的虚拟游戏平台。游戏系统基于以太坊区块链，玩家可购买空白土地创建房屋建筑，为艺术馆创作 NFT 艺术品等。平台通过区块链确保玩家的所有权。任何一个单独的代理人都没有权力去改变它的软件规则、土地内容和货币，也不能阻止其他人进入这个虚拟世界。艺术品交易是这一游戏的特色，苏富比拍卖行已在上面设立拍卖店。

基于区块链数字资产实现元宇宙理念更为火爆的游戏是 *Axie Infinity*。这是一个包括回合战斗、宠物收集繁殖、养成售卖、土地租赁于一体的游戏，玩家通过收集数字宠物"Axie"参与战斗。这个游戏的模式体验并不突出，但玩家的主要目的并不是游戏体验，而是边玩边赚钱（play to earn，P2E）。游戏设计了一套有效的独立金融系统，通过完成每日任务、繁殖出售"Axie"等，玩家就可获得代币。玩家挣到的代币可在游戏里或在加密货币交易所交易，很方便地兑换成现金。

除了 *Axie Infinity*，被业界视为最接近元宇宙的产品还有《堡垒之夜》和 *Roblox*。《堡垒之夜》是由 Epic Games 开发的网络游戏，它提供了三种游戏模式：合作射击生存模式，即《堡垒之夜：拯救世界》；大逃杀模式，即《堡垒之夜逃生》（吃鸡模式）；以及用户创作内容模式，即《堡垒之夜创造》，这是个类似《我的世界》的沙盒游戏。《堡垒之夜创造》游戏场景设定在一个岛上，玩家可自由建造世界场景和战斗竞技场，不同游戏之间可以相互流通分享，比如把漫威与 DC 等品牌的动漫角色混搭到同一游戏，让游戏玩法更有趣。游戏中的配饰、非功能性皮肤等资产可重复使用在广告牌上、播放短片中。

《堡垒之夜》还增加了音乐、影视、动漫等元素，提供了新的社交体验，包括全球活动的社交回复功能，穿各种时装一起跳舞、语音聊天，参加明星演唱会。科幻电影《星球大战》的片段就曾在《堡垒之夜》首映。很多年轻人在游戏中认识世界各地的新朋友，一起聊天或玩游戏。

Roblox 也具备了很多元宇宙特质要素。2004 年，Roblox 公司成立，致力于儿童教育。后来 Roblox 逐渐发展为一个集内容创作、分享交易和货币化的网络游戏平台。其创作工具 Roblox Studio 不仅能让玩家参与游戏，更可以利用各种手段创作游戏。为激励创作，平台发行了可兑换成美元的游戏币 Robux。截至 2020 年，Roblox 平台已有超过 700 万名自由游戏开发者，社区开发共计超过 1800 万种游戏体验，同时在线人数最高可达 570 万名。2021 年 3 月，Roblox 在纽约证券交易所上市，在资本圈和科技圈掀起元宇宙的热潮。

从元宇宙发展演变来看，其很多特征要素都来自游戏，但元宇宙并非都是游戏。很多游戏增加了创造和社交功能，同样社交软件也在向元宇宙方向演变。Meta 旗下的 Oculus 公司近期推出了基于元宇宙概念的远程办公应用 Horizon Workrooms（地平线工作室），借助 VR/AR 技术，远程参会的用户都有一个数字化卡通分身，以实现与其他人的数字分身的交流，参会人员可在共享白板或文档上互动，沉浸感更强，并可实时记录会议内容。

1.3　新一代互联网变革的风口

按照当前业界的理念和愿景，元宇宙将像万维网或移动互联网那样，给现有互联网的技术架构和内容模式带来一场颠覆式的革命。而互联网作为人类历史上最伟大的技术发明之一，其发展历程本身也是跌宕起伏，波澜壮阔。梳理剖析这一发展历史，将有助于我们定位当前元宇宙发展在技术变革中的位置，便于我们积极布局，在这场新技术竞赛中赢得先机。

1. 互联网的演进与革命

众所周知，互联网诞生于冷战正酣的 20 世纪 60 年代。为了防止苏联的核打击，当时的美国高级研究计划局（ARPA）提出一项分布式网络计划，旨在建立一个分散的指挥系统。该计划首先将四所大学的计算机系统连接起来，形成了互联网的最早雏形阿帕网（ARPANET）。1972 年 10 月，阿帕网公开亮相，将来自 40 个不同地点的计算机连接在一起。同时，他们还演示了一种新程序，允许通过网络发送信息，让人与人能直接交流信息，这就是后来的电子邮件。

在整个 20 世纪 70 年代，阿帕网作为主干网，但也涌现了很多其他网络，如 Telnet、Usenet 等，这些网络都自成体系，采用自己的技术标准和协议，情况很混乱。1974 年，ARPA 的科学家们开发出一种能够使不同网络相互交流的"通用语言"，这就是传输控制协议 / 互联网协议（TCP/IP）。1983 年，TCP/IP 被宣布成为互联网的标准协议，这标志着互联网正式诞生。

1989 年，互联网历史上发生一个里程碑式的事件。英国科学家蒂姆·伯纳斯 - 李（Tim Berners-Lee）等人在欧洲粒子物理研究所的实验室工作时，提出了万维网（world wide web，WWW）标准架构，包括超文本传送协议（HTTP）和超文本标记语言（HTML），设计了第一个 WWW 网页浏览器，还建立了世界上第一个 Web 网站。这是互联网的第一次重大变革，即从专业互联网转型为 PC（个人计算机）互联网，这也被称为 Web 1.0。

互联网爆发必不可少的一个驱动力就是 PC 的普及。20 世纪 70 年代中期，苹果公司创始人史蒂夫·乔布斯和好友斯蒂文·沃兹尼亚克在自家的车库里设计出了世界第一台 PC "苹果一号"，并一炮而红。1980 年，计算机巨头 IBM 推出以英特尔 CPU+ 微软公司的 MS-DOS 操作系统的 PC，为 PC 的软硬件架构设定了规范。后来微软推出的视窗操作系统如此成功，以致成为 PC 操作系统市场的霸主。随着 PC 进入千家万户，数以千万计的计算机终端也接入到互联网上。

20 世纪 90 年代互联网井喷式发展还要得益于美国政府的一项计划。1993 年 9 月，美国政府宣布实施一项新的科技计划——"国家信息基础设施"（NII），也就是著名的信息高速公路计划。这一计划在全世界影响广泛。很快，互联网上涌现了无数的网站，杨致远创建了最早的信息门户雅虎，还有安德森的网景导航者浏览器，后来居上的 IE 浏览器，以及靠网页搜索起家的谷歌。电子商务也逐渐兴起，杰夫·贝佐斯创建了亚马逊网上书店，还有购物网站 eBay。

我国也掀起了互联网热潮，新浪、网易、搜狐成为当时的三大门户网站，号称信息高速公路的入口，百度还一度成为网络搜索的代名词，被网友戏称为"度娘"。此外，还有五花八门的网络论坛。这一时期，网络功能的特点是以匿名方式获取信息，当时有一个流行说法，"在互联网上没人知道你是一条狗"。

2000 年前后，一片繁荣的互联网泡沫破裂。但随后却又催生了互联网新变革。2002 年，Web 2.0 技术悄然兴起。之前的 Web 1.0 都是以网站为中心，用户主要获取信息；而 Web 2.0 则开创了用户内容互动的新模式。这一模式强调用户互动，论坛、博客、微博、社交平台等自媒体兴起，音频、视频、3D 游戏等多媒体内容让网络更加丰富多彩，亚马逊、淘宝等购物网站让互联网与现实生活的关系日益紧密。

2007 年，苹果公司推出智能手机 iPhone，随后智能手机很快如雨后春笋般大爆发，再加上 3G 移动网络的出现，这让互联网又迎来了新一轮大变革，这就是 2010 年后的移动互联网。移动互联网速度更快，可让图片、视频快速传输，还有更加易用的触屏操作、便捷的移动支付，这些极大地改变了 Web 的形态，内容和服务更倾向以 App 方式提供，比如微信、抖音和网络游戏《王者荣耀》等所提供的社交娱乐功能让很多人迷上手机。这期间不断有人提出 Web 3.0 规范，但众说纷纭。有人认为它是能够理解网络内容的语义网，还有人认为是区块链、智能合约。实际上，在移动互联网时代，Web 功能日益泛化，各种 App 和去中心化 DApp 越来越普遍，其影响已超过了传统 Web。

在过去的十多年，VR/AR 技术随着游戏产业的繁荣悄然成熟，大数据分析和人工智能为用户需求和创造提供了数据支持，云计算、边缘计算使得网络计算能力大幅提升，区块链技术为用户的身份验证、数字资产的确权交易提供了去中心化的基础环境。这些都为元宇宙爆发奠定了技术基础。

2020 年暴发的新冠肺炎疫情也成为新数字革命的"催化剂"。疫情防控的常态化让很多线下业务转到线上，前所未有地加速了人们工作和生活的数字化趋势，在线办公、医疗、购物、教育、公共卫生等，都已成为常态。网络社交和虚拟创作热情高涨，再加上资本的大力推动，元宇宙革命爆发也就水到渠成了。

根据 *WIRED*（《连线》杂志）科技记者劳伦·古德的研究，尽管大家对元宇宙的维度特征的描绘有所不同，但技术专家们都普遍认同，元宇宙是当前（移动）互联网的继承者。

有篇网文标题为《发现新大陆：虚拟世界的大航海时代》，将当前的元宇宙热潮比作哥伦布发现新大陆的航海。2021 年 7 月的一天，上海黄浦江畔一艘名为"五月花号"的游轮正准备起航，号称由 AI 驾驶，开启了某公司关于元宇宙的酒会之旅。这些都在隐喻元宇宙为一个亟待发现的新大陆。

我们认为，当前元宇宙革命的叙事将更为宏大，这将是人类历史上又一次思想和技术变革的轴心时代。大航海时代依靠个人的勇气和毅力去发现，而轴心时代更多的是需要智慧与想象来创造。构建元宇宙将重塑人类文明，进而形成人类新的文明形态——数字文明。

"轴心时代"是德国思想家卡尔·雅斯贝尔斯在《历史的起源与目标》一书提出的命题，主要是指公元前 500 年前后，同时出现在中国、西方和印度等地区的人类文明大爆发的现象。在那个时代，希腊的爱奥尼亚人创立了哲学，释迦牟尼建立了佛教，而在东方，诸子百家正在进行思想上的激烈辩论，老子和孔子建立了影响中华文化两千多年的思想体系。

今天，元宇宙同样需要全球科技精英共同努力，充分利用当前数字技术的最新成果，发挥他们自己的想象力和创造力，打造一个让人们身临其境的数字新世界，这个世界体现融合人类发展的文明成就，既与现实高度关联，又可承载人类的梦想与希望，还可以赋能实体经济与社会，造福全人类。从某种意义上说，这一壮举可以比肩人类文明的轴心时代。

2. 趋势的力量：互联网巨头纷纷抢先布局

2021 年是元宇宙爆发的一年，元宇宙概念火爆 IT 界和投资圈，被视为整个行业未来的发展愿景，新一代互联网的新形态，其巨大价值不言而喻。为此，全球的互联网公司都纷纷开始行动，找对自己的位置和优势，布局元宇宙，抢占新赛道。这也说明了元宇宙在当前互联网行业和资本市场上已经形成了不可忽视的强大趋势力量。当前，元宇宙主要有以下几个大的发展方向：

第一个方向就是游戏、社交、娱乐，以及 UGC。目前，在元宇宙应用赛道占据优势地位的大多为这些方面的软件或游戏公司。比如 Roblox 公司、Epic Games 公司、脸书公司等，它们大多位于产业链下游。

第二个方向也属于软件应用赛道，主要包括物联网、数字孪生、工业互联网等，这是元宇宙应用的主要领域，既涉及软件，也涉及硬件，可能横跨产业链的上中下游各环节，比如微软、英伟达、阿里巴巴等，还有 3D 设计软件公司、工业设计软件公司，还有制造企业。

第三个方向为 VR/AR 头显设备设计与生产，技术含量较高。这是元宇宙产业链的上游，也号称是"元宇宙入口"。目前主要企业或品牌包括 Oculus、HTC、Valve、Magic Leap、微软 HoloLens 等，国内有 Pico VR 等。

第四个方向为区块链相关应用，包括数字身份、数字货币、NFT（非同质通证）等，主要用于元宇宙经济系统。数字货币种类繁多，影响比较大的有比特币、以太币等，但这些其实都属于投资品或投机品，真正的数字货币应该是国家发行的法定数字货币。在去中心化数字身份方案方面，微软、微众银行、百度等都在做，但与数字货币类似，数字身份也属于公共基础产品。这些领域主要还是国家层面的战略竞争。我国的公安部第一研究所和第三研究所都正在开发数字身份方案。

区块链应用领域还有各种区块链游戏和 NFT 数字资产。目前有名的区块链游戏有 *Axie Infinity*、*Cryptovoxels*、*The Sandbox*、*Decentraland* 等，这其中都利用 NFT 保护资产权益。尽管这一领域很活跃，NFT 技术对于数字资产保护具有重要价值，但无论是沉浸感技术，还是可玩性，这类游戏都差强人意。很多人都是抱着一夜暴富的投机心态参与，鱼龙混杂，泡沫严重，发展前景难以预料。

应用赛道上风头正盛的 Roblox 公司将其 Roblox 平台定位为 UGC 的游戏社区，即平台本身并不提供游戏，而是通过创作激励机制鼓励用户创作内容和体验，让用户打造一个去中心化的元宇宙世界。这一机制成效显著，据美国《纽约时报》报道，开发玩家一年为平台创造的新游戏多达 2000 万款，这是一个惊人的数字。

Roblox 作为元宇宙的龙头企业，第一个将元宇宙概念写进招股书中，并宣称"全押在元宇宙"（all in metaverse），上市后其市值曾一度高达 500 亿美元，让元宇宙概念火爆全球，因而被称为元宇宙第一股。随后，很多初创企业纷纷效仿，以前招股书中五花八门的术语都被改为元宇宙概念。

在元宇宙赛道上风头正劲的另一家公司为 Epic Games 公司。它旗下的《堡垒之夜》是构建元宇宙的成功范例。《堡垒之夜》构建元宇宙的路径是以游戏平台为基础，再逐渐添加社交、经济等元宇宙功能要素。自 2018 年以来，《堡垒之夜》火爆全美，全球也有数百万的粉丝玩家，这款游戏已经成为美国社会的一种文化现象。

由于《堡垒之夜》在市场上的极大成功，Epic Games 在资本市场受到热捧。2020 年 7 月，索尼公司向 Epic Games 投资 2.5 亿美元，让公司的估值一夜之间上升到 173 亿美元；2021 年 4 月，Epic Games 又获得了索尼等资本的 10 亿美元融资，公司估值随即高达 287 亿美元。

索尼之所以如此大手笔投资，主要出于 CEO 吉田健一郎对 Epic Games 技术和未来的信心。他确信 Epic Games 在图形领域的领先技术和创新能力，声称"没有比《堡垒之夜》这种革命性游戏体验更好的实例了"。乐高风投 CEO 罗伯·娄（Rob Low）则认为"《堡垒之夜》是游戏行业首个可信的元宇宙"。

社交被认为是元宇宙的核心特征之一，社交软件巨头脸书公司的元宇宙布局最为积极全面。早在 2014 年，脸书就花 20 亿美元收购 VR 设备供应商 Oculus，推出了第二代 VR 设备 Oculus Quest 2。Oculus 不久收购两家虚拟现实手势技术创业公司 Nimble VR 和 3D 技术初创公司 13th Lab，前者擅长使用微小 3D 摄像头进行手势追踪，后者主打利用精密摄像头实现多种现实环境的 3D 重构。这些并购都显示脸书布局元宇宙硬件的先见之明。

2020 年，脸书上线其 VR 社交平台"地平线"（Horizon）；脸书还在布局数字货币 Diem（以前称为 Libra），以及内容创作社区应用 Creator App，为内容创作者提供视频创作、编辑、发布等服务，并围绕内容搭建社区。2021 年 10 月 28 日，脸书公司正式改名为"Meta"，扎克伯格对布局元宇宙的雄心可见一斑。

图形处理芯片 GPU 是支撑元宇宙运转的核心基础，3D 图形、真实感 VR/AR 场景绘制，都离不开 GPU 计算。GPU 硬件厂商英伟达从加速图形渲染入手布局元宇宙，推出了实时图形仿真协作平台 Omniverse（意为"全能宇宙"），为工程师和设计师提供一个协同设计空间。Omniverse 并非游戏平台，而是打造元宇宙的重要设计平台，号称"工程师的元宇宙"。

微软曾经是 PC 时代的霸主，却在移动互联网时代功亏一篑，现在微软已经将元宇宙作为公司的战略目标。2021 年 5 月，微软公司 CEO 萨蒂亚·纳德拉（Satya Nadella）在开发者大会上称，微软公司的 Azure 系列产品将构成一个企业元宇宙，这一体系的核心是数字孪生，借助物联网平台 Azure IoT 可对任何资产或场所进行建模，构造实时更新的数字孪生；Synapse 用于跟踪数字孪生的历史状态，并基于洞察力来预测未来；AR 眼镜 Hololens 提供了增强现实；而 Mesh 则实现混合现实协作。这些模块和工具共同构建现实世界的数字孪生体系，从而将虚拟世界与物理世界融为一体，这也使微软成为元宇宙多个赛道的强有力竞争者。

国内市场也有庞大的产业链，前景广阔。据统计，A 股市场的元宇宙产业链公司有 80 多家，市值超 4 万亿元。互联网巨头如腾讯、字节跳动、网易、华为等，也积极行动，从不同维度切入元宇宙的赛道。

腾讯在 2020 年就提出"全真互联网"构想，并在以电影《头号玩家》中的绿洲为样板开发游戏《绿洲》，打造元宇宙社区。百度则在打造沉浸式虚拟社交 App"希壤"，目前已经发布初步版本。

字节跳动的主营业务为数字社交和内容，目前也大举进军元宇宙。2021 年 8 月底，字节跳动以 15 亿美元（约合人民币 97 亿元）并购中国 VR 硬件龙头企业 Pico VR，其产品线包括移动 VR 头盔、VR 一体机、VR 眼镜、追踪套件 Tracking Kit、应用和游戏商店等。另外，字节跳动正在研发元宇宙社交平台 Pixsoul。

华为公司从增强现实的角度切入元宇宙赛道。华为在 2020 年发布"河图"（Cyberverse）技术平台，这是一个融合 3D 地图、空间计算、强环境理解和超真实感的虚实融合渲染等能力的平台，将提供地球级虚实融合世界的构建与服务。

游戏引擎开发商"代码乾坤"号称"中国版的 Roblox"，2021 年 4 月获得字节跳动近 1 亿元人民币的战略投资。这家公司的产品主要是一个用户创作内容平台"重启世界"（Reworld），主要为年轻人提供高自由度的创造及高参与度的社交等功能。

移动沙盒平台开发商 Meta App 主要开发移动端应用聚合工具，声称要打造全年龄段的元宇宙世界。2021 年 3 月，Meta App 宣布完成 1 亿美元 C 轮融资，投资方包括海纳亚洲资本、创世伙伴、云九资本等，这是国内元宇宙赛道最大规模的单笔融资。这款软件的主要功能是实现移动端信息的更高效分发。

网易的元宇宙投资战略同样是以游戏业务为核心，包括 VR 游戏 *Netvios*、AR 游戏 *Niantic*、互动电影式游戏 *Quantic Dream*，还有虚拟社交 / 用户创作内容平台 Together Labs。另外，网易还投资基于数字分身的社交游戏平台 IMVU，拥有 VCoin 代币和用户生成平台 With Me，强调"现实社交"体验，功能模式类似《第二人生》。

我们再看看同在东亚的日本和韩国。日本有着深厚的动漫和游戏文化传统，相关创意资源积累深厚，在元宇宙上自然不甘落后。2020 年 3 月，任天堂发布动物之森系列第 7 部作品《动物森友会》，全球顶级 AI 学术会议 ACAI 曾在上面举行研讨会。

索尼公司拥有 PlayStation 游戏主机系统和游戏生态，其游戏平台"梦幻宇宙"（Dreams Universe）与 Roblox 理念很接近，且场景画面效果更为精细。另外，日本 VR 开发商 Hassilas 推出元宇宙平台 Mechaverse，场景有虚拟音乐会、虚拟体育场等，单一场景可容纳 1000 名用户。日本社交网站巨头 GREE 称，将依托子公司 REALITY 开展元宇宙业务，计划投资额度高达 100 亿日元（约合人民币 5.9 亿元）。

韩国的元宇宙发展策略主要是由政府推动，民间参与合作。2021 年 7 月，韩国政府推出"数字新政 2.0"计划，预计在 2025 年前投资 49 万亿韩元（约合人民币 2755 亿元），以发展数字技术和数字经济。这一计划还提出构建"开放型元宇宙平台"，供企业用于研发创新内容和服务，培育数字内容产业。在韩国政府公布的 2022 年 604.4 万亿韩元财政预算中，计划拨出 9.3 万亿韩元（约合人民币 516 亿元）用于加速数字转型和培育元宇宙等新产业。

另外，韩国信息通信产业振兴院在 2021 年 5 月，联合 25 家机构和企业成立"元宇宙联盟"，意欲通过政府与企业合作，由民间主导构建开放型元宇宙平台，在诸多领域培育元宇宙生态。

3. 愿景展望：业界大佬们如是说

2017 年，斯蒂芬森在接受媒体采访时说，他写《雪崩》时并没有预见到未来，元宇宙完全是他臆想编造的。但当他看到当前互联网和数字技术的飞速发展，就意识到他杜撰的场景很可能要成为现实。而早在 2000 年，谷歌创始人谢尔盖·布林说，小说《雪崩》预见的情景即将发生。不久，以《雪崩》里实时地球地图为原型的《谷歌地球》问世。

对于元宇宙的未来愿景，很多互联网大佬都提出自己的见解。Roblox 公司 CEO 巴斯祖奇是元宇宙的布道者，他宣称，"元宇宙是一个将所有人都关联起来的 3D 虚拟世界。人们在这个世界拥有数字身份，可以尽情地互动，并创造任何他们想要的东西"。他这里强调了元宇宙的互动与创造。

风险投资家马修·鲍尔的观点是，"元宇宙是一个由永远运行、实时渲染的 3D 世界模拟组成的广阔网络，支持身份、对象、数据和权利的连续性，并且可以被有效无限数量的用户同步体验，每个用户都有自己的存在感"。这一观点侧重系统的永续性和用户体验。

英伟达 CEO 黄仁勋认为，"元宇宙将是一个由人类社会数字孪生构成的虚拟世界，一个立体化的社交环境，能够让我们感觉到彼此都在一起"。黄仁勋想象中的元宇宙是现实世界的数字孪生和社交体验。

而在脸书 CEO 扎克伯格看来，"元宇宙不仅仅是虚拟现实，它将是在所有不同计算平台上可访问的虚拟现实、增强现实等，并将由许多不同参与者以去中心化的方式运营"。扎克伯格关注的焦点是虚拟现实、增强现实和去中心化运营。

强调元宇宙与现实世界关联的有耐克技术创新全球总监埃里克·雷蒙（Eric Redmond），他认为，"元宇宙跨越了现实和虚拟现实之间的物理 / 数字鸿沟"。还有人认为[①]，元宇宙是现实和虚拟现实之间的门户和桥梁。

腾讯 CEO 马化腾提出"全真互联网"[②]，主要强调实现"线

---

① 博斯科·贝林豪森（Bosco Bellinghausen），Alissia Spaces 创始人。
② 腾讯年度期刊《三观》，2020 年。

上线下的一体化，实体和电子方式的融合。虚拟世界和真实世界的大门已经打开，无论是从虚到实，还是由实入虚，都在致力于帮助用户实现更真实的体验"。这在理念上很接近元宇宙，强调要将虚拟世界与真实世界打通和融合。

华安证券在研究报告《"数字未来"系列一：元宇宙，未来数字绿洲入口已打开》中认为，元宇宙或许是互联网的终极形态。

对于元宇宙的价值意义，很多人给予高度评价。巴斯祖奇将 Roblox 公司的元宇宙比作近代印刷术那样的伟大发明，人们将元宇宙作为未来首要的阅读方式。万向区块链董事长肖风认为，元宇宙是超越互联网的新一代网络——数字网络，人类社会数字文明的核心和基础，由创作者驱动的经济体。

有"虚拟引擎之父"之称的 Epic Games 公司 CEO 蒂姆·斯维尼（Tim Sweeney）认为，元宇宙不仅将超越游戏的范畴，还将比任何数字技术应用都强大。如果某个公司控制了它，将会强大到成为"地球上的神"。因此，元宇宙最终要成为超越任何公司的开放式平台，将科幻小说中想象的场景变成现实。它不是由一家大型公司建造的，而是数百万人创意的结晶。每个人都可以通过创作、编程和设计将自己的元素添加进去。

扎克伯格对元宇宙也坚持开放理念。他认为元宇宙是移动互联网的继承者，并将颠覆人类社会的未来。元宇宙将超越许多公司，成为整个行业的愿景。要构建元宇宙，除了脸书公司，还需要其他公司、创作者和开发者的合作与贡献。

经济学家朱嘉明教授认为："元宇宙为人类社会实现最终数字化转型提供了新的路径，与'后人类社会'产生了全方位的交集，凸显了一个可以与大航海时代、工业革命时代、宇航时代具有同样历史意义的新时代。"

数字经济研究者于佳宁表示："元宇宙绝非简单的游戏，而是人类未来社交、娱乐甚至工作的数字化空间，是未来生活方式的关键载体，是一个人人都需要理解的数字新世界。"

每一次互联网革命都有鲜明的个性与特征。万维网革命定义了互联网的基本结构和规范，让每个人都可以在网上冲浪，促发了信息爆炸；Web2.0 以用户互动为特色，社交平台将上亿乃至几十亿人联系在一起，电商的崛起造就了数字经济的繁荣；而移动互联网时代利用智能手机，催生了移动支付、数字货币和用户创作内容，让人类进入了数字社会。对于元宇宙，很多人做了愿景描述，但众说纷纭，观点各异。我们这里通过梳理归纳，给出未来元宇宙应具有的核心特征。

2.1 数字身份，在元宇宙中证明你是谁

在现实世界中，每个人都有一张身份证。身份体系是经济社会运转和治理的基础。身份赋予人们各种权益，建立信任，无论我们到银行贷款，还是购买房产，或者购买飞机票、火车票，都需要它。同样，数字身份就是人在元宇宙中的身份证明，其作用类似现实世界的身份证。

1. 互联网数字身份模式及演变

TCP/IP 是互联网的基础通信架构，它其实是一个协议家族，其中最核心的是 TCP（传输控制协议）和 IP（互联网协议）。早期互联网主要考虑信息的传输与交换，互联网地址体系主要识别的是网络上的物理终端，即计算机，而人并非网络上的直接端点。正如微软前身份服务首席架构师金·卡梅伦（Kim Cameron）所说的，"互联网架构没有身份层"，也就是说互联网底层没有内置关于人的身份认证体系。因而，早期互联网上大多是匿名访问。1993 年，《纽约客》杂志上刊登一幅标题为《在互联网上没有人知道你是一条狗》的漫画，这个标题很快成为网络上的一句流行语。

早期互联网上的身份体系主要是用 IP 地址和网站域名来标识互联网上的计算机，它由美国政府设立的权威机构统一管理和认证。1995 年以后，数字证书机构 CA（certificate authority）用于帮助互联网商业网站证明其身份。

当前，互联网上关于人的身份体系主要构建在应用层。当用户使用电子邮箱、社区论坛、电商平台、游戏等各种不同的应用和服务时，网站系统需要识别其身份背景，这需要使用网站账号管理系统。用户首先向网站身份管理系统申请注册一个用户账号，网站还让用户签署一份用户使用协议，要求用户将自己的身份信息上传到网站服务器上，并将数据的使用和管理权让渡给网站管理系统。用户账号通常包括用户名和口令，用于保障用户数据和隐私的安全。

这种中心化身份管理模式有两个弊端：第一，用户需要针对不同的网站平台申请不同的账号，采用不同的方式登录，给用户使用带来很多不便。另外，碎片化的用户数据也不利于对数据的使用和治理。第二，管理机构对用户身份信息拥有完全的控制权，即网站全面负责用户身份的颁发、验证、鉴别等，管理机构还有权随时授予或撤销用户权限，关闭或删除用户身份账号，或完全清除一个人的在线身份数据。

针对中心化身份体系的弊端，很多组织和机构纷纷提出改进方案，比如通过引入专门的"身份提供商"（IdP）对用户进行跨平台/机构的统一管理，让用户获得跨平台、跨网站的互联网服务。这样，用户使用一套用户名/口令即可实现多个网站平台登录，即单点登录（single sign on，SSO），从而提升了用户体验。

1999 年，微软在其 .NET 战略中提出联盟身份（FIdM）的概念，通过多个机构组成联盟来进行身份管理，这就是微软的 Passport 身份认证体系。但联盟成员并不是权利完全平等，微软是联盟的盟主，这种治理模式还是脱胎于"身份提供商"模式。为了挑战微软，太阳微系统公司（Sun Microsystems）于 2001 年与多个互联网机构组成了"自由联盟"，身份管理机构被分成若干个平等的联盟实体。

联盟身份主要解决了第一个弊端，即"多账号痛点"问题，让用户身份具有一定的"可移植性"，可实现跨平台的身份互操作，简化了用户的使用。但这种可移植性仍然依赖联盟身份提供者的权限，并加剧了个人数据的中心化垄断，联盟若删除用户账号对用户所产生的损害也更深远，还为黑客准备了更大规模的数据，数据安全风险和隐患更大。也就是说，第二个弊端并没有完全解决。

更好的方法是将数字身份及认证集成到基础协议层，并基于区块链构建去中心化身份体系，如图 2-1 所示。区块链技术具有的不可篡改、公开透明、安全可靠等特性，非常适合于建立去中心化的可信数字身份体系。每个用户可以直接登记在区块链或分布式网络上，而无须向中心化注册机构申请。用户以加密方式提供个人信息即可实现身份鉴别或认证，保障用户数据和隐私安全。

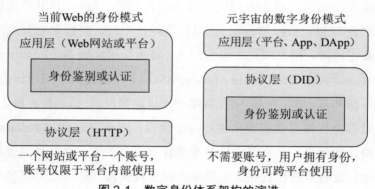

图 2-1　数字身份体系架构的演进

去中心化身份模式有多种实现方案，目前受到关注较多的是去中心化身份标识（decentralized identifiers，DID），这是由万维网联盟（W3C）主持开发的互联网上的去中心化身份技术标准。标准的核心包括去中心化身份标识和可验证凭证（verifiable credential，VC）。DID 是由其所有者创建的字符串组成的身份标识符，这是一种全球唯一的地址标识符（uniform resource identifier，URI），它指向写有与用户身份相关属性信息的 DID 文档，具有全局唯一性、高可用性、可解析性以及加密可验证性，且不依赖于任何中心化权威机构。DID 保存在分布式账本上。

可验证凭证具有完整的可便携性与安全性，便于用户完全掌控和管理，这也符合国际上正在兴起的自主主权身份（self-sovereign identity，SSI）的理念。这种身份治理模式本质上是将线下的身份管理模式移植到线上，让数字身份也可以像身份证、护照等一样，放在用户信任的"数字身份钱包"里，由个人自行管理与控制。当需要使用互联网服务时，用户再将数字身份及凭证复制或共享出来，交给网络服务提供商或平台有条件使用。

目前，DID 标准还在制定过程中，很多互联网企业和金融机构都在积极参与标准的制定，并开发了相应技术方案。国外正在开发的去中心化身份项目包括 ShoCard、Civic、Everny、Sovrin，以及微软的身份覆盖网络（identity overlay network，ION）等。

我国公安部下属的研究所也在开发数字身份方案，分别是公安部第三研究所的 eID 方案和公安部第一研究所的 CTID 方案。eID 方案采用欧盟技术，侧重硬件设备；CTID 方案利用生物特征识别技术，可以通过软件实施。目前，这两个研究所都已发布了去中心化数字身份白皮书，实现去中心的数字身份链[①]。

2. 数字身份：元宇宙的模式特征

互联网的基本节点都是计算机或智能终端，在网络中都是可以识别的 IP 标识设备身份；而元宇宙中的基本节点主要是"人"，每个人都自主拥有数字身份。可以说，互联网是关于计算机的元

---

① eID 是公安部第三研究所的数字身份方案，其区块链白皮书是《eID 数字身份链白皮书》（2019）；CTID 是公安部第一研究所的数字身份方案，相应的区块链白皮书是《基于可信数字身份的区块链应用服务白皮书》。

宇宙，而当前元宇宙则是以人为中心、万物智联、虚实交织的互联网。

在元宇宙中，数字身份系统应超越各类应用系统或平台，构建在协议层（见图 2-1）。互联网时代每个人都有自己的账号 ID 或昵称，还有头像和个人信息。元宇宙中人的数字身份不仅有身份凭证，就像现实世界的身份证和各种证照；还有数字分身，它不同于虚拟头像，或者"捏脸""装扮"等虚拟形象编辑，而是强调交互性和自由度。

电影《阿凡达》中有句台词，"每个人都应该拥有一个属于自己的阿凡达"。这个阿凡达（Avatar）就是元宇宙语境里用户的数字分身，也就是俗话说的"马甲"，这是用户进入元宇宙不可或缺的标识形象。阿凡达不仅与用户形象一模一样，还有相同的声音、性格和行为特征。用户能以第一视角方式进入元宇宙空间进行探索、创造、交易和社交。在 Roblox 公司 CEO 巴斯祖奇提出的元宇宙八大基本特征中，数字身份位列首位。

元宇宙游戏中的数字分身常采用卡通动漫的形象，比如《堡垒之夜》、*Roblox*、*Axie Infinity* 等，主要原因还在于卡通形象渲染快，也易于被年轻人喜爱。

超写实风格数字分身基于数字孪生，强调逼真效果。数字孪生是现实世界中的物体或产品在数字空间的精准映射，就像双胞胎，还能实时更新，与现实空间的对应物同步。数字人就是一个人的数字孪生。我们可利用高精度 3D 扫描设备将人体各部位全部扫描，全方位采集人在各个角度的照片和视频，准确捕获人的细微表情和动作特征，获取人的声音特征等，构建人在数字空间的数字孪生模型，实时同步展示现实世界中人的外貌、表情、神态和行为等。这种超写实风格的数字人有着逼真的细节，像 3D 照片一样让人难辨虚实。

数字人可在虚拟空间表达和展示用户的独有特征，用户可以操控和交互，就像阿凡达。另外，数字人还具有人工智能。微软亚洲研究院提出了数字个人（digital me）的概念，将每个人的知识和智能映射到虚拟化身，替个人代理数字空间的工作或生活，以提高效率。

用户画像（user profile）是数字身份的另一种形态，这是一种以标签形式（tag）刻画用户特征和行为的方式，它往往基于大数据分析和智能算法推断出的用户数据，比如个人兴趣和偏好、社会属性、生活习惯、收入水平、消费行为等。

用户画像在元宇宙的应用场景中用于分析用户的兴趣偏好、消费习惯和行为特征，以提升市场营销精准度、推荐内容的匹配度和运营的精细化，从而更好地为用户提供个性化产品或内容服务，优化用户体验。

KYC（know your customer），也称"了解你的客户"或"客户身份核验"，是一项关键银行业务，它本质是一种用户信用画像，目的是通过分析客户的金融交易历史和信用状况等，防范金融欺诈、打击洗钱、遏制恐怖主义融资等。KYC 还是深度分析客户需求、应对客户需求变化的重要手段，有助于实现安全的客户理财服务和专业化的资产配置服务。

身份认证是互联网信息安全与信任的基石。传统身份认证需要用户向服务提供商提交自己的身份信息，身份认证体系根据用户情况决定用户是否授权使用相应服务。元宇宙中同样需要身份认证与授权，但使用去中心化身份标识及可验证凭证，这等同于我们现实社会中各种身份证照、证书。

可验证凭证通常利用加密算法与数字签名等技术保障身份信息的可信与安全。可验证凭证一般以用户为中心，与现实世界中的实体凭证一样，所有权完全归用户自主管理，并实现跨平台、跨系统的身份验证。在元宇宙场景下，可验证凭证使用可以是匿名的，并秉承信息最少披露原则。

去中心化身份体系的使用流程为：凭证发行方根据身份所有者的申请签署颁发可验证凭证；身份所有者将可验证凭证以加密方式保存，并在需要的时候提交给服务提供者验证；凭证验证时无须对接凭证发行方，只要检索分布式账本和身份注册表，通过密钥即可确认凭证与持有者之间的所属关系，以及凭证声明属性的真实性。验证过程使用专门验证程序，不依赖第三方机构。

元宇宙通常具有去中心化的经济体系，其中数字身份是这一体系的核心；而数字资产，如自己的数字通证、NFT 艺术品，以及虚拟服饰、皮肤和游戏装备等，都与个人身份密切相关。在元宇宙中，用户通过分布式账本管理"身份与身份""身份与资产"等关系，形成信任链和价值链，并在元宇宙构建个人信用体系。

3. 开放、互通的元宇宙身份体系

传统互联网架构设计上没有考虑个人数字身份，数字身份管理通常依附于特定平台或网站的账号管理系统，这就决定了个人身份账号及相关资产信息很难实现跨平台互操作。即使号称最接近元宇宙的 Roblox 中的资产或物品在其他游戏平台也无法使用。

在元宇宙中，每一个人都将是独立节点，无论使用什么终端，数字身份都不可或缺。为此，元宇宙的架构体系要设计专门的数字身份层，并以数字身份为信任根，打造安全的元宇宙信任环境。元宇宙的数字身份可基于去中心化身份标识构建。在我国，个人数字身份应该锚定居民身份证或者手机号码，增强数字身份凭证的权威性和可信度。

元宇宙数字身份首先要考虑身份的标准化和互通性，这是元宇宙与互联网的重要区别之一。数字身份体系不应该由某一公司或机构单独制定，以免形成割裂的小宇宙，阻碍数据和资产的共享与流通。身份应作为社会公共产品来设计，由国家权威部门主导，网络与信息安全部门、商业金融机构和社会团体共同参与，协商制定统一的身份标准规范，让身份凭证可以便捷地进行与元宇宙中的应用体系互操作，给予用户无缝的跨平台、跨宇宙系统体验。这样人们就无须分别注册或登录账号，可随时随地切换身份，进入各种元宇宙空间，进行娱乐、学习、工作、交友、购物、旅游等活动。《堡垒之夜》之所以被划为元宇宙，实现跨系统的一致身份是一个重要因素。

元宇宙中数字身份的另一关键特征是用户对身份拥有自主控制权。与传统的互联网环境中用户需要将各种个人数据上传到平台身份管理系统不同的是，元宇宙中的数字身份由个人掌控，这与现实世界中人们使用物理证件的方式很类似。用户在使用身份凭证时，只需要将最少披露的个人数据提供给服务提供方，也可以使用化名或匿名。此外，欧盟委员会还提出"数字主权"（digital sovereignty）理念，赋予用户完全掌控个人数据的权利。

传统互联网或游戏平台的用户身份及资产往往采取中心化的管理模式，比如用户的虚拟形象、虚拟服饰、头发、道具、收藏品、游戏装备等，往往只能局限于特定平台环境中使用。但在元宇宙中，用户对个人资产和数据也拥有自主控制权，它们不再依赖特定平台或环境，而是能在各相关平台中通用和互操作。

元宇宙中的数字身份及资产还可以进行交易，比如虚拟服饰、道具、装备都可以在游戏系统之外的交易平台进行自由交易，让个人数字资产和数据实现跨平台自由流动，并能够自由兑换成数字货币或现实中的人民币、美元等主权货币。

数字钱包是一种去中心化应用程序 DApp，帮助用户管理个人身份和资产的工具，其优势在于身份验证便捷，且允许用户自主掌控身份凭证。传统互联网的账号系统将转变为元宇宙的数字钱包方式，这也是国际上数字身份发展的趋势。2021 年 6 月，欧盟委员会公布了《欧盟数字身份框架》倡议，提出成员国应通过认可的公私机构向公民、常住居民、企业提供"数字身份钱包"。除了管理个人资产外，数字钱包还用于管理证明个人身份的各种凭证或执照（如学历证书、驾照、银行卡）等，用户能自主选择向第三方分享其身份数据，使其在保证个人数据和隐私安全的前提下，便捷地验证个人身份，提供在线服务。

2.2 元宇宙社交，以用户体验为导向

1. 社交媒体发展演变趋势

互联网发展之初就开始有社交功能。1971 年，ARPA 项目组的科学家发出了世界上第一封电子邮件，从此揭开了社交网络的序幕。1987 年，中国首次接入国际互联网，也是以发出第一封

国际电子邮件为标志。但一直到 20 世纪 90 年代中期，万维网崛起，社交网络才迅猛发展。90 年代末，即时通信软件 ICQ 和 QQ 兴起，网络社交进入快速发展期。

网络论坛和即时通信软件都是 Web1.0 时代的产物，这一时期的社交与网络内容是分离的。进入 2000 年以后，Web2.0 兴起，社交媒体出现了新模式。美国的脸书以创新型的"个人主页＋关注"模式掀起社交网络的新潮流，形成以内容与社交融为一体的第二代互联网社交。个人主页相当于"个人虚拟展览馆"，可充分发挥用户的创作能力；而关注则让人们能即时互动。

2000 年前后，博客兴起，很快被引入中国。博主可以在上面发表自己创作的博文，网络用户可与博主在同一语境内进行互动交流，用户从"参与者"转变成了"主导者"。这些平台开启了用户创作内容的草根英雄时代。

腾讯公司在 2005 年推出类似博客的 QQ 空间，里面包括说说、日志、分享、相册、视频、留言板、音乐盒、互动等，还有允许第三方应用接入的应用中心，如 QQ 农场、QQ 牧场、QQ 餐厅、抢车位等，种类繁多的装饰物品，如首页动画、皮肤、导航栏、漂浮物、花藤等。与此类似的还有人人网、开心网等娱乐型社交网站，社交媒体进入了休闲娱乐领域。

在移动互联网时代，社交媒体迎来了一场大爆发。2006 年，推特（Twitter）开创了微博这一"话题导向"社交形式，它允许用户将看到的、听到的、想到的事情写成一句话，并结合图片或语音，利用计算机和智能手机随时发布，关注朋友，进行转发和讨论。其限制是发布消息不能多于 140 字。2009 年，新浪微博推出，很快就吸引了海量用户，这其中包括政府官员、影视明星、企业和个人认证账号。微博成为当时中国的"公共议事广场"。

微博追求"名人效应"，它的公共开放机制具有明显的中心化网络特征。大量普通用户聚集在"大V"和意见领袖周围，平台也将流量向他们倾斜，形成一个个社交媒体传播中心。

不久，一个更具影响力的社交媒体横空问世，这就是腾讯推出的智能手机社交App——微信。这是个划时代的综合社交平台，它不仅功能强大，其多维空间结构俨然具有了元宇宙的某些特征，比如有好友交谈的私聊空间、会议室性质的群聊空间，还有客厅沙龙展览性质的朋友圈，以及广场媒体性质的公众号。不同社交空间汇聚在同一App，且相互关联，允许用户在其中自由穿梭。微信也成为中国用户群体最大的社交平台，其国内市场渗透率达93%。

随着市场需求的不断扩大，社交媒体也向差异化方向发展，出现了很多"垂直社交媒体"。一个方向是内容形式向图片和视频扩展。2010年上线的Pinterest主要以"瀑布式"展示相关图片，免去用户翻页操作；同年上线的Instagram则主打照片和视频；2011年，以13～23岁用户为目标的Snapchat以视频和照片构成的"阅后即焚"故事功能迅速爆红，开创了一种新的社交分享形态。

随着网络带宽的增长，视频内容变得更加重要。全美最大、用户最多的视频分享网站YouTube（俗称"油管"）的特色在于用户创作内容，并让用户分享、留言、点赞，表达观点。

国内的视频社交平台主要有优酷、爱奇艺等。哔哩哔哩（bilibili，或称B站）提供专业创作内容，其独特之处是将视频内容与弹幕相结合，实现特殊的参与和互动效果。弹幕是一种显示在视频表层的用户评论文字，提高了参与度和互动性。据调查，75% 的 16 ～ 25 岁受访者表示看视频会开弹幕、发弹幕 [1]。

2015—2016 年，随着 4G 网络在全社会的普及，直播类社交平台出现井喷式爆发，比如斗鱼、花椒、YY 娱乐等纷纷推出，网络主播、游戏主播、体育主播等纷纷进入公众的视野，并催生了很多"网红"。他们依托庞大的粉丝群体，直播带货，定向营销，将粉丝转化为购买力、消费能力，形成了不可忽视的"网红经济"。

移动互联网时代社交媒体的佼佼者还有短视频。抖音 / 快手等通过精准俘获目标消费群，抓住了人们的内容消费需求而迅速崛起，其关键是通过智能匹配算法推送符合用户口味和兴趣的内容。与中心化的微博流量分配模式不同的是，抖音平台的内容推荐采用了去中心化的推荐机制，即内容推荐的流量多少主要取决于内容质量，而不再强调创作者是否有名气、是否是"大 V"。而内容质量的评价取决于用户的关注、完播率、转发、评论等互动。这一颇具魔性的机制极大地激发了创造者的活力，抖音也一跃成为国内最受欢迎的社交媒体平台，甚至还风靡海外市场，让很多用户都欲罢不能。

社交媒体演变的另一方向是社交方式的差异化细分。比如陌陌采用基于地理位置服务，用户可以定位发现附近的陌生人，用户可以发送文字、图片和声音，分享地理位置，也可以参与组群讨论，或在当前位置签到。

领英（LinkedIn）和脉脉的定位则是商务人士的工作社交，用户可以编辑并展示自己的职场档案，并帮助用户维护他们在商业交往中认识并信任的联系人，也就是所谓的"人脉"，从而获

---

[1]　数据来自哔哩哔哩联合 DT 财经发布的《2020 视频趋势洞察》。

得职位升迁或商业机会。

除了关系导向型社交外，还有兴趣导向社交软件。比如 Soul 就另辟蹊径，通过个人兴趣，发掘年轻人的差异化社交需求，并提出要打造"社交元宇宙"。Soul 中的每个用户都拥有一个虚拟身份，可以发布瞬间或参加兴趣派对，表达观点。平台也不再基于地理位置，而是基于用户社交特征画像和兴趣图谱，通过 AI 算法将用户和内容推荐给懂他或她的人，形成高质量互动关系。当然，这些功能与元宇宙还是有很大差距。

还有一些兴趣型社交社区。比如豆瓣以都市白领和青年学生为目标群体，用户可针对书籍、电影、音乐发表相关评论，还有大量的豆瓣小组，专门讨论吃、穿、住、用、行等方面，还组织参与各种线上、线下活动。兴趣型社区知乎的定位是在真实网络问答社区，核心用户群体为各行各业的专业人士，他们分享着彼此的专业知识、经验和见解，致力于提供高质量的问题答案和信息。

图 2-2 概括了主要社交媒体平台发展与演变的历程。

图 2-2　主要社交媒体平台的发展与演变

2. 元宇宙社交模式及其用户体验

元宇宙将催生社交媒体变革的新浪潮。Epic Games 公司

CEO 蒂姆·斯威尼认为，元宇宙愿景的核心是改变人们的社交方式。与传统互联网社交媒体相比，在元宇宙社交中，个人都拥有独立可控的数字身份，用户能以不同身份参与不同的世界空间和社交生活，获得全新体验，也更加注重场景化、去中心化，并强调以用户为中心。

首先，元宇宙社交媒体将与场景深度结合。传统社交媒体主要强调对用户帖子的点赞、评论和转发分享，而即时社交高效快捷。元宇宙中的社交媒体将与应用场景深度结合，关注用户体验。扎克伯格宣称，他旗下公司的 Oculus VR 头显技术将从游戏变革开始，最后将彻底改变数字社交的互动场景，并融入人们日常生活的方方面面。

社交与场景结合的方式之一是游戏平台的社交化，以提供超现实的社交体验。比如元宇宙游戏平台"堡垒之夜"现在已经演变成一个社交广场，很多玩家登录上去往往不是为了玩游戏，而是和朋友谈天说地，谈论最多的主题甚至都不是游戏，而是学校、男孩女孩、演唱会、电影、音乐、体育比赛等。在平台举办的沉浸式演唱会上，玩家可以和歌手近距离互动，跟随他的步伐，或进入太空摘星揽月，或潜入海底与海豚共舞，还可体验瑰丽多彩的童话王国，聆听绝妙的音乐。

与场景结合还包括对社交功能进行垂直细分，将综合性社交媒体转型为一系列专门的场景社交，或者与电商进行深度结合，也可以结合线下商业。用户可根据场景不同选择自己不同的形象及虚拟服饰。场景的细分增强用户之间共同兴趣。用户使用 VR 头显可看到其他用户的表情、手势，交互响应也更加实时，更具沉浸感。

　　随着新冠肺炎疫情的蔓延，为减少人与人之间接触，很多工作会议也都迁移到网上。与传统视频会议相比，元宇宙会议更具有空间感和现场沉浸感，也更容易交流与互动，从而提高了工作效率。以脸书的"地平线会议室"为例，你不仅可以体验到你左右都是谁，会议主持人在哪里，还可以通过虚拟白板参与讨论。

　　其次，元宇宙社交还具有去中心化特征。元宇宙社交并不只是意味着 3D 图形或 VR 场景。事实上，高清视频电话在这方面的用户体验并不会差多少。元宇宙真正超越传统互联网的关键之处在于去中心化运营模式，去中心化的数字身份，让许多不同参与者以开放方式互动交流。

　　元宇宙社交中的数字身份采用去中心化的可验证身份凭证（VC），它主要由用户自主掌控和管理，就像现实中我们保管自己的身份证那样。通过可验证身份凭证，可让用户向平台授权提交最少个人信息，无须注册账号就可简单快捷地访问各种社交或游戏平台。随着身份的打通，用户穿梭在各个社交平台和游戏之间，并能无缝平滑切换。这既提升了用户体验，同时又保护了用户的个人数据和隐私。

　　元宇宙还可借鉴万维网 W3C 标准，制定通用的互操作标准协议，无缝整合社交、娱乐、工作、生活等平台，使不同平台之间开放互通，形成一个广阔的、数字化的经济社会生态，用户可以在这里自由交互，将各平台及其创意品牌进行组合创新。

　　《堡垒之夜》是元宇宙平台开放的一个范例。在这个游戏平台，漫威和 DC 的 IP 角色可以交汇到一起，你的数字分身可以身着漫威角色的服饰，与穿着 DC 服装的其他人的数字分身进行互动。在未来，这些资产的应用还可能超出"堡垒之夜"平台，比如这里的皮肤可用于装饰其他游戏如《反恐精英》《绝地求生》。你设计的汽车可以送给微信好友，而好友开上它，再到《火箭联盟》体验飙车的快感。数字资产还可能在第三方数字交易所买卖。

最后，元宇宙社交应以用户为中心。这一点看起来与去中心化有冲突，但实际上，去中心化也并不是要完全消灭中心，而是要更多的中心相互制衡，实现元宇宙的分布式自治组织。

在元宇宙时代，个人身份都掌握在用户手中，但需要访问很多社交空间。但没有账号系统，用户应该怎么管理个人数据呢？

基于以用户为中心的理念，用户在元宇宙中购置虚拟土地（存储和计算资源），构建个人数据中心，设置自己的社交聚合平台，将分布在不同平台上的数字分身、服饰、游戏装备、数字艺术品、数字收藏品、NFT 数字物品等，以统一的标准格式存储管理，并跨平台互操作使用，让资产不再依赖特定平台。这样，数字资产就能在不同社交游戏平台之间自由流动，不同平台中的角色可以汇聚在同一场景交互，这将充分展示元宇宙的社交魅力。数字经济也将激发出前所未有的活力。

3. 元住民与元公民，元宇宙社会形态

2000 年是西方文化中的千禧年，这一年也是互联网形成与高速发展的一个关键节点。出生于 1980 年的孩子们在这一年已进入成年，走向社会。西方社会将 1981—1995 年这段时间出生的人称为"千禧一代"，他们差不多伴随着互联网的发展一起成长。按照西方社会的世代划分，他们属于"Y 世代"，之前的"X 世代"对应出生于 1966—1980 年的人，之后的"Z 世代"则指 1996—2010 年出生的这代人。2010 年后，英文字母表用完了，世代命

名将换成希腊字母，比如"α世代"是指2010—2015年出生的孩子们。

同样在2000年前后，互联网在我国也开始高速发展，当时网络上兴起了一个新名词——"80后"，用来指1980—1989年出生的年轻一代，他们大致对应西方的"千禧一代"。随后衍生出"70后""90后""00后"等一系列中国特色的世代名称。

在这些更迭世代中，"千禧一代"或"Y世代"是互联网的原住民，他们在进入成年的同时就进入互联网世界。按照全球IT研究与顾问咨询公司高德纳（Gartner）的观点，人类已在2016年进入数字社会，因而"Z世代"也就顺理成章成为数字化社会的原住民。

在即将到来的元宇宙时代，哪些群体将成为其中的原住民呢？这个问题也众说纷纭。有人把"Z世代"作为元宇宙的原住民，并将其称为"M世代"。但更为贴切的还是所谓的"00后"，甚至是2010年之后的"α世代"。他们正在走向社会，元宇宙的兴起，使他们将成为第一代"元住民"。

在元宇宙社会，"元公民"是一种更具包容性的说法。元宇宙社会不仅有高度发达的数字化生存环境，同时还是一个更能体现社会公平、正义的新型公民社会，将衍生出独特的文明礼仪和法律规范。元公民需要具备以下几方面的能力和素养：

首先具有适应元宇宙的认知和学习能力。元宇宙社会是一个高度发达的数字社会，其公民应该是"终身学习者"，不断学习新的数字技能，探索使用新型智能终端设备，最大限度地发挥数字空间的价值潜力；同时还应具有解决数字空间问题的能力，如掌握在线学习或元宇宙教育模式，自主搜索分析元宇宙资源，判断数字内容的可靠性等。

其次要具备在元宇宙中的生存技能。元宇宙的技能主要包括使用各种智能设备、虚拟装备及移动终端，能够自主进入元宇宙，熟悉各种社交媒体和游戏娱乐，参与元宇宙空间的各类数字化社交活动，能与其他参与者或者智能仿生人进行交互；具有数字化创作能力和数字资产的交易能力。

最后应懂得元宇宙的文明和社交礼仪。元宇宙作为一种新的数字文明形态，人们将具有很多超越现实的能力，比如超时空旅行、穿越体验等，这可能会与现实秩序礼仪发生冲突。比如一个人进入历史元宇宙，其中的社会文化环境和礼仪规则与当今社会肯定不同。

数字礼仪（digital etiquette）是人们在元宇宙数字空间的社交准则，这是人们需要遵循的礼仪逻辑，比如话语礼仪、行为规范，还有特殊的表情包、缩略词、谐音、象征性符号。不同元宇宙空间可能制定自己的礼仪规则体系，类似互联网的网规群规。另外，还要符合当前社会伦理，比如尊重他人，不进行网络凌霸、不散布煽动性语言等。

2.3　与现实世界保持同步运行

元宇宙还有两个关键属性：一是持久在线，即没有暂停、结束，也不能再来一盘，而是像现实世界的时间一样，即使你不在线，系统也会一直持续不停地运行着；二是低延时，元宇宙系统对用户所有操作要及时响应，保证数字世界中的一切与现实世界的同步进行。但怎样才能实现呢？

1. 永不停机：与现实世界平行运转

对于元宇宙来说，其数据中心犹如大脑中枢。但建设实体数据中心非常昂贵，不仅需要严格的机房环境，包括高标准的空调设备、防尘防静电措施，还要有稳定的电力系统，高性能的网络设备、服务器，机柜、机架等。要保证系统持久运行，还要有自备发电机、备份电源、双机热备等，特别是还要有专业的运维队伍保证运行。这对于大多数公司来说难以承受，解决方法是使用云计算技术。

云计算作为一种计算服务商业模式，其关键在于将计算资源虚拟化，即构建一个可配置、能自由组合分配的计算资源（如网络、服务器、存储、应用和服务）共享池，其中资源的供应配置可通过软件编程控制，计算规模可动态扩展，分配给用户的计算服务能力可动态回收重用。这一模式实质上是将计算资源先集中、再分配，大大提高了计算资源的利用率。

云计算的通用性使得计算资源可以被统一度量和计费，计算资源就可以像使用电和自来水那样随时随地获取，并可按需提供。这一过程通过软件自动管理和控制，无须人工参与和干预，管理成本大大降低，服务质量还能得到保证，从而随时随地提供服务。图 2-3 展示了元宇宙的计算框架，其中左侧为云计算的体系架构，右侧为边缘计算机设备。

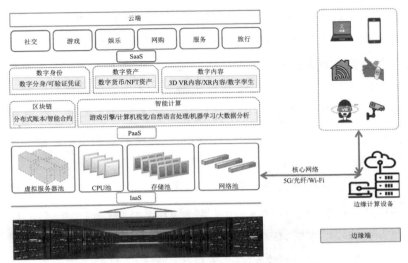

图 2-3　元宇宙的计算框架

云计算的用户很多，各自需求差别也很大。为了满足不同用户的个性化需求，云计算通常提供不同类型的云服务模式，目前应用最多的有三种：只提供底层基础硬件服务的 IaaS（基础设施即服务），比如亚马逊的 AWS、开源软件的 OpenStack 等；提供支撑平台服务功能的 PaaS（平台即服务），典型产品如 Azure、Google App Engine 等；还有提供完整软件服务功能的 SaaS（软件应用即服务），如 Office365、Google App 等。

元宇宙需要的超大规模计算能力就是通过云计算实现。虚拟化技术可将一台服务器虚拟成多台服务器，也可以将很多台服务器模拟成一个服务器共享池，对计算资源进行灵活配置，或者动态、弹性地扩容或释放。谷歌、亚马逊、微软、阿里云等云计算平台的服务器规模从几十万到上百万台，能够为用户提供前所未有的强大计算能力。

元宇宙的持续运行需要云计算的高可靠性来保障。云端计算资源服务使用数据多副本容错机制、计算节点同构及可互换措施、设备镜像及容灾备份方案、分布式集群技术 ① 等一系列技术来保障云服务的高可用性，最大限度地减少发生灾难时的停机时间。2017 年，阿里巴巴在云栖大会现场做了一个惊人测试，把阿里云数据中心的电缆给拔了，但会场大屏上显示数据中心的健身应用依然正常运行。

与传统自建数据中心相比，云计算既简单方便，成本又不高。无论功能还是操作都好像是用户自建的互联网数据中心一样。用户可以动态地申请资源，以支持各种应用程序运转，无须为烦琐的细节所烦恼，能够更加专注于自己的业务，有利于提高效率、降低成本和技术创新。

元宇宙是一个永不停息的数字时空，对应于我们现实世界的日常生活。而《英雄联盟》之类的电竞游戏，在每局结束后会有间断，它们可以嵌入元宇宙空间，对应于现实世界中的各种竞技比赛或戏剧表演。

2. 即时响应：与现实世界同步运行

即时响应要求元宇宙要低延时，也就是说，从接收到用户的交互输入到给用户输出反馈，要及时，不能有可察觉的时间差，否则会影响用户的使用体验。声音的传播速度达到 350 米 / 秒，人与人面对面现场交流不存在延时。但通过网络传输还有信息处理都需要时间，要实现低延时难度较大，手机通话的延时大概有

---

① 集群技术就是将很多服务器通过网络连接起来，构成一个云计算体系；分布式架构是将一个复杂任务分解成若干部分，分配到集群服务器上计算，最后汇总得出整体结果。

0.5 秒，两个人在同一房间打电话将会感觉到延时。

延时是所有网络属性最难解决的。影响元宇宙延时性的因素很多，降低延时主要从以下两个环节入手：一是提高通信网络传输带宽；二是利用边缘计算减少数据处理的工作量。

互联网的基础是网络通信技术，通常有两大类：一是有线通信，从最早的拨号网络，到电缆和光纤通信，已经取得了长足进步；二是移动通信网络，这是目前制约元宇宙发展的主要瓶颈之一。

1990 年之前广泛使用的移动通信技术主要传输模拟语音信号，也称 1G 通信。它不能用于数据传输。2G 通信进入了数字时代，但也局限于传输简单的文字短信，无法直接传送如电子邮件、软件数据等信息。

3G 通信是移动通信一次重大技术突破，这标志着移动互联网时代的到来。3G 技术具有高频宽，可稳定传输图片、影像电话及大量数据，随着智能手机的普及，各种手机 App 开始多样化发展。4G 通信技术让视频传输更为流畅，移动互联网引来了爆发期。

尽管 4G 的数据传输速率可以达到 100 兆比特 / 秒，但相对于元宇宙的即时性需要还是有较大的差距。元宇宙时代的网络通信需要 5G 通信技术，这一技术的最大优势：一是数据传输速度快，可达 1 千兆比特 / 秒以上；二是延时低，数据传输延时从 4G 的 10ms 降到 1ms。

仅仅利用 5G 对网络带宽提升就可以满足元宇宙的即时性吗？问题没有这么简单。元宇宙通常与现实世界高度关联，构建数字孪生世界，这就需要很多传感器组成的物联网。物联网中的终端设备不仅是数据消费者，更是数据采集者或生产者，比如智能家居、智能手表/手环、监控摄像头、运动监测器等。

物联网设备数量极多，且源源不断地产生大量数据。如果都上传到云端存储和处理，将消耗巨大的网络带宽、存储空间和计算资源，这个延时将是几十毫秒到上百毫秒，难以满足元宇宙的低延时要求。这一问题的解决需要利用边缘计算（edge computing）。

边缘计算的所谓"边缘"，是指传感设备到云计算中心之间的任何具有计算能力的设备，通常位于网络的边缘地带。边缘设备可以是通信基站、无线接入点、网关或智能路灯等。边缘计算就是将边缘设备作为一种集计算、存储为一体的开放计算平台，就近为邻近的终端设备提供计算服务。边缘计算的目标是，既要让计算资源无处不在，又能保障其服务质量。

边缘计算可利用智能终端设备在本地对数据进行存储和处理，比如手机上的人脸识别算法就是在本地执行。其实，与特定用户密切相关的人工智能算法，一般都要利用大量的本地数据，在智能终端上计算，不用将数据上传到云端，其复杂度会简单很多，其执行效率和精准度也会更高，数据和隐私也更安全。

边缘计算是一种分布式的计算模式。如果说云端计算相当于中心化的大脑中枢，边缘计算则相当于去中心化的智能神经末梢，作为云计算的补集。这与自然界中章鱼的行为模式很类似。章鱼又称八爪鱼，它拥有一个中枢主大脑，同时在每个触角中还各有一个小脑，这个小脑对其所在的触角有着完全控制权。章鱼依靠主大脑跟每个触手中的小脑来协同控制整个身体。这种机制时延低，让章鱼的反应极为迅速。边缘计算设备在元宇宙计算框架中的作用参见图 2-3。

2.4 经济生态系统，激发元宇宙的创造活力

互联网经济系统都是基于大型网络平台，个人数据、价值和权益都依附于平台；元宇宙经济拥有开放的生态系统，超越特定平台，而不是一个个割裂的独立小生态系统。元宇宙经济系统包括统一可信的数字身份和数字货币，能够承载人们的数字资产和权益，具有公平、公开和透明的治理规则，杜绝作弊和要赖，同时与现实世界的经济体系相互融合统一。

1. 元宇宙经济体系的特征要素

在现实世界中，实体商品和资产一般都难以复制；而数字产品易于复制和粘贴，盗版一直是数字空间经济增长的主要障碍。区块链和密码技术可以有效地解决这一问题，即利用分布式账本，将数字物品的权益证明以冗余方式发布和保存，只有超过半数节点同意才可以修改账本内容，因此很难被篡改和复制。区块链将是元宇宙经济的基础设施。

从技术角度说，区块链是一种可追溯的链式数据结构，按时间顺序将不断产生的信息区块依次相连，组合而成，区块上的信息以密码学方式加密，并通过分布式账本保证数据不可篡改和不可伪造。

现实世界的经济体系是一个高度复杂的有机整体，包括一系列相互联系又相互作用的要素，比如货币、市场、价格、资产、产业、劳动力等，还有生产分配、交易、消费等环节。元宇宙的经济系统在结构上可以参照现实世界，对标开放生态体系。为了更清晰地揭示元宇宙经济系统的本质，本书提出一个精简的元宇

宙经济要素关系图，参见图 2-4。

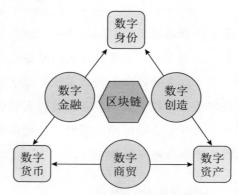

图 2-4 元宇宙经济要素关系图

元宇宙的很多经济要素，如身份、资产、货币，均可基于区块链构建，经济体系运转也就都依赖区块链。区块链是元宇宙经济治理和信任的基础。

人是经济体系的主体，数字身份是元宇宙中的赋权工具，几乎所有经济的经济活动都离不开数字身份，比如资产确权、交易、购物、社交、娱乐等，元宇宙的身份可使用去中心化的可验证身份凭证。2.1 节已经对数字身份进行了阐述。

数字货币和数字资产是元宇宙经济系统的关键要素。提起数字货币，大家都会想到比特币、以太币等，它们都具有去中心化的点对点支付功能。另外，很多游戏也发行了各种各样的游戏币，如 *Roblox* 中的货币 Robux、《堡垒之夜》中的 V 币等。

当前数字货币可分为两大类：一类是原生币（Coin）；另一类是 Token，可翻译为"令牌""通证"或"代币"。Token 除具有货币功能外，还是区块链生态中持有者的权益证明，属于数字资产。这两种都是加密货币，界限不清晰，在实际中常被混用。

现在，功能更强的 Token 越来越受到重视，包括数字美元、数字欧元都倾向于 Token 化。

数字货币具有可交易、可分割、可支付、便携以及供应量有限等货币属性，但这些形形色色的数字货币可以作为元宇宙中的通用货币吗？答案是不太可能。以比特币为例，它不仅交易和管理效率低，资源浪费严重，更重要的是，比特币巨大的价格波动使它很难作为价值储藏和价格量度。由于元宇宙经济系统与现实世界经济关联，这将会给经济社会带来巨大的风险隐患。我国及很多国家禁止炒作各种加密货币。

当前大部分国家也都不承认加密货币的货币属性，就连脸书公司发行的超国家代币 Libra（天秤币）都遭到了很多国家反对。而各种游戏代币的使用范围也难超出其平台。可见，这些公链数字货币都难当元宇宙货币的大任，其功能定位应类似纸黄金那样的投资品或资产；各种游戏平台发行的"货币"，仍属于游戏筹码，即便它能够与法定货币自由兑换。

元宇宙中真正普遍的流通货币应该是主权数字货币（SDC）或央行数字货币（CBDC），即主权国家或国家集团发行的法定货币。我国早在两千多年前的秦朝就已经统一了货币，对当时经济社会发展发挥了巨大作用。因而在元宇宙中统一货币也是大势所趋。我国已经开展了数字货币 DCEP（digital currency electronic payment）的零售使用试验，欧盟、美国、日本等国家和地区都在紧锣密鼓地筹划自己的主权数字货币体系。

当前 DCEP 在商业银行层面采取了"技术中立"的策略，即不限定商业机构的技术路线，其优点是灵活性高，但也没有专门设计去中心化实现方案。为了适应元宇宙的需求，DCEP 需实现去中心化，扩展可编程能力。DCEP 作为元宇宙中的流通货币，不仅将深化数字经济的发展，对实体经济也将有很大促进作用。另外，元宇宙的全球性也有利于加快人民币的国际化进程。

英国哲学家洛克认为，确立个人资产所有权才使人类文明秩序得以建立，这也是元宇宙区别于传统互联网的重要特征。元宇宙中的数字资产可以通过技术手段赋权给个人参与者。数字资产可在游戏中购买，用户也能自行创作，但其所有权属于用户，绑定在用户的数字身份，永远不用担心某个平台会停止或冻结他们的账号或资产，用户可以在其他平台重复使用，也能够在第三方交易所交易或兑换成法定货币。

元宇宙的资产还应具有一定稀缺性，以体现其价值。但数字产品易于复制，边际成本极低。数字产品成为资产需铸造成非同质化通证或非同质化代币（NFT）。FT 相对于 NFT 而言，强调每个通证都完全相同。

NFT 有唯一标识，不能拆分，每一件都各不相同。NFT 通过数学加密和编程契约让数字内容不可复制，人为制造稀缺性而获得价值。它解决了传统数字时代因"复制粘贴"而无法保护数字化知识产权的难题。NFT 的作用相当于数字资产，或商品防盗版证书，它是元宇宙中资产确权的重要手段。

在现实中，很多资产介于 FT 和 NFT 之间。比如限量收藏品，外观功能都相同，差别仅在 ID 编号不同。为此，DRepublic 团队提出 Meta-NFT，其属性具有一定通用性，也可升级、修改、添加、移除、组合、拆分等，就像乐高玩具一样，不同创意品牌的 NFT 物品可自由拼装或组合起来。

2. 元宇宙经济生态系统

在自然界中，生物种群与环境之间通过能量流动、物质循环和信息传递形成的自适应、协调、统一的动态体系，这就是生态系统。元宇宙经济系统运转也与此类似，各类参与者基于统一的治理规则在其中进行创造、交易和消费，而货币、资产、商品在其中循环流转，形成完备均衡的生态系统。

元宇宙经济生态系统的首要环节是"创造型经济"。在经济系统中，创造财富是开端，现实世界的创造主要是实体产品或服务，还有艺术品、知识创意产品。与此相对应，数字世界的创造通常为虚拟的数字、知识产品，或数字收藏品，比如在虚拟的土地上建造虚拟大楼，图片、视频形式的艺术品，还有用户游戏中的形象、皮肤、装备等。数字产品也可以是承载现实世界服务的凭证，比如电影票、火车票或飞机票等。

按照创作者身份的不同，元宇宙中的数字产品生产大致可分三大类：

- 第一类是专业创作内容（professionally generated content，PGC），由专业创意设计人员和开发人员开发创作的内容，如绘画、音乐或游戏等。这一模式源于传统媒体的内容创作，如电影、电视、视频或音乐、大型游戏等，即职业创作内容（occupationally generated content，OGC）。一般来说，OGC 都属于 PGC，但 PGC 不一定是 OGC。
- 第二类是用户创作内容（user generated content，UGC）。这是元宇宙中的主要生产方式，用户通过开发平台和素材商店，自行创作数字内容或自己开发游戏。比如

YouTube和抖音中的视频内容就是通过这一方式生成的，都属于UGC。这一模式下，优秀创作者很关键，他们可以是专业用户创作内容（PUGC），甚至PGC。

● 第三类是人工智能创作内容（AI generated content，AI-GC），即完全通过AI生产内容。AI也可以体现在UGC工具中，辅助用户提高创作效率和质量，人类创作者聚焦于创造性剧情设计，即AI-UGC。一般来说，AI-UGC创新性较强，AI-GC主要是生产效率高，并能自发演进提高。随着时间的推移，AI智能的提升，AI创作的内容质量可能有一天超过人类创作的内容。

UGC兴起于十几年前的Web2.0时代，在移动互联网时代蓬勃发展，但一直饱受盗版的困扰。区块链的出现，让数字作品的保护有了新方法，也就是上面提到的NFT。这也将使UGC成为元宇宙时代"创造经济"的核心动力。

与现实世界类似，元宇宙中也有土地和房产，其价值主要体现在两方面：一方面是计算和存储资源需要的成本；另一方面是通过NFT人为制造的稀缺性。用户通过购买元宇宙房地产，可在其中创作、展览、社交、娱乐或游戏。但目前网上NFT房地产的炒作，动辄几十万美元，甚至上百万美元，其本质就是"割韭菜"，这些游戏画面粗糙，功能简单，与元宇宙的真实感、沉浸感不可相提并论。

元宇宙经济生态系统的第二个环节为数字商贸或交易。仅有数字创造还不能形成数字生态，还需要数字商业交易平台和机制，通过数字流通，将数字商品变现成数字货币。数字商贸的场所可以是类似淘宝、京东等元宇宙商务空间，也可以是数字交易所；

定价采取市场化方式，可以是一口价，也可以拍卖。

元宇宙的数字产品还可以是现实世界中实体产品的数字孪生体，人们在虚拟空间体验和感受数字商品，如果觉得满意再购买相应的实体商品。用户甚至可以参与到产品的设计环节，获得满足个性化需求的专门定制款。

元宇宙经济生态系统还有一个环节——数字金融。与现实世界类似，元宇宙中的金融资产、金融机构和金融交易等要素可以相互协作，形成金融生态链，提供支付、借贷、交易等金融服务，促进资金和资产的流动，这是元宇宙金融运转的保障。

近年来，兴起了一种基于区块链的金融形式——去中心金融或 DeFi，也称开放式金融。它通常基于以太坊开发各种金融业务应用，包括借贷、信贷等，整个业务流程都在链上交互开展。它最大特点是不依赖任何中心化的主体作为信用中介或者提供背书，还没有准入限制，任何人都可以参与。由于采用智能合约机制，因此所有交易都不能撤销，任何机构和个人都无法干预。

当前 DeFi 的业务范围主要限于各种通证或代币的交易和借贷，不包括法定货币，也不涉及实体经济。更重要的是，DeFi 还没有很好地接受监管，投机性很强，这一特性使其目前尚难以适应元宇宙经济。

DeFi 治理主要基于去中心化组织（decentralized autonomous organization，DAO），这是一种由同一个共识的群体自发产生的组织形态，秉承共创、共享、共治的原则，具有充分开放、自主交互、去中心化控制、复杂多样等特点。DAO 的管理和运营规则均以智能合约的形式体现，不需要中心化的控制和第三方干预。

无论是 DeFi 还是 DAO 都是建立在区块链的去中心化信任的

基础之上，这一信任的前提是要有一个技术中立的算法和规则体系，比如分布式账本、智能合约。先不说这种原始民主模式的效率低下，即便这一机制所标榜的去中心化和去中介，在本质上就未真正实现过。以去中心化最闻名的比特币运作模式为例，其背后就有掌控全局的算法设计者、规则制定者以及系统运维者，他们作为系统背后的操控者，中心化色彩很浓厚，并且没有透明的监督机制，况且连他们是谁都不知道，完全基于技术，其可信度并不会比国家或金融机构高。

我们认为，元宇宙的去中心化机制不宜机械移植区块链的信任和治理模式，而是应该针对其弊端进行改进。特别是在金融和商业领域，去中心化治理有优势，但政府监管也必不可少。详见3.4节相关内容。

3. 元宇宙经济系统原型示例

尽管当前很多游戏平台都具有了完整的经济系统，比如 *Boblox*、《堡垒之夜》等，但这些经济系统无论功能还是复杂性，都与现实世界的经济系统相距甚远。最符合元宇宙经济系统特征的当属游戏平台《星战前夜》（*Eve Online*，*Eve*）。该平台的经济系统运行的基础流通货币是 ISK（这也是冰岛货币的 ISO 4217 代码），它可使用游戏中的物品 Plex（pilot license extension，飞行执照扩展）兑换，或利用现实中的钱充值。不过，购买 Plex 是单向的，也就是说它无法兑换成现实世界的货币。

与比特币的大起大落不同的是，Plex 与法币汇率稳定，但它是中心化代币，由运营机构发行，这点不太符合元宇宙的要求。其设计者理念还是基于传统货币理论，即货币需要政府或权威实体为它背书，以保证其价值的稳定性。

　　Eve 平台有完整的生产、交易、物流、金融、投资等环节，还有经济战争等消耗和破坏，以及类似股票交易所的"市场"，能通过"挂单""买单""卖单"实现商品交易，其模式流程堪比纽约证券交易所。除了原始蓝图、技能书之外，交易订单商品都是玩家创造的。不同资源、产品都有相应的价格波动走势，具有微观经济的雏形。游戏中还有用户生产总值（gross user product，GUP），对应于宏观经济的 GDP 指标。

　　Eve 宇宙由大大小小 5000 多个"星系"组成，分属五大帝国和很多小国，交易市场都设置在"星系"中。交易合同可以跨"星系"买卖，但不同星系位置的交易达成后需要买家自己过去提货，途中还可能被对手袭击，路上还可能遇到海盗集团。因此，中物流成本很高，包括安全成本、运力成本，这就需要有专业的物流机构。

　　Eve 由冰岛游戏公司 CCP 开发和运营，其经济系统由冰岛经济学家 Eyjolfur Gudmundsson 主持设计，其功能之强大，规模之庞大，运作之复杂，堪称最接近元宇宙经济系统的原型之一。

　　Eve 作为一个大型科幻游戏，不仅拥有经济系统，还有游戏玩家之间、势力集团之间的战争和冲突。它的玩法和机制非常复杂，上手门槛很高，要完全掌握其中的奥妙需要几个月甚至几年时间。玩家在其中积累的财富和舰船装备，很有可能就在战争中被毁于一旦。这其中不乏谋略、间谍、刺杀、雇佣兵等。2005 年 4 月，游戏中的两个大军团发生激烈冲突。Ubiqua Seraph 军团的 CEO Mirial 遭到间谍组织 GHSC 的劫杀，间谍早在几个月前就潜伏在 Mirial 身边，作为内应。间谍们闯进军团成员机库和

办公室，大肆抢劫，财产损失高达 16 500 美元。这一行为在游戏世界引发很大争议，但按照 CCP 公司对游戏规则的解释，这些行为都合乎规则。这一事件影响之大，被载入了网络游戏史册。

现实世界本身就已经充满危机和挑战，让很多人感叹人生艰难。元宇宙所代表的数字空间应该利用数据的低边际效应给人们创造真正价值的手段，赋能现实生活，而不是带来更多烦恼。很多直播主播、UP 们从草根起家，利用数字创造获得千万元或上亿元身价。当然，游戏世界也可以让人们暂时抛开生活或工作中的烦恼，在虚拟空间获得慰藉，或通过虚拟游戏获得现实中无法得到的对抗性体验，比如惊险刺激的星际战争。

因此，元宇宙经济系统还应具有包容性，但这个系统是否与现实世界开放关联主要取决于它们的规则体系是否相容。如果元宇宙中虚拟空间的规则体系与现实社会伦理法律基本一致，这两个经济系统就可以相互关联，互为赋能；对于规则中有严重违反现实世界法律和伦理的元宇宙空间体系，比如《失控玩家》中的抢劫银行、*Eve* 中的财富抢劫都能合规，那这个系统可以嵌入元宇宙，但应具有封闭特性。

2.5 沉浸感与交互，给用户以身临其境的体验

沉浸感与交互是元宇宙的关键特征，究竟什么样的体验和交互场景才能满足元宇宙的沉浸感要求？有人说应达到《阿凡达》或《头号玩家》那样具有高度真实感的场景，但在技术上还需要很多年才能实现。

1. 沉浸式体验的模式

当我们在欧洲旅游，走进高耸入云的哥特式大教堂，阳光从描绘着宗教场景的五彩玫瑰窗上照射进来，在唱诗班咏叹调和音乐气氛的烘托下，营造出一种虚幻与震撼的沉浸式体验。可见，视觉和声音是实现沉浸感的重要手段。

按照当前普遍的说法，以 VR 技术构建的《头号玩家》中"绿洲"那样具有高度真实感的虚拟世界，将是元宇宙未来的场景形态，其视觉体验也确实令人震撼。但这需要极为复杂的算法和极高的计算能力以及昂贵的 VR 装备，目前技术还很难完全达到。国内某网游公司声称，在未来 10 到 30 年内，将实现《黑客帝国》和《头号玩家》等电影中的虚拟现实世界，并让全球 10 亿人生活在其中。这很可能是一种很乐观的预期。

从艺术表现的角度看，只强调真实感或写实性并非就能增强其感染力，或让观众沉浸在其中。卢浮宫有一幅画家登纳的肖像画，他画这幅画时使用了放大镜，连鼻子上的黑点，皮下最细微的血管都纤毫毕现，一幅画要画四年。但凡·代克一幅速写肖像的表现力就比它强百倍[1]。西方古典绘画强调透视和写实，但东方绘画并没有遵循透视规则，而写意画则完全抛开写实这一观念，但这些中国名画同样给人以很强的艺术感染力。

由此可见，3D 真实感只是实现沉浸式体验的一种方式。实际上，如果一个人看一本很精彩的书，也可能进入一种沉浸感状态，可见沉浸感不只限于 3D 真实感，更在于其内容本身。心理

---

[1]　[法]丹娜. 艺术哲学（上）[M]. 傅雷，译. 天津：社会科学院出版社，2004.

学家米哈里·齐克森米哈里（Mihaly Csikszentmihalyi）曾提出心流的概念，指出人处于某种状态，可使他能几乎全神贯注地投入其中，忘记了对时间以及周围环境的感知。正如 Beamable 公司 CEO 乔·拉多夫所说的，"元宇宙（沉浸感）不一定就是 3D 或 2D，甚至不一定是图形方式"，这意味着更多的是心流体验，如游戏、故事、社交等。

元宇宙强调多元与包容，在青少年中有广泛影响力的二次元文化，也是一个沉浸感形式的类型。所谓二次元，是指由动画（animation）、漫画（comic）、游戏（game）等构成的 ACG 平面视觉世界。与元宇宙类似，二次元世界也脱胎于现实世界，但其规则与秩序又不同于现实世界。这是一个"有魔法或者巨龙存在的异次元世界"。二次元世界的世界观可以被重新创造，这个世界的社交关系不需要用吃饭、喝酒、礼尚往来这些"三次元"（即现实世界）方式来维系。

现在的青少年，即所谓的"Z 世代"或"00 后"，他们是数字时代的原住民，也是二次元的原住民。利用二次元构建元宇宙，不仅技术和设计上有着巨大的优势，而且也更容易让年轻人以熟悉的方式进入沉浸感状态。实际上，号称最接近元宇宙的《堡垒之夜》、Roblox 等也并没有逼真的画面，而是采用了卡通风格。

日本在二次元领域拥有大量 IP 或创意品牌，并在全世界拥有大量的粉丝，日本的元宇宙也有意识地往这方面发展。拥有日本社交网站巨头的 GREE 称，并不是只有 3D 真实感画面才能叫元宇宙世界，让用户感受到社会性机制更为重要，还应有助于用户构建良好的人际关系，并赋能人们的生活和工作。该公司主张以二次元艺术风格构建 GREE 元宇宙。

元宇宙中每个用户虚拟化身都对应现实世界的一个人，还有很多现实世界物体的数字孪生体，这些构成了一个虚拟与现实相互交织的复杂世界。元宇宙世界的虚实交织是分层次的，有些场景是完全虚拟的，比如科幻游戏、玄幻故事、文学想象等；有些可以半虚半实，比如元宇宙中的社交、VR 场景游戏；也有些必须完全真实，比如工业元宇宙、金融及商业交易、城市公共服务等。元宇宙场景要让用户产生沉浸感，不仅需要场景及内容风格协调一致，还需要契合用户的个性化特征和需求，比如有些人喜欢超现实的科幻风格，有些则喜欢历史感或古典风格，还有的喜欢二次元动漫风。不同人群可以按照兴趣喜好聚集在各自偏爱风格的子空间，就像现在各种风格的微信群、QQ 群。

2. 元宇宙空间的参与和交互

元宇宙与现实世界紧密关联且能够互补，为此用户需要通过智能终端设备对虚拟空间进行参与和交互。元宇宙中的交互可分两大类：一类是"人与虚拟环境的交互"（player vs environment，PvE）；另一类是"人与人的交互"（player vs player，PvP）。这些交互方式都来自网络游戏，前者是指游戏玩家与游戏中的非玩家角色（non-player character，NPC）进行博弈对抗，而后者则是玩家与玩家之间的互动博弈。

NPC 在游戏中的主要职能是将玩家和游戏剧情串起来，协调故事发展。比如为玩家提供决策建议或引导下一步，控制游戏节奏；发布任务，或作为玩家的挑战对手；也可作为游戏剧情发展的关键角色，或无关的路人甲。同样，NPC 将成为元宇宙协同演进的关键要素，它可以是智能代理（agent）或智能机器人程序（bot）。

用户不仅可与 NPC 进行互动，还可以基于 AI 算法与其中的任何物体或角色进行交互。实际上，元宇宙中的任何虚拟物体或角色都具有智能决策能力，引导用户互动。在传统游戏中，这种互动主要满足娱乐体验导向的需求，而在元宇宙中的应用是全方位的。比如 AI 可导引用户创造内容，即 AI-UGC，提高创造效率和质量。

元宇宙不仅仅是游戏，它可将人类在现实世界中的社交活动映射到虚拟世界，给用户提供更丰富的娱乐体验。除了一些必须通过现实世界交互的活动外，很多活动都可在虚拟世界中进行。元宇宙中 NPC 可以有逼真的 3D 人像，可与用户交互，如给用户发送文本消息，发送拟人语音，模仿人说话的表情和动作，看起来跟真人一样在说话，从而为用户提供各种虚拟服务，如聊天、情感陪伴等。Fable Studio 公司推出的首款 AI 虚拟角色，8 岁小女孩 Lucy，可在 Zoom、脸书等平台，与人类用户实时互动，谈心聊天、玩游戏，甚至还会写诗、唱歌。

元宇宙中更常见的还是人与人的直接交流互动，即 PvP。人们通常认为，现实世界中的交互活动比网络中交互高效得多，这除了有网络延时之外，更多的原因是人与人网络交互方式单一，以文本为主，可能也有语音或视频。元宇宙中的交互可以更加流畅，人与人之间还可以有更多的交互方式，比如通过摄像头或激光检测等方式进行手势识别、面部识别等，将丰富的面部表情和动作姿势投射到自己的虚拟化身，可给对方以更多的现场感和空间感体验。

3. 元宇宙的交互界面

网上有一种对元宇宙的嘲讽是"带着头盔写 PPT"。但真的会是这样吗？从元宇宙形态看，元宇宙中并非只能有 3D、VR、AR 等，而是多种媒介共存的，文本、语音、视频模式也会在合适的场景使用。例如，即使在 5G 时代，人们也没有摒弃打字发消息，也并不是随时都在视频通话吧？！可以预料的是，除非 VR 相关技术有重大突破性进展，在未来相当长时间，手机、计算机仍将是接入元宇宙的重要方式。

现在的普遍共识是，元宇宙并非是一个完全虚拟的空间，而是一个虚拟和现实交织、融合的混合世界，具体有多少是现实，多少为虚拟，完全由用户依据使用情景和体验需求，来平滑地控制和设置。如何让用户有条不紊地设置这些媒介方式和虚实界限，也是基于用户的认知，使用最便捷的设置和操作方式。

元宇宙交互将以 AI 技术为基础，打造智能虚拟向导，作为元宇宙交互的入口，无须用户动手操作，还更加智能，并可主动提供服务，或随时被唤醒待命。元宇宙可通过语音交互，也可通过手势、体感动作交互，当然还可以使用传统键盘、鼠标或触摸屏直接输入文本指令。它能精准理解用户意图，自动为用户提供合适的交互方式和媒介形态。

当然，传统的"菜单－弹窗"图形界面（UI）等模式也应保留，便于用户的不时之需。事实上，在 VR/AR 的环境中，UI 模式也不会消失，科幻电影《少数派报告》中的黑科技 HUD（head-up-display，平视显示屏或抬头显示屏），华丽的手势界面，炫酷的半透明质感，操作起来科技感十足，现在已在很多 VR 中实现了。

第 3 章
构建元宇宙的关键技术

元宇宙拥有众多而复杂的技术体系，像 VR/AR、电子游戏技术、物联网、数字孪生等技术，还有区块链技术、智能合约技术，以及各种各样的技术标准和协议等。这些技术不能是简单拼凑的"缝合怪"，而应围绕元宇宙的目标和特征要素，相互配合，分工协作，以实现互联网功能和形态的升级和飞跃。

3.1 元宇宙技术概览

1. 主要技术要素

元宇宙技术体系包括七个方面的技术要素，涵盖计算机图形与交互技术、物联网/数字孪生、区块链、人工智能/大数据等技术，还有互联网及通信基础设施、零信任安全/隐私计算等，以及统一的标准与协议。这些技术要素的关系如图 3-1 所示，其中统一的标准和协议是核心。

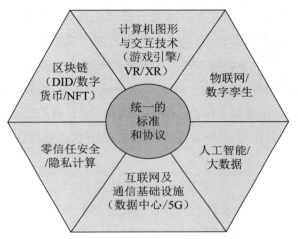

图 3-1　元宇宙关键技术要素图

1）计算机图形与交互技术

3D 数字场景是元宇宙的主要形态，其支撑技术主要有游戏和多媒体技术和工具，特别是 VR、AR、MR 或者 XR 等技术和设备。这些术语令人眼花缭乱，究竟如何区分它们呢？

首先，VR 为虚拟现实，即完全由计算机渲染而成的场景，可能是你想象的，或别人想象的，比如科幻小说和电影《雪崩》《黑客帝国》《阿凡达》《头号玩家》等描绘的场景、网络游戏的场景，大多属于 VR。VR 的关键技术为 3D 造型与动画设计，这涉及很多复杂的造型工具，如 3ds Max、Maya 等。

其次是 AR 和 MR，这两个概念大同小异，都是虚拟与现实的交织，更能体现元宇宙的特征。AR 是在现实场景中叠加计算机生成的文字、图像、音频、视频、3D 模型等虚拟信息。但 AR 的叠加效果与现实环境可以有所区别，比如半透明的操作界面，走在路上的卡通人物；而 MR 进一步将虚拟场景与现实世界无缝融合，让人难以区分，人与虚实场景之间形成了交互反馈闭环。

由此可见，AR 与 MR 的主要区别在于现实和虚拟结合比例或程度的不同，MR 技术对元宇宙最重要，但也最为复杂，技术难度高，发展尚不成熟。在本书中，AR、MR 这两个术语可通用。XR 可以看成是上面几种术语的统称，包括 VR、AR 和 MR 等。

在元宇宙中，不仅显示，交互也是 3D 方式，需要专门的 VR 设备和引擎，这是元宇宙获得沉浸感的重要方式。VR 引擎和设备的技术基础主要为计算机图形学（CG），即通过计算实现 3D 物体及场景的真实感渲染，还有对光影、流水、风吹等物理现象进行模拟。VR 的目标是尽可能趋近现实。

AR/MR 的技术基础是计算机视觉（CV），旨在将现实世界与虚拟空间连接到一起，一般是用摄像头或感知设备对现实世界的物体进行定位、识别、跟踪和理解等，这与人眼和大脑观察理解世界的过程很相似，这是当前人工智能应用的重要领域。AR/MR 的目标则是超越现实。

2）物联网 / 数字孪生

我们说元宇宙与现实世界紧密关联，那究竟是如何关联呢？其关键技术就是数字孪生和物联网。数字孪生技术是指人们在数字空间镜像重构现实世界的物体和场景，以交互或赋能现实世界。数字孪生之前常用于工业产品设计，它可以模拟一个生产线，一个工厂；也可以模拟一个城市，比如智慧城市规划建设。通过物联网可实现元宇宙与现实世界的同步关联，还可以与虚拟场景进行融合交织，形成亦幻亦真的超现实场景，将其用于游戏型社交，可增强其真实感和趣味性。

物联网是联通虚拟空间与现实世界，并实现同步更新的关键技术。通过传感设备和网络将现实世界的各种物品与对应的数字孪生连接起来，进行信息交换，实现智能化识别和管理。物联网的传感设备就像元宇宙的"眼睛"或"耳朵"，以感知现实世界。

物联网与互联网结合，形成一种无所不在、随时随地的"泛在网络"（"泛在"意为无所不在），允许任何物、任何人，在任何时间、任何地点都能顺畅地进入元宇宙进行通信。现实世界的各种数据通过这种"泛在聚合"，形成元宇宙的大数据海洋，不仅可用于描绘 3D 场景及物体属性，还可为人工智能提供训练数据，持续挖掘数据之间存在的普遍关联。

3）区块链

元宇宙中的信任关系是通过区块链技术建立的，具体包括分布式存储、共识机制和密码学等技术。通过集体维护共同的分布式账本（DLT），可消除中心化中介，并保证链上数据不可篡改，建立各参与方都普遍认可的信任机制。这一技术是数字货币和数字身份的基础，可在元宇宙空间重构价值传递机制。

智能合约是基于区块链的另一项重要技术要素，实现去中心化的清结算平台。NFT 可将数字资源转化成资产，便于各参与方可信协作。智能合约有助于元宇宙经济系统公平、透明及平稳地运行。

4）人工智能／大数据

人工智能（AI）是元宇宙的重要技术基础，但它通常并不是以某种独立功能体现的，而是分散在沉浸式显示技术、用户交互技术，以及物联网、数字孪生、区块链等技术的幕后工作。

AI通常是将统计分析算法和数据组合起来，模仿人类智能。它有输入，也就是数据；有学习归纳、分析判断；还有输出和执行。AI涉及的领域包括：机器感知，如CV用于识别和理解现实场景，这是实现元宇宙虚实结合的关键数字化技术；机器学习（ML），特别是深度学习，是元宇宙自动迭代演进的基础技术；自然语言处理（NLP），有智能语音处理、文字识别与语义理解等，比如语音交互需要识别人的声音，理解语言背后的含义。

AI有三个组成要素：数据、算法和算力。大数据是AI的基础，深度学习要理解现实世界，需要数百万甚至数十亿数据点；算法是AI的大脑和执行引擎；算力则是AI的计算保障。

5）互联网及通信基础设施

元宇宙并非一项完全颠覆性技术，而是建立在当前互联网基础设施之上，并逐步迭代演进。这些基础设施包括云计算平台、边缘计算、（移动）互联网、5G通信网络，还有服务器、操作系统、数据库、中间件等数据中心设施。

6）零信任安全／隐私计算

元宇宙的安全防护适宜采用零信任安全架构。传统的安全防护基于边界安全防护模式，重点防护网络边界或"城墙"。一旦"城墙"被攻破，将无险可守，存在严重安全隐患。而零信任架构重新构建安全模式，以数字身份为基础进行动态访问控制，网络防护不再区分内网外网，而是对任何试图接入系统的用户都进行身份验证。零信任标志着安全体系架构从"以网络为中心"转向"以身份为中心"。

元宇宙强调数字身份，与零信任安全模式很契合。零信任架构是一个宏大而复杂的技术专题，相关技术架构及实现可参考相关文献。[①]

7）标准和协议

标准和协议是打造元宇宙的核心技术要素。元宇宙应该是一个开放、多元的生态系统，涉及软硬件设备和软件工具供应商、互联网平台，如电商、社交、直播娱乐等，范围遍布全球，包括无数个大大小小的生态系统，这些系统需要遵循统一的标准和协议，才能相互操作和相互协作。

标准和协议的范畴从最底层的通信协议、数据格式，到浏览器格式协议、应用交互接口（API）、数据身份、数字货币、数字资产等。标准和协议连通这些软硬件设备，使之能够协同一致地工作，形成一个统一的整体系统。

2. 顶层技术框架

元宇宙作为新一代互联网，体系庞大，涉及技术广泛，且彼此关联，互为协同，各司其职。下面我们从三个视角梳理归纳出元宇宙的顶层技术架构，揭示这些技术要素之间的关系。

第一个视图是从虚拟与现实关系的角度看（见图 3-2）。此视图可清晰展现元宇宙与现实世界的关系。具体结构包括：首先

---

① 美国国家标准与技术研究院（NIST）. 零信任架构 . NIST SP 800-207. 2020-8-12.

是应用层面，主要为各应用领域的相关场景，这些都在现实世界
有对应业务；其次是技术支撑层面，如数字身份、人工智能/大
数据、数字孪生、数字货币以及分布式账本、智能合约，还包括
计算机图形引擎、人工智能算法等；最后是交互设备及网络及计
算设施层面，有 VR/AR 交互设备，还有智能终端设备，如计算机、
手机、可穿戴设备等，还有网络/移动通信、云计算和云存储、
边缘计算等。

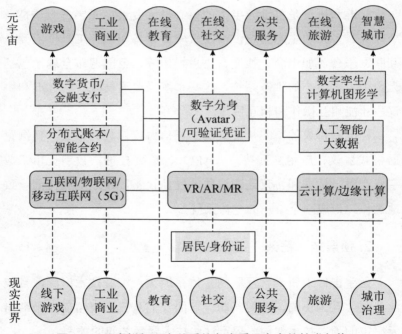

图 3-2　从虚拟与现实关系的角度看元宇宙的技术架构

第二个视图着眼技术和经济数据的角度（见图 3-3）。在技
术上，元宇宙通过物联网和传感设备，利用边缘计算和云计算，

采集现实世界的状态数据，构建高度仿真的数字孪生。元宇宙虚拟数字空间还包含由专业人员设计的传统虚幻游戏或 VR 场景（PGC），更多的则是用户创作的数字内容（UGC）。在经济数据上，通过分布式账本和智能合约，综合运用 NFT 数字资产、去中心化的数字货币和数字身份等，实现元宇宙经济治理。

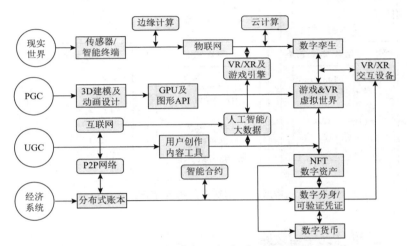

图 3-3　从技术和经济数据角度看元宇宙的技术架构

第三个视图是从构成要素的虚实形态看（见图 3-4）。这既包括传统互联网的计算及网络硬件设备，如网络及数据中心设备和消费者硬件设备，还包括软件系统，分别为系统软件和应用软件；还有元宇宙强调的数字内容及资产，"数字经济社会资产"以及"数据及数字内容"将是元宇宙的重要内容形态。

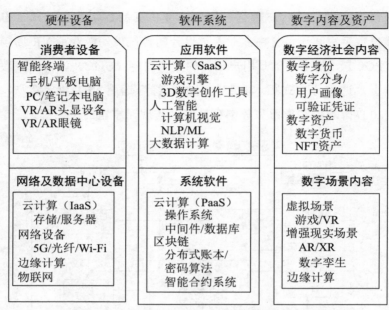

图 3-4　从构成要素虚实形态看元宇宙的技术架构

3. 通往元宇宙之路

元宇宙是各种数字化技术发展到临界点的必然结果，不同技术要素定义了不同的要素特征。比如 VR/AR 技术、数字孪生、物联网等塑造元宇宙的主要形态特征，区块链构筑元宇宙的经济和信任环境，AI 技术重点增强元宇宙的智能。这些技术都已初具雏形，并在快速发展演进中，很多企业都已积极参与。为加快元宇宙的健康发展，我们还需要在战略层面尽早布局，构筑超越企业或平台的开放性底层设施，即"新一代信息高速公路"，主要有以下几方面内容：

一是构建元宇宙数字身份。居民身份证是人们在现实社会中进行社交、工作、生活、商业活动的统一信任凭证。去中心化身份（DID）是元宇宙中个人数字身份凭证，它方便了人们参与数字空间跨平台活动。DID 背书的身份信任可增强公众对个人身份和数据使用的透明度，让数字经济发展摆脱对垄断平台的依赖。

　　DID 应是由国家主导的公共关键基础设施，这是实现元宇宙的必需环节。公安部门掌握着最全面、最权威的身份数据，拥有体系完整的身份数据中心和验证网点，这是任何企业都无可比拟的。当前我国的数字身份 eID 和 CTID 正在试验和完善中，增强去中心化特性，使其适合元宇宙空间尤为重要。

　　二是建立数字货币体系。元宇宙有着与现实世界关联的经济系统，其货币体系将以国家法定数字货币或数字人民币 DCEP 为基石，基于去中心理念构建支付系统。事实上，世界各国发行数字主权货币已成为趋势，数字美元、数字欧元都在紧锣密鼓地筹备中。而我国的 DCEP 采用"技术中立"策略，应加紧研究如何完善去中心化功能，使其成为元宇宙中的法定流通货币。这不仅可促进元宇宙经济的发展，同时也能遏制很多人借元宇宙概念投机炒作各种加密货币的倾向。

　　去中心化数字身份和数字货币在元宇宙金融和经济中发挥着重要作用，通过确权将个人数据和资产合法权益赋予个人，也就是通过技术手段打破互联网巨头的垄断地位，让平台、商户、用户及数字创作者都能在同一平台公平竞争，形成健康良好的生态系统，激发数字经济的创新活力。同时，这也是落实《个人信息保护法》的重要手段。

　　三是制定元宇宙开放的标准和协议。过去几十年，互联网迅猛发展的重要原因就是采用了通用的技术标准和一致的协议，比如 TCP/IP、HTTP、HTML 标准等。元宇宙同样需要标准和协议。当前，互联网产业仍由美国企业主导，从 Meta 改名掀起的元宇宙热潮可见美国互联网巨头在全球话语权上的影响力。他们正积极与美国的政策制定者、学者、合作伙伴协商洽谈，设置全球议程，构建元宇宙治理新模式，制定元宇宙全球新规则和标准协议。

在这些措施中，前两项都需要国家力量主导推动，将区块链以及数字身份、数字货币等作为公共服务设施。第三项技术标准和协议约定，因其专业性和实战性较强，适宜让互联网前沿企业以创新竞争方式制定，国家监管部门加以引导。

3.2 虚拟现实和三维游戏：沉浸感体验技术基础

1. 虚拟现实与游戏引擎

在游戏或 VR 系统中，我们经常听到"引擎"（engine）这个词，比如游戏引擎、物理引擎等，很多人将其理解成类似汽车的发动机或动力。但实际上，游戏引擎是用于构建游戏虚拟角色及世界的软件系统，它更像是大脑，指挥、调度着 3D 游戏中的各种资源。引擎所做的事情有模型渲染（3D 或 2D 模型）、碰撞检测计算、物理特性模拟、粒子特效模拟（如雨雪、烟雾），还有与场景、玩家的交互，声音合成与输出，脚本系统，计算机动画，人工智能以及场景管理。

游戏引擎作为负责执行游戏各种功能的基础平台，通常包含一套开发工具箱或 SDK。游戏厂商开发游戏时，先由创意设计人员和美工设计人员构造场景及角色模型、关卡情节及互动策略，设计动画和音效，最后交付给程序员利用游戏引擎 SDK 完成最终的成品游戏。随着显卡功能越来越复杂，渲染画质越来越高，很多游戏厂商都选择购买专业的 3D 游戏引擎。

　　3D 游戏引擎始于 1992 年，以 id Software 公司发行《德军总部 3D》（*Wolfenstein* 3D）为标志。这款软件使用光线跟踪技术，渲染出前所未有的 3D 效果（但确切地说是伪 3D）。1993 年 id Software 公司推出的《毁灭战士》（*DOOM*）游戏为其第一代技术，也是第一个可商业授权的引擎；而 1996 年的《雷神之锤》（*Quake*）是第二代引擎，真正实现了 3D 图形渲染，具有高互动性、复杂光照效果和立体声音效，成为游戏引擎发展的里程碑。

　　id Software 公司引擎技术的主设计师约翰·卡马克（John D. Carmack）是公司创始人，他在编程方面极具天赋，被誉为"编程界的莫扎特"。他还是开源软件的倡导者，他开发的游戏引擎开放了源码，后来很多 3D 游戏都源于他的代码。2001 年 4 月 22 日，卡马克成为进入互动艺术和科学学院名人堂的人物。

　　1998 年，另一重磅游戏引擎横空出世，这就是 Epic Games 公司推出的"虚幻引擎"（Unreal Engine），它不仅有着精良的 3D 渲染画面，还增加了物理特性模拟、碰撞检测、计算机动画和音频效果等游戏组件，实现了真实感很强的水波、天空、火焰、烟雾和力场等特效。后来推出的"虚幻引擎 3"功能更为完备，包含了 PhysX 物理引擎、SpeedTree 植被引擎、EAX5.0 音效引擎、AI 引擎等，高度真实感和沉浸感使其在游戏市场占据重要地位。除了游戏外，它还被广泛应用在 3D 建模、建筑设计、影视特效等领域，法拉利等汽车制造商还使用它来设计汽车产品。

　　值得一提的是，"虚幻引擎"的主设计师就是 Epic 的创始人和 CEO 蒂姆·斯维尼，他还是当前元宇宙的积极推动者。

CryENGINE 最早是德国的 CryTek 公司为英伟达公司开发的技术演示程序，后来育碧公司利用 CryENGINE 引擎开发出一款 3A 级游戏《孤岛惊魂》，以精美的画质惊艳了当时的游戏界，并一度成为业界最强画质的标杆。后来，CryENGINE 3 不仅保持了高品质图形渲染效果，还拥有出色的动态光影效果，以及强大的资产创作工具。CryENGINE 3 是一个免费平台，用户可以获得完整的引擎源代码和所有功能，而无须支付任何许可证费用。

2005 年 6 月，Unity 引擎发布，最初的 1.0 只面向苹果的 Mac OS X 平台，但很快就支持开发跨平台游戏。其集成编辑环境可以让用户创建及处理游戏世界中的资产及实体，并可预览游戏的实际运行效果。由于出色的功能、高质量的内容，以及较强的易用性，Unity 很快受到开发者青睐，目前移动端大约有 60% 的游戏基于 Unity 开发。

除了上述这些代表性引擎外，市面上还有很多类似产品，功能上大同小异，但也各具特色。比如：《狂暴引擎》（*Rage Engine*）具有超大世界地图及先进的缓冲技术，以及强大的人工智能和天气特效；"寒霜引擎"（Frostbite Engine），拥有强大的统一资产创作工具 FrostEd；"起源引擎"（Source）拥有复杂的肌肉仿真算法，可展示丰富的人物表情；等等。

上述游戏引擎大多用来构建独立的游戏程序，WebGL 的出现让游戏也可以在浏览器中运行。"虚幻引擎"、Unity 都移植到网页中，游戏画面效果也很精美，但受限于浏览器的脚本软件运行机制，使用起来会卡。

市场上专门的网页游戏引擎，比较有名的有两个：一个是

Three.js，2010 年就推出了，由一个强大的社区共同开发，使用人数较多，但功能有限，主要实现 3D 图形渲染和动画；另一个是 Babylon.js，由微软员工 David Cathue 主导开发，除了 3D 图形动画外，还有碰撞检测等功能，可作为游戏引擎使用。但它们在功能和效果等方面，都与独立游戏引擎不可同日而语。

2. 3D 建模设计及内容创作工具

3D 游戏引擎主要完成游戏运行时的渲染和特效生成，一个游戏场景或者相关数字资产需要设计者使用专业建模工具设计制作，这包括 3D 模型设计、动画设计、纹理贴图设计等，需要使用专门工具。

在 3D 建模方面，名气最大的有 3ds Max 和 Maya，它们都是 Autodesk 公司的产品，功能目标基本类似，但用户定位有所区别。

3ds Max 是世界上销量最大的 3D 建模软件，其特点是建模功能非常强大，建模方式快速，模型库丰富，能模拟流体、毛发等复杂物体和场景，广泛用于游戏、电影、建筑及广告建模。

Maya 与 3ds Max 功能基本类似，但用户定位更为专业，制作影视特效、角色动画都少不了它，可以模拟布料、机械、人物、植被、自然或物理现象等，真实感很强。它比 3ds Max 更具优势之处在于其更出色的动画特效。

对于形状或表面细节特别复杂的物体，建模工具还可以使用 ZBrush，这是一个 3D 数字雕刻软件，它功能强大，操作流程直观顺畅，是数字艺术家得心应手的工具。

3D 模型建成后，为了获得更具真实感的效果，还需要添加纹理细节，这相当于为毛坯房贴装饰壁纸或精装修。通常做法是利用 UV 工具，在 3D 模型与纹理图像之间建立对应关系。3D 建模软件自带的 UV 工具功能简单，更好的工具是专门的 UV 软件，如 UVLayout、BodyPaint 3D 等，设计师使用起来更为得心应手。纹理图像处理通常使用专业数字图像处理软件 Photoshop。

还有其他一些常用的 3D 建模专业工具，比如 Houdini 擅长制作影视特效模拟，加拿大 Esri 公司的 CityEngine 常用于城市建筑和环境建模。人的数字分身需要构建人的 3D 模型，Metacreations 公司的 Poser 和开源的 MakeHuman 则可用于人体建模；Epic Games 公司推出的数字人创建工具 Metahuman Creator（元人类创作者），能让用户在几分钟内创建出照片级 3D 数字人模型。

元宇宙的 3D 建模流程更为复杂，不同环节使用不同工具，这就需要不同软件之间能够协作和互操作。显示芯片公司英伟达推出的"全能宇宙"（Omniverse）给出了一个解决方案。

Omniverse 是一个开放的协作方案，体系中的各种软件都围绕通用场景描述（universal scene description，USD）构建。USD 是 Pixar 公司在 2012 年提出的一种数据交换框架，2016 年成为开源软件。USD 为 3D 模型的创建、编辑和组装提供了通用语言，它类似万维网中的 HTML 语言。Omniverse 将 USD 格式作为其各种 3D 应用软件的通用原生格式，这样也就能将世界各地的创作者连接起来，让他们利用各种应用程序进行实时交互、协作，共同设计编辑，或查看 3D 数字资产。

Omniverse 体系包括一系列关键系统组件：核心设计引擎 Nucleus，实现建模、动画、光影特效等基本设计工作，让设计师们以去中心化方式协作创建 3D 场景或物体；连接插件 Connect，让第三方开发应用作为插件接入到设计引擎 Nucleus，并追踪本地和外部对设计内容的修改等；用于开发扩展功能的工具包 Kit，比如模拟河流、气流等的工具包 Simulation；还有渲染和动画引擎 RTX Renderer。Omniverse 架构的系统、插件及其微服务，与第三方数字内容创建工具（DCC）相互协同，构成一个完整的生态系统。

尽管专业设计软件功能十分强大，但操作使用也很复杂，并不适合普通用户。市面上还有一些功能操作较为简单的 3D 建模工具，这些软件可基于 WebGL，通过脚本程序在浏览器中进行 3D 建模。比如 Autodesk 公司的 TinkerCAD，这款软件用户界面活泼可爱，像搭积木一样简单易用，上手快，适用于初学者或青少年。

目前，绝大多数 3D 建模和渲染工具都使用多边形表面造型，也就是说模型只有一层表面蒙皮，里面是空心的。尽管能够获得逼真的视觉效果，但无法反映其物理质感，也不能将其切割。而 *Roblox* 和《我的世界》等游戏使用了体素造型法，场景和物体都是由大量小方块以搭积木方式构建的，这种造型法在视觉体验上较差，但为什么元宇宙游戏还使用这种造型方式呢？

这是因为体素造型方式更符合元宇宙要求的真实性法则，体素构造的场景是真正的 3D 立体效果，这一过程类似我们通过一砖一瓦建造房屋，更便于用户参与创意创作活动。通过体素单元构建各种各样的可重用数字模块（digital bricks），再进一步组合成复杂组件或物体、场景，这一建模过程简单、灵活、高效，就像搭建乐高积木。事实上，体素造型类似我们用像素点构建 2D 数字照片，当基本像素或 3D 单元变小时，画面分辨率就会提高。再借助于光线跟踪等物理光照计算，可获得更为精美逼真的效果，当然这需要很高的计算和存储能力。①

用户创作内容（UGC）的效率和质量还可以借助于 AI 算法来提高。随着 AI 算法的创造和学习能力的不断增强，AI 算法以交互方式导引或辅助用户创作数字内容，实现 AI 辅助创作内容（AI-UGC），提高 UGC 效率。比如用户输入一段描述性文字，AI 就可以将其转化为可探索、互动的沉浸式 3D 场景。

元宇宙的数字世界规模庞大，场景不断自我更新和增长，无论 UGC 还是 AI-UGC，都远远不能满足人们的内容消费需求，更高效的数字内容生产方式将会完全由 AI 创作生成，即 AI-GC。AI 算法可以分解、分类数字场景和物体，将其作为可重用的标准数字模块，然后以搭积木方式构建新的虚拟场景和艺术物品。AI 还可以制作音乐、编撰故事。元宇宙甚至可以帮助用户创建智能合约，保护数字资产安全。

AI 创作内容不仅体现在数量上的爆发，在内容质量上也会有自己的独特之处。AI 算法具有比人类知识图谱更广泛的知识体系，不仅规模庞大，维度复杂，并且还可能是很多人和机器长期协作的结果。

3. 3D/VR 设备及交互

早期的计算机交互设备主要是显示器和键盘，加上后来的鼠标，成为迄今为止最常用的计算机交互设备。网络游戏的交互方式也大多使用键盘＋鼠标方式，或使用游戏操纵杆。智能手机将

---

① 宋嘉吉，金郁欣. 元宇宙（三）：元宇宙是"方块"搭成的？ [R]. 国盛证券研究报告·行业专题研究，2021-08-04.

屏幕和触摸板合二为一，交互更为便捷。但这些交互方式使用户获得的沉浸感仍然有限。要想获得高度沉浸感，主要途径是通过 3D/VR 交互设备。

最早的交互式 VR 设备可追溯到 1968 年，计算机图形学开创者伊凡·苏泽兰特（Ivan Sutherland）开发了一款 VR 头盔原型，号称"终极显示器"。它非常笨重，使用时需要由一副机械臂将其悬挂在头顶上，因而被称为"达摩克利斯之剑"[①]。它基于超声波检测和机械臂控制，初步实现了动作检测。当用户的头部动作变化时，显示图像会实时更新。它也被称为现代 VR/AR 头显的鼻祖。

获得沉浸感的交互式 VR 设备有洞穴状自动虚拟系统（CAVE）、穹幕式沉浸现实装置（Dome）和头盔式显示器（HMD）。前者需要复杂的设备和房间布置，后者属于可穿戴设备，使用广泛，又称头显。VR 设备主要提供虚拟场景的显示与交互，而 AR/MR 设备能同时提供对虚拟和现实世界的交互。

目前消费市场主要是可穿戴头显，这也将是元宇宙重要的交互设备。20 世纪 60—80 年代，美国科技界掀起 VR 热潮，但主要用于空军飞行模拟训练，以及美国航空航天局（NASA）的航天训练和火星探测虚拟环境。

1986 年，虚拟现实之父杰伦·拉尼尔（Jaron Lanier）创立 VPL Research 公司，后来推出了一系列 VR 产品，如 VR 手套 Data Glove、VR 头显 Eye Phone、环绕音响系统 AudioSphere、

---

① 公元前 4 世纪，古希腊叙拉古国王狄奥尼索斯，赋予他的宠臣达摩克利斯以权力。但在宴会中，国王命宠臣坐在用一根马鬃悬挂的利剑下，让他体验国王所处的危机状态。

3D 渲染引擎 Issac，以及 VR 操作系统 Body Electric 等，首次将 VR 引入消费市场。拉尼尔不仅是计算机专家，还是音乐家、哲学家、作家，virtual reality（虚拟现实）这个词就是他首先发明并定义的。

20 世纪 90 年代初，日本的游戏公司任天堂和世嘉分别推出了 VR 游戏设备 Virtual Boy 和 Sega VR-1。但由于体验不佳，这些 VR 设备在当时并未被市场广泛接受。

2012 年，19 岁的美国男孩帕尔默·拉奇（Palmer Luckey）开发出新一代 VR 头盔 Oculus Rift，并用众筹方式研发，将头戴显示设备（head mounted display，HMD）的成本、延迟、视域和舒适度提高到公众接受的程度。随后谷歌、苹果、HTC、索尼等公司纷纷推出相关产品，HMD 产品在沉寂多年后终于开启了新时代。2016 年，消费级的 HMD 设备开始在消费市场普及。

目前市场上的 HMD 头显设备种类型号繁多，大致可分为 VR 和 AR 两大类。在 VR 设备方面，Oculus 公司占据主导地位，产品种类型号繁多，其次是 HTC 和 Valve 等公司。索尼公司的 PS VR 主打自己的游戏主机 PS。而在 AR 设备市场，微软公司的 HoloLens、Magic Leap 等产品占据市场。目前来说，AR 设备技术更为复杂，成本和价格也较为昂贵，主要用于 B 端商业用户，如辅助工业维修、医生手术等。

不同型号 HMD 设备的交互方式和显示能力各不相同，实现原理和机制也不同。究竟是如何不同呢？我们先看看 VR 设备。最简单的是 VR 眼镜，比如三星 Gear VR，它其实就是一个手机眼罩，用一个手机屏幕作为显示屏，交互上仅仅使用手机中的惯性传感器在空间 3 个方向进行 3 自由度定位，结构和功能都

很简单，沉浸感差。其次就是 PCVR，比如 Oculus Rift 和 Valve
Index；还有就是 VR 一体机，如 Oculus Quest 等。后两者功能
上差不多，都配有双目显示屏，使用了更为复杂的 6 自由度空间
交互定位并使用手柄进行手部交互输入，沉浸感和交互性都较强。
它们的主要差别在于，PCVR 需要搭配计算机使用，算力和显示
真实感较强；而一体机本身就自带移动芯片处理功能，算力较弱。

AR 设备有单目和双目之分。单目 AR 眼镜的代表是 Google
Glass，其优点是适合长时间佩戴，但画面显示面积小、视场角小、
分辨率低，不能很好地显示视频、动画等复杂信息，只能显示天
气、说明之类文本内容。双目 AR 眼镜主要有微软的 HoloLens
和 Magic Leap One 等，这类产品具有 3D 显示功能，可连接融合
现实与虚拟世界，更适合于在元宇宙中进行显示和交互。

人们对 HMD 头显的要求主要在于沉浸感和交互性体验。研
究表明，对于沉浸感体验，视觉效果占了 70%，可见其重要性。
为此在选购 HMD 头显时，需重点考虑视觉沉浸感相关指标：首
先是视场角度（FOV），即水平视野范围，这是获得沉浸感体验
的关键指标。人双眼最大可感知 210°，主流设备通常在 100°
或以上。其次是分辨率，它决定了屏幕清晰度。人单眼感知像素
分辨率需要 8k 以上 [1]，现在主流设备达到单眼 2k，双目 4k；最
后是屏幕刷新率和延时，可让人戴上后眼睛不晕，主流设备达到
90Hz。总体而言，当前 HMD 设备的图形显示能力距离元宇宙的
沉浸感要求有较大差距。

对于 AR/MR 头显，除了渲染虚拟图形之外，还需要显示现
实场景图像。现实场景可通过摄像头获取，与虚拟图像进行数字

---

① 这里分辨率指的是横向像素数，1k 约为 1000 像素。

合成；也可以采用直接光学透射，最后与虚拟图像混合叠加。现实场景和虚拟物体的聚焦特性不同，如何让叠加整合的画面看上去自然真实，没有聚焦错乱或违和感，是当前技术难点之一。

沉浸感体验还需要听觉反馈，这方面发展较为成熟。当前VR设备的立体声可形成声音的沉浸感。

感知反馈与交互也是3D头显设备的重要技术环节，其中关键核心为定位和跟踪系统。人用眼睛观察现实世界时，头部运动，看到图像的视角也应随之调整，这就要使用定位技术。定位和跟踪系统的功能是让用户把现实中的自己映射到虚拟世界里，这不仅可让用户获得像眼睛一样的真实协调的沉浸感体验，即使走路也很稳。如果没有定位和跟踪系统，VR头显就是个廉价的头戴显示器，容易让人眼花头晕。

VR设备在定位技术路线上主要有三大类。第一种是外置可见光/红外线的定位方式，称为星座定位，如OculusRift在头显上配备一组红外LED灯，索尼的PS VR头显使用蓝红灯，然后在外部有专门摄像头采集这些信息来定位。第二种是HTC在其Vive中推出的外置激光定位（Lighthouse），也称灯塔定位，顾名思义就是在环境周围部署激光发射器光塔，发射周期性激光束，头显和手柄上的接收原件通过接收时序差来定位，其优势在于精度高，算力需求和延迟少。

上述两种定位方式都是利用外部部署设备，也称"外向内"定位（outside in），虽然精度较高，但需要在环境中设置采集设备，校准过程烦琐，使用不便。第三种定位方式，即内置视觉定位（inside out）可克服这些问题，比如Oculus提出"Oculus Insight"定位，它利用"同步定位与地图构建"（simultaneous

localization and mapping，SLAM）技术，通过融合计算机视觉
与多个传感器捕捉到的数据，逐渐完善和构建场景地图，以实现
定位。简单地说，就是通过对环境场景的 3D 识别实现定位。这
就像你到一个陌生环境，需要先观察周围环境，看看环境有什么
独有特征，朝什么方位，以此定位出你在哪里，这也是我们平时
所说的找方向感。这种方式不仅可用于 VR 头显定位，也可用于
AR 眼镜。

　　头显设备通过定位可跟踪用户头部、手部动作，对虚拟环境
进行操作与交互。以 VR 头显头部跟踪为例，最简单的是在屏幕
上显示一个光标点，用户通过头部运动控制光标点的位置运动，
就像一个头控鼠标。如果头部运动只限于在 3D 空间的转动，称
为 3 自由度（3DoF）交互；头部要还能够自由平移，就是 6 自
由度（6DoF）交互①，自由度高意味着操作更灵活。同样，手部
动作交互方式也与此类似。如果头部和手部可以联动，其互动自
由度和便利性将大大提高。

　　用户交互通常通过识别空间实体，如人脸识别、手势识别、
动作识别等，以触发交互响应或操控动作。手势跟踪与交互操
作灵活便捷，被认为是最好的交互方式。其不足是，交互时手有
可能不在摄像头视野或者被遮挡，影响交互体验。还有，手势交
互不能给用户以反馈，这可使用可穿戴 VR 设备，像 VR 手柄、
触感手套、肌电手环②，既能对手势跟踪与识别，还可利用力学
和触觉感知模拟出握着物体的感觉，通过触觉反馈增强交互和沉

————————

① 　自由度（DoF）是力学系统中的独立坐标的个数。在 3D 空间，通常运动有 X、
Y、Z 3 个自由度，平移运动和旋转运动各有 3 个自由度，共计 6 个自由度。

② 　肌电手环通过感知和检测肌肉收缩产生的生物电实现交互。

浸感。

除了手势跟踪，另一种跟踪交互方式为眼球追踪，也称眼控交互，主要通过检测眼球位置特征及运动来控制注视点光标进行交互。跟踪注视点还有助于优化注视点附近画面，缓解 VR 头显的眩晕问题，眼控交互因而被称为"VR 的核心"，可见其重要性。目前，这一技术还在研发阶段。

语音是人们在现实世界中交互的重要方式。语音交互（VUI）相对自然，特别是在社交场合，不需要做些诸如摇头晃脑（头部跟踪）或手舞足蹈（手势跟踪）等奇怪动作，也不用理会屏幕上的指示文字，可以专注交流和探索发现。语音交互需要很强的自然语言识别和理解等高级 AI 技术，目前还在发展中。

脑机接口（BCI）作为大脑与机器交互的新方式，被认为是人类与计算机交互的"终极黑科技"。现在已经有了微创脑机接口人体临床实验，能让肌萎缩侧索硬化症患者在网上购物、发短信和发电子邮件。尽管这种交互方式最为方便快捷，但争议也很大。当前脑微创方式是否会对人脑有伤害？这有很大疑问。即使出现非侵入式脑机接口技术，还将面临很大的伦理风险。详细讨论参见第 7 章 7.3 节相关内容。

目前 VR 硬件设备无论是在沉浸感还是在交互方式上，都与元宇宙的需求有较大差距。不过技术进步很快，比如 2016 年 Oculus 的分辨率单眼只有 1k，4 年后就达到 2k。另外，元宇宙技术的另一问题是交互操作还很复杂，用户学习门槛很高，这一方面需要进一步提高其易用性；另一方面还需要对用户的交互操作方式标准化，减轻学习负担。

3.3　物联网与数字孪生：融通现实与虚拟世界

元宇宙与现实世界紧密关联，这其中的关键是，将现实世界的人、物和场景映射形成数字孪生，再通过物联网感知属性状态，实现虚实状态的同步更新，并基于 AI 不断协同演进。

1. 物联网：元宇宙中的百眼巨人阿耳戈斯

在希腊神话中，有一个巨人看守，浑身长满眼睛，被称为"全见的阿耳戈斯"。他能一直观察周围的所有物体，这就像元宇宙中全能感知的物联网（IoT）。当然，物联网中感知设备的类型以及感知方式都远超过阿耳戈斯的眼睛。

物联网是由麻省理工学院自动识别中心教授阿什顿（Kevin Ashton）在 1999 年提出的。他给出了物联网的定义，并强调万物皆可通过网络互联的理念。他当时设想的物联网主要是通过物品标识编码和射频识别（RFID）技术将它们接入到互联网，以实现智能识别与管理。

早期物联网主要面向物流系统的智能化管理。随着技术的深化与发展，物联网也在不断扩展演变。2005 年，国际电信联盟（ITU）在其互联网年度报告《ITU 互联网报告 2005：物联网》中扩展了物联网的内涵，即传感技术除了 RFID 技术外，还可应用二维码、红外感应、激光扫描、全球定位等，以便让任意物体之间按照约定协议相互连接，再利用通信和信息交换，可对物品进行智能化识别、定位、跟踪、监控和管理。

物联网是"万物相连的互联网"，即基于无所不在的网络和计算，实现人与物、物与物之间的互联互通与信息交换。网络可以是有线的，也可以是无线的，既包括互联网、5G 通信网络，也有电网、Wi-Fi 等网络，让各类物品通过智能接口无缝地接入网络。

物联网的目标是将现实世界数字化。在物联网世界，所有实体和虚拟物体具有唯一身份标识（UID），并具有物理属性和虚拟人格。为此，可通过感知设备获取物体的各类信息，比如射频识别或二维码、智能传感器等，它们是物联网的"眼睛"或"鼻子"，感知采集对象的诸如位置、温度、图像、声音、数字或文字等数据。当前，通过射频识别技术和嵌入式技术融合而成的电子标签，广泛应用于物品识别、物流管理等领域。

除了感知之外，物联网更重要的是利用 AI 技术对数据进行分析处理，让物品能够彼此交互，给出警示或建议，这就是"万物智联"的智能物联网（AIoT）。物联网与 AI 可相互赋能、彼此增值：机器学习让物联网获得更可靠、更有价值的决策或执行信息；而物联网丰富的传感数据让机器学习有更多的训练数据，分析决策建议更有价值。

物联网与互联网结合，可实现人类社会与物理系统的协同，给人们的生活带来很多便利。国际电信联盟在报告中描绘了物联网时代的愿景，比如会提醒主人遗忘东西的公文包，警示司机误操作的智能汽车等，还有现代生活中的共享单车、智能音箱、智能手表，以及 IC 公交卡或银行卡、防疫健康码及行程码。

医疗物联网（IoMT）为物联网在医疗保健中的应用。可穿戴设备可感知获取人的身体状态，包括运动健康手表、血压计、便携式生理监控器，以及可植入人体的设备，全面记录一个人从出生到死亡全生命周期的数字人生。语音控制器可以辅助老年人与残疾人士安全出行，还有监控跌倒或癫痫等紧急情况的传感器。

另外，物联网传感器还可以嵌入城市公共基础设施，如建筑、电网、铁路公路、桥梁隧道、供水、燃气管道等系统中，通过对其进行智能监控和管理，保障系统稳定运行。

2. 数字孪生：在元宇宙中镜像重构现实世界

元宇宙要与现实世界关联，还需要在其中构建一个与现实世界完全相同的数字孪生，再通过物联网连接其在现实世界中的对象，提供其状态信息，响应变化，还可以利用物理实体里面预先定义的交互接口对数字孪生体进行控制。数字孪生不等同于元宇宙，而是元宇宙的组成部分。

数据孪生最早应用于航天和航空领域，这一概念最早源于美国空军研究实验室在 2009 年提出的"机身数字孪生"概念。2010 年，数字孪生作为独立概念出现在 NASA 的技术报告中。

早期数字孪生主要用于复杂工业产品的设计、生产及维护。西门子公司认为，"数字孪生是实体产品或流程的虚拟化表示，用于理解和预测对应物的性能特点"。它也可以是现实世界中资产、流程或系统的数字映射或镜像，能实时或定期更新，还与现实世界的对应物相同步。维基百科称之为数字映射。

数字孪生是一种高度仿真技术。过去几十年，通用电气公司（GE）采集了航空发动机的大量数据进行挖掘分析，基本能够预测故障可能发生的类型和时间，但无法确定故障发生的具体原因。为此，GE 开发了全球第一个专门的工业数据分析平台Predix，通过数字孪生和物联网技术，在数字空间建立产品的物理机械模型，然后进行多物理量、多尺度的仿真模拟。

在现实中，人是经济社会的主体；同样，在元宇宙中，用户也是参与主体。我们可利用可穿戴设备感知获取人的身体属性或状态，构造出人的数字孪生、数字身份和数字档案，以及数字分身。这两个主体对应着同一个人，这就需要确定这两者的关系。

在英国伊丽莎白一世时期，法学家创造了一个"国王的两个身体"的理念，即国王有一个"自然之身"，也就是他个人的肉身，可生病、疲劳或朽坏；但国王还有另外一个"政治之体"，可永远存续、不可朽坏。我们在现实世界中的身体就像国王的"自然之身"，有生老病死；而元宇宙空间的数字代理则可以实现永存。即使我们的自然之身朽亡，其虚拟化身仍可以代理我们在元宇宙中进行数字化生存和交互。

元宇宙中的数字孪生与现实世界双向关联，传感器采集现实世界的属性状态数据，经过智能算法集成处理和分析后，以可视化方式呈现出来，并通过执行器反馈作用到现实世界的物体上。这样的闭环体系可用于数字医疗、居家养老等场景。

在医疗元宇宙，虚拟病人详细描绘了病人的身体健康状态，而不仅仅是以前的病历记录，有利于医生更快地了解病情，判断病因，并根据病人的特定病情制定个体化的诊疗方案。没有疾病迹象的特殊病人，就有可能被医生利用大数据分析发现隐患疾病。

数字孪生技术还被广泛用于城市规划设计和管理，可在虚拟世界中 1：1 建造一个与现实世界中物体、商场、住宅等完全对应一致的数字城市。真实场景的建模通常使用 3D 重建技术（3D reconstruction），比如激光扫描仪和摄影测量相机。

得益于摄影测量相机的普及，城市数字孪生技术已经成熟。20 年前，谷歌地球的 360° 街景让很多人惊叹不已。今天，很多企业都有能力购买摄影测量相机和激光扫描仪，构建现实场景的数字孪生。徕卡公司的摄影测量相机，激光扫描速度可达360000个采样点每秒；Epic Games 旗下 Quixel 公司使用测量相机生成由数百亿个三角形构成的 3D 场景库"MegaScans"，这些虚拟场景的真实感堪比亲眼所见。

城市数字孪生技术已被用于智慧城市。2018 年出台的《雄安规划纲要》明确提出了应用数字孪生技术进行城市智慧化管理的新理念，即数字城市与现实城市同步规划、同步建设，现实中的每一根路灯、管道，都在数字世界有一个镜像模型。

现实世界的数字孪生体可以与虚拟空间结合，让用户交互和创造，形成新的增强现实空间，这将是用户与元宇宙交互的枢纽，通向元宇宙虚拟世界的窗口。比如苹果的 AR 系统允许用户通过手机进行物体捕捉，创建高保真数字物体，并将其组合到虚拟场景；也可将虚拟物体叠加到现实场景。华为公司的河图（Cyberverse）、Snap 公司的 Lens Studio，都可让用户实时地将现实中的人脸、风景等数字捕捉，形成混合现实场景。

3. 虚拟与现实的融通与协同演进

元宇宙中的互动都是围绕人展开的。用户与用户、用户与NPC（非玩家角色）或环境之间，都要进行大量实时交互。智能NPC 可以引导用户进行各种交互和操作，或通过互动为用户提供服务。这背后少不了 AI 作为技术支撑。因此可以说，AI 是整个元宇宙的大脑或灵魂。

今天，我们可以生成高度保真的 3D 人类模型，生成对话文本，并将文本转换为听起来像人的语音，还可将 3D 人物制成动画，使其看起来像在说话，这被称为"元人类"（metahuman）。

元人类不仅要求外貌高保真，还要求表情神似，交互及行为方式应有足够智能。商汤科技推出的数字人可逼真地展示表情和形态，已经在金融、电信营业厅、展览馆等场所里为人类提供交互或咨询服务。新华社"虚拟主持人"就是模仿新华社主持人邱浩的外貌、声音、语言习惯、神态，以及嘴唇及肢体动作等，与本人的相似度高达 99.9%。

尽管 NPC 客服在现实世界已得到广泛应用，但其与人的互动能力还不够成熟。很多 NPC 客服不能理解用户话语中的复杂表达和含义，难以给出令人满意的答案。主要原因在于，其实现技术很多采用语言库或行为树，开发量大，智能性不够高。更好的方法是综合使用智能语音识别（ASR）、自然语言处理（NLP）等 AI 技术。智能语音识别可以识别人的语音内容；自然语言处理可以更有效地认知和理解人类的语言含义，将其转化为机器能理解的符号和关系。

AI 技术的基础是大数据。AI 要理解人类，与人类流畅地交互，就需要海量的现实世界数据进行训练。对于数字孪生，从物联网传感器获取的海量监测数据和历史数据，不仅能够及时更新元宇宙中的属性状态，还可以将数据提供给 AI 算法，改进其能力。

AI 还可以增强数字孪生城市的智能处理能力。高文院士等基于仿生视网膜理念提出了数字视网膜计算架构①。这并非是一种仿生视网膜的硬件，而是在计算协同机制上模仿人类视网膜的工作原理。简单来说，就是以软件方式，给监控摄像头增加 AI

---

① 高文. 什么是数字视网膜？剖析城市大脑的瓶颈与数字视网膜技术 [R]. 深圳：首届中国人工智能安防峰会，2018.

处理功能，再结合云计算，形成数字视网膜。

数字视网膜的计算架构包括三组要素：第一组为全局统一的时空标识 ID，以及将不同视角的图像匹配到一个全局视觉系统；第二组包括高效视频编码、高效特征编码和连接优化，实现对视频编码进行优化；第三组是把模型可定义的功能组合到一起，进行分析判断。

数字视网膜技术的独特之处在于，以高效的视频编码与处理技术让前端摄像头拥有智能分析能力，可对识别到的车、人、场景等主动进行特征提取。摄像头上传到云端的视频数据分为两路：一路是直接将视频数据编码存储；另一路上传视频特征，让云端"智能大脑"直接读取和分析。

3.4　区块链与智能合约：元宇宙的信任及治理

元宇宙经济体系需要以技术手段建立信任及治理机制，这需要建立数字身份和数字货币体系，并与全球监管机构一道，通过协商建立去中心化元宇宙治理体系。

1. 去中心化身份及信任体系

信任是人类经济社会运转的基石。宾夕法尼亚大学沃顿商学院教授 Kevin Werbach 在其著作《区块链与新信任结构》中归纳了四种不同的"信任结构"：一是点对点信任，在传统的熟人社会基于道德和声望而建立的成对互信；二是利维坦式（Leviathan）信任，基于中心化的权威机构，促成互不信任的各方达成协议或合约；三是中介信任，通过中介机构让没有互信的双方达成交易；

四是基于技术的去中心化信任，基于区块链，利用数字通信、数字加密等技术手段让没有互信的各方建立信任关系。

传统互联网的信任模式属于第三种，由第三方机构提供信任服务，比如最常用的公钥基础设施（public key infrastructure，PKl）体系。PKI 的主要功能是保证网络身份唯一性、真实性和合法性，网络安全体系中其他组件，如授权管理基础设施、可信时间戳服务系统、安全保密管理系统等，都建立在 PKI 基础之上。

PKI 通过颁发、管理公钥证书的方式为用户提供各种信任服务，如身份鉴别、加密及密钥管理，还要保证其完整性及不可否认性。这些服务都围绕数字签名、数字证书和加密密钥等展开。

PKI 体系的组成包括使用 PKI 的用户、证书颁发机构、保存证书的数据库系统，还有人员、策略和协议等。其中，证书颁发机构是 PKI 体系的核心，主要包括三类，即提供密钥管理服务的"密钥管理中心"（KM）；提供数字证书申请、签发及管理的"数字证书认证中心"（CA），这是 PKI 的核心执行机构；还有负责 PKI 用户注册和审核的"注册管理中心"（RA）。PKI 还包括证书吊销列表（CRL），这是一个被吊销证书的名单。

元宇宙则使用去中心化信任，利用区块链技术去除中介机构。区块链由两部分构成：一是通信采用点对点（P2P）网络；二是底层数据结构为冗余存储的分布式账本（DLT），并通过共识机制集体维护，构建一个免信任①（trustless）的、开放透明的网络交互环境。

区块链是如何消除中介的呢？那就是综合利用密码学算法和

---

① 免信任意味着不需要信任中介机构，信任自存在区块链上，也就是去中心化信任。

数字技术。区块链通过创新的分布式计算架构,建立一种"技术背书"的信任新范式,通过分布式账本将货币和资产发行、交易所涉及的各参与方链接起来,在保证数据安全的基础上实现资产交易和数据共享。区块链利用算法和共识机制保证数据的不可篡改性和可追溯性,从而在无中心担保或监督的环境下,建立无须第三方的"信任"网络。

区块链技术建立信任的一个实例是构建去中心化数字身份。具体来说,就是将数字身份存储在分布式账本上,并通过加密的 P2P 通道实现身份凭证的交换和验证。这一机制可以不需要传统的中心化身份中介机构。

万维网联盟(W3C)已经对去中心化身份(DID)进行了标准化,即《DID 规范》,主要包括 DID 标识符(DID identifiers)和 DID 文档(DID document)两部分,这些数据存储在区块链上。

《DID 规范》数据并不包含用户的真实信息,它们都存放在可验证凭证(verified credential,VC)中。按照 W3C 的规范,可验证凭证 VC 是整个 DID 体系的核心与价值所在,只有通过 VC,DID 才可以用来标识用户的真实身份信息。2019 年 11 月,W3C 发布《可验证凭证数据模型》V1.0,定义了 VC 的标准数据格式,核心模型的设计、使用场景等都参照了现实世界的物理凭证,使 VC 在保持物理凭证优势的前提下,还具有数字空间的很多特点,如密码学安全、隐私保护和机器可读。

DID 在信任服务机制上基于去中心化公钥基础设施(DPKI)。DPKI 并没有彻底颠覆 PKI 架构,而是对其不足之处进行改造和扩展。DPKI 体系引入验证节点(矿工),替代 CA 机构的作用,并可确保链上数据的安全性和完整性。这样的好处是，没有了中心化管理机构，也就不存在第三方机构引起的攻击问题，没有了后门和管理员特权，还能避免单点故障。

可验证凭证模型的工作流程是这样的：首先身份凭证的发行方根据身份所有者的申请，为其发行可验证凭证；身份所有者将可验证凭证以加密方式自主保管，并在需要时主动出示凭证给凭证验证方；凭证验证方通过检索身份注册表，即可确认 VC 与提交者之间的所属关系，验证其中属性声明的真实来源，验证过程无须对接凭证发行方。具体过程如图 3-5 所示。

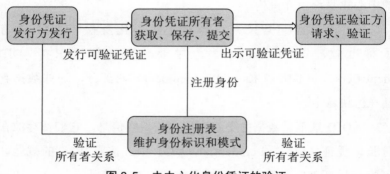

图 3-5　去中心化身份凭证的验证

目前，W3C 的 DID 方案得到业界的认可，很多互联网企业都在开发 DID 实施方案。联合国与微软等众多机构联合成立的 ID2020 联盟，就利用 DID 身份方案给国际难民颁发 ID2020 数字身份证；世界银行 ID4D 采用去中心化的方式帮助发展中国家建立数字身份。我国的百度、腾讯、阿里巴巴等公司，还有公安部第一研究所和第三研究所，也都在积极研发 DID 实施方案。

2. 构建元宇宙的货币体系

以色列历史学家尤瓦尔·赫拉利在《人类简史：从动物到上帝》中提出，人类的想象推动了认知革命，而货币运作则是人类想象最成功的范例，它构建了人类社会最高效的信任机制。在现代社会，货币还是国家主权信用的体现。在互联网，各种加密货币层出不穷。

提起加密货币，大家都会想到比特币。2008 年，中本聪在论文《比特币：一种点对点的电子现金系统》中提出区块链的概念，建立了比特币体系。这篇论文将比特币定位成一种安全可信的电子现金，即加密货币或数字货币。很快，比特币在全世界掀起了数字货币热潮。

综合来看，比特币确实是一项重大发明，它不仅让人们认可了它的价值，更是掀起了风起云涌的区块链大潮。然而，比特币也毁誉参半，鼓吹者有之，唱衰或者诋毁者也很多。

目前市场上加密货币主要分三类：第一类是以比特币为代表的公链数字货币，具有显著的去中心化特征；第二类是以 Libra（天秤币）为代表的联盟链数字货币，具有中心化和去中心化的混合模式特征；第三类是以我国数字货币电子支付（digital currency electronic payment，DCEP）为代表的主权数字货币，或央行数字货币（CBDC）。

这三类加密货币各有特色，其目标定位也不尽相同。比特币实现了完全的去中心化资产记录和流转，安全性很高，且不可篡改。交易记账通过"矿工挖矿"方式，也就是计算生成随机数，矿工获得一定数量比特币作为奖励。但这也造成比特币交易效率低下、能耗巨大。比特币价格波动剧烈，一个比特币最早只有几美分，但最高一度曾超过 6 万美元，这些都使得它难以在市场中发挥货币职能。

Libra 是由互联网巨头 Meta 公司（原名 Facebook）牵头发行的超国家数字货币，Libra 联盟包括万事达、PayPal 等 28 个创始成员，既有互联网巨头、电信公司，还有银行卡清算组织、支付机构、投资机构等。在金融层面，Libra 设想与美元等一系列主权货币实行一篮子综合挂钩，定位超国家主权货币。后来因遭多方反对，被迫改名 Diem，定位成锚定美元的稳定货币。

在技术上，Libra 采用了区块链与中心化的混合架构，交易执行效率比比特币有大幅提升，可实现在线支付。加上脸书在全球范围内有 20 多亿用户，Libra 的优势让人不容小觑。

无论比特币还是 Libra，其本质上都不是真正的法定货币，而是属于私营组织或公司的价值通证，也就很难在元宇宙内被普遍接受成为跨平台的通用货币。最有希望的是第三类货币——数字主权货币，典型代表是我国的 DCEP。按照中国人民银行的定义，DCEP 是具有价值属性的数字支付工具，这种价值支付不需要账户就可完成价值转移，甚至没有网络也可以支付，这也被称为"双离线支付"。DCEP 在使用上与纸币最大限度等同，且价值直接锚定法定人民币，可能会是未来元宇宙的法定流通货币。

那么 DCEP 是否就具备成为元宇宙通用货币的条件呢？根据目前公开的信息，DCEP 更像是人民币的数字化版本，采用的是传统双层运营体系，顶层是中心化管理机制，以保障其法定货币及监管职能；而底层技术中立，就可以实现去中心化运行。DCEP 要成为适用元宇宙的通行货币，应增强去中心化能力。

欧美国家也正在加紧数字货币的研发，比如数字欧元、数字美元。从他们发布的白皮书看，这些项目也都倾向于使用分布式账本技术（DLT）。立陶宛央行将其基于区块链的数字纪念币 LBCOIN 项目经验应用于数字欧元的研究中，证明了分布式账本技术（DLT）支撑的跨境数字欧元的可行性。

去中心化数字货币的一个重要特性是可编程性，即根据交易双方商定的对象、范围、条件等规则进行自动支付交易，促进业务模式创新，比如停车场可通过智能合约自动按照约定的费率和时长扣除停车费等。

比特币的定位是可编程货币，而以太币定位是可编程应用 DApp，比如 NFT 数字资产就是一种 DApp；而 Libra 的定位则是折中的可编程资源（programmable resources）。德国银行协会认为，Libra 使用的智能合约机制将引发"可编程经济"爆发。德国财政部与德国央行成立了一个工作组，专门致力于开发可编程欧元。可编程货币预示着货币使用范式将发生历史性变革。

我国在 2021 年 7 月发表的数字人民币白皮书中提出，DCEP 可通过加载智能合约实现可编程性，前提是不影响货币功能，并确保安全与合规。实际上，人民币现钞已经实现了某些去中心化编程功能。当你在银行或 ATM 机上取现金时，点钞机就能记录每张钞票的编号，以便对现金流动进行监控。这本质上就是一种 NFT，即区分并记录每一张钞票，使其独一无二。

3. 基于智能合约的元宇宙治理

契约是社会经济运转的基础，传统契约通过当事各方签署纸介质的合同或协议。元宇宙的契约形式将是智能合约，这不仅是数字货币可编程的基础，也是元宇宙经济社会治理的主要形式。

智能合约本质上是一种计算机程序规定的契约或合同，通过事先约定的规则代码自动执行合约条款，无须人工干预和第三方中介。这一方面可以减少恶意和意外情况，另一方面可以减少信任中介。智能合约通常基于区块链，通过共识算法来执行，以保证一致性。智能合约能实现跨行业、跨领域、跨生态的价值传递。

智能合约概念最早在 1995 年由尼克·萨博（Nick Szabo）首次提出。1996 年，伊恩·格里格（Ian Grigg）提出了李嘉图合约，在形式上更接近现在的智能合约。由于当时技术条件限制，无法保证合约不被篡改，一直没有得到应用。区块链的出现为智能合约提供了技术支撑，特别是在以太坊出现后，智能合约越来越多地受到关注。

智能合约在元宇宙数字资产治理中可以发挥极为重要的作用。在传统互联网或网络游戏中，用户或玩家资产都依附于中心化的账号系统，他们的个人信息和数字资产本质上以流量方式属于平台，随时可能被剥夺。以太坊的创始人维塔利克·布特林（Vitalik Buterin）曾经是一个狂热的《魔兽世界》玩家，但有一天他发现，暴雪公司移除了他心爱术士的职业技能"生命虹吸"，他意识到中心化体系的恐怖。这导致他萌生了创建以太坊的想法。图 3-6 为以太坊智能合约的流程。

去中心化数字资产可从根本上改变这一局面。用户通过 NFT 和数字身份就能够获得资产的真正所有权。你可以将资产放在自己的数字钱包，自主掌管，不用担心某个平台会停止服务或夺走资产。这样就可能形成元宇宙范围的经济生态系统。Epic Games 公司的蒂姆·斯维尼认为，区块链和 NFT 是通向元宇宙的"最合理途径"。

开发者　　　编译器　字节代码　以太坊
　　　　　　　　　　　　　　　虚拟机

矿工

验证　发放款项　合约执行

图 3-6　以太坊智能合约的流程

　　元宇宙治理机制可采用去中心化自治组织（简称 DAO）。
这是一种区块链技术赋能组织治理新形态，允许人们为了共同目
标聚集在一起协同工作。它没有中心化的治理架构和机制，其运
营完全基于智能合约。

　　DAO 架构遵循的原则是"代码就是法律"，任何人对规则
的修改都不能执行，只有社区通过设定的投票流程才能更改规
则；合约按照程序自动运行，任何不遵循规则的节点都将被封杀，
即使管理者也不例外。DAO 通过向社区成员发行通证或代币，
其价值多少决定了成员的参与决策权。任何人都可以发起提案，
基于通证进行投票，在指定截止日期前获得最高通证数额的提案
获胜。

　　DAO 治理模式要在元宇宙中通行应用，一个重要条件是需
要得到全球监管机构的认可，其智能合约规则不仅要合乎法律和
政策，还要在相关政府部门的监管之下，保障安全合法运营。

DAO 的规则对每个人都是透明的，这有利于公司治理的合规性，相关法律条款都可转化为智能合约代码，嵌入到治理规则体系中，以保障运营合规合法。这一治理机制也有利于监管，所有规则都能接受自动化程序的审计，提高了监管效率。而监管者不用再处理这些烦琐的规则及执行细节，可将更多的精力用在更具挑战性的工作上。

DAO 治理要涉及很多方面的因素，其运行机制的设计非常复杂，计算规则也不能涵盖元宇宙治理的所有方面，不少法律条款不能直接转化为规则。另外，这一机制的效率并不高。根据几年来的应用发展来看，DAO 成员参与的积极性不高。这些都是制约其广泛使用的瓶颈。

DAO 治理不仅需要共建、共享、共治及激励等方面的规则体系，还应有能与陌生人达成共识的组织目标和组织文化，这就需要综合利用元宇宙的社交机制和身份体系，构建 DAO 社区，促进成员之间的互动了解，以更好地实现自治与协作。

3.5 技术标准与协议：元宇宙的通用语言

互联网之所以如此繁荣，信息革命之所以爆发，网页、数据和通信等标准和协议起着重要作用。但后来互联网的发展却偏离了这一"初心"，互联网平台之间开始封闭，形成垄断性的"围墙花园"。作为下一代互联网的元宇宙，目标是让人人都能跨平台访问，这就需要统一标准与协议。通过对元宇宙的 3D 分身、数字身份及资产、交互模式、数据传输及互操作 API 协议等标准化，可打破平台间壁垒，在更广泛的层次形成应用生态系统，让社交、资产和创造更流畅，重回互联网的"初心"。

1. 互联网的开放与标准之路

互联网的发展就是一个开放和标准化的过程。从 20 世纪 60 年代末创建到 80 年代初这十多年里，阿帕网作为骨干网，通信协议采用的是网络控制协议（NCP），只能用于同构网络环境。而接入其中的其他网络，采用的通信协议五花八门，如 Telnet、Usenet 等，彼此难以实现真正的互联。

1974 年，美国 ARPA 的研究人员罗伯特·卡恩（Robert Kahn）和斯坦福大学的温特·瑟夫（Vint Cerf）开发出传输控制协议 / 互联网协议（TCP/IP）。这是一个开放协议，以统一格式点对点传输信息，具有优异的跨平台特性，后来逐渐成为不同网络相互交流的"通用语言"。1980 年，阿帕网将网内通信协议全部改为 TCP/IP；1983 年，阿帕网要求所有接入到其中的网络都基于 TCP/IP；1984 年，解析 IP 地址的域名系统 DNS 推出，这是互联网去中心化治理的范例。至此，TCP/IP 正式成为互联网标准通信协议。

1980 年之前的互联网基本以传输文本内容为主。1989 年，在欧洲核子研究组织（CERN）工作的英国科学家蒂姆·伯纳斯 - 李提出了一套开放的互联网标准协议，首先，他以标准通用标记语言（SGML）为基础，创建了超文本标记语言（HTML），可包含图像、视频和二进制文件等；其次，他基于 TCP/IP 的应用层，提出超文本传输协议（HTTP），将 HTML 文档传输到本地，并引入统一资源定位符（URL）指定文档所在地址；最后，结合域名系统 DNS，把所有这些标准协议组合起来，就是万维网（即

WWW），这是当年用来浏览超文本文档的客户端程序的名称，后来被用来描述上述协议集合，它们是互联网开放的基石。

基于开放标准的万维网的超文本网页显示格式和风格美观，很容易使用和编写，很快风靡一时。20 世纪 90 年代是万维网标准协议形成发展的关键时期。1990 年 HTTP/0.9 协议问世，仅支持一种简单的 GET 操作；而同一时期的 HTML 1.0 也很不成熟。1996 年 5 月，超文本传输协议 HTTP/1.0 正式发布，这是第一个具备完整互联网功能的标准协议，可以传输任何格式的文档。与此同时，功能较为完备的 HTML 2.0 发布。至此，互联网需要的技术标准协议已基本具备，随后开启了波澜壮阔的互联网应用大潮。这些协议的架构如图 3-7 所示。

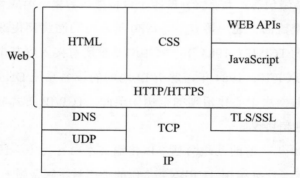

图 3-7　互联网主要协议架构

互联网标准协议具有以下几方面特性。

首先，这些协议都是在逐步发展演进的，并由专门标准机构负责制定，主要是互联网工程任务组（IETF）以及蒂姆·伯纳斯 - 李创建的万维网联盟（W3C）。1999 年发布的 HTTP/1.1 应用广泛，直到 2015 年才发布 HTTP/2，2018 年又发布 HTTP/3。

HTML 标准更新相对频繁。从 1995 年到 1999 年，W3C 先后发布了 HTML 2.0、HTML 3.2、HTML 4.0 和 HTML 4.01 等，都相继成为 W3C 推荐标准。2000 年，基于 HTML4.01 的 ISO HTML 成为国际标准化组织和国际电工委员会批准的标准。2014 年 10 月，W3C 正式发布 HTML 5。

其次，这些标准具有开放性和可扩展性。W3C 还制定了层叠样式表（CSS）和可扩展标记语言（XML）等影响深远的标准，扩展了 HTML 功能。比如，CSS 可让 HTML 展现风格更美观，代码更简洁；XML 扩展了数据显示与交换。国际标准化组织 ECMA 发布的 JavaScript 定义了嵌入网页中的脚本语言，可让浏览器在本地完成很多复杂操作。2019 年 12 月，支持运行二进制代码的脚本标准 WebAssembly 加入 HTML 标准家族，代码执行效率大幅提升。此外，互联网标准协议还支持各种常见的图像文件格式，如 GIF、JPEG、PNG、BMP、TIFF 等。

最后，这些互联网标准协议并非强制性的，而是推荐标准，由市场自行决定是否采用。比如 W3C 在 2001 年推出的基于 XML 的 XHTML，就没有得到市场的广泛接受，后来采用了 HTML 5。

互联网标准的制定通常由 W3C 的标准化小组牵头，组织业界一流企业或组织的技术精英提出"草案"，经过不断讨论完善，形成"预选推荐案"，最后推出"建议推荐案"。经过业界广泛讨论和修改后，以 W3C 理事会的名义公开发布"W3C 推荐标准"。当然，这背后免不了有各方势力的利益博弈，而技术掌握者为了实际利益而妥协也不鲜见。

2. 新一代万维网的技术标准与协议

与万维网标准协议类似，元宇宙技术标准协议的制定需要互联网技术组织和企业在共同协商的基础上达成共识。作为新一代互联网的元宇宙，标准、协议的制定不能完全推倒重来，而是在万维网标准基础之上逐步迭代更新。

当前万维网的最新标准是 HTML 5，但这一标准并非 W3C 官方制定。之前 W3C 主推的 XHTML 太偏重学术性，未得到业界认同，一批来自谷歌、苹果、Mozilla 和 Opera 的工程师组建了网络超文本应用技术工作组（WHATWG），这是一个开源社区，任何人都可以参与。他们制定的标准 HTML 5 得到了业界的普遍接受，W3C 理事会废弃了其陷入困境的 XHTML 2 规范，并于 2014 年承认并发布了 HTML 5 标准。

HTML 5 篇幅很长，全文有 54 万字，但用途很广。它的一项重要改进是增强了跨平台的可移植性，统一了 PC 端和各种移动端的代码语法。在这之前，开发者需要针对不同前端编写不同代码，才能实现相同功能。这不仅加大了开发工作量，后期维护也需要分别处理。HTML 5 大大减少了开发者的重复劳动和企业的维护成本，也有助于实现元宇宙随时随地接入访问的要求。

HTML 5 的另一特色是将浏览器从页面工具转换为综合应用平台。HTML 5 有描述页面的功能，但更多的是链接到各种其他技术的通道，如图像、音频、视频、3D 模型等，而WebAssembly（Wasm）则提供兼容 Web，且可移植的二进制应用程序平台，从而可将各种 App 功能 Web 化，这为元宇宙高效集成各种技术铺平了道路。

通过 HTML 5 和 API 接口技术可实现很多复杂功能。比如以前网页不支持 3D 图形绘制，而通过 HTML 5 画布功能和 WebGL 规范，开发者就能直接在网页实现高效的 3D 图形绘制。这为 3D 网络游戏、3D 地图等元宇宙功能提供了便利。WebGPU 为更高效的 3D 图形 API，可直接利用图形处理器（GPU）加速绘制或计算。

在 HTML 5 中，也有 XR 相关的 API 技术规范。W3C 下属的沉浸式网络社区小组（immersive web community group）制定了 WebVR/WebAR 规范，后来发展成 WebXR，这是一组基于 Web 内容和应用程序的标准 API，用于与各种 XR 硬件交互。这为 XR 在浏览器平台提供了通用语言。目前，微软 Edge、火狐 FireFox 55、谷歌 Chrome、三星等浏览器都已经支持 WebXR。

以当前的软硬件发展状况，在浏览器中使用 3D 场景，其效果远达不到元宇宙的要求，特别是对于高度真实感 3D 场景，即使最新的独立应用程序和硬件设备，也无法获得沉浸感体验。HTML 5 是将近十年前的技术标准，很难成为承载元宇宙平台的标准。但 HTML 5 为元宇宙平台标准提供了一个起点框架，我们可以在其中不断添加更丰富的功能，持续提高其性能。最近，W3C 成立了元宇宙互操社区小组，制定沟通元宇宙虚拟世界的标准协议，包括身份、社交和资产等。

3D 和 VR 真实感场景是获得沉浸感体验的最重要方式。VR 行业软件 SDK 标准没有完全统一，特别是在手机的 VR 平台，碎片化严重，即便同属安卓平台，但是每家标准都不同，甚至交互硬件设备也不能互通使用。英伟达副总裁 Rev Lebaredian 认为，未来元宇宙架构需要从底层构建一套完整的 3D 技术标准。现在业界已经在制定涵盖 XR 系列的技术标准 OpenXR。这一标准由 Khronos Group 等公司制定，于 2019 年 7 月正式发布 OpenXR 1.0。这是一套规范 XR 硬件应用开发的 API 开发包，可实现跨设备应用开发与部署。目前，支持 OpenXR 的设备包括微软 HoloLens 2、Oculus Quest、Valve SteamVR 等，支持它的软件引擎有虚幻引擎和 Blender 等。

3. 元宇宙的去中心化标准协议

传统万维网的 HTTP 协议使用中心化机制，具有承载压力大、容易崩溃、容易被攻击、维护运营成本高等弊端；而元宇宙系统数据量更大，使用 HTTP 将造成数据传输速度缓慢，更好的选项是采用星际文件系统（inter planetary file system，IPFS）协议，这一名称不仅听起来很炫酷，也很适合于元宇宙。

那究竟什么是 IPFS 呢？这是一种用于分布式共享文件网络传输协议。它基于 P2P 协议网络，以去中心化的方式存储和共享文件，还有文件版本管理，保证数据不被篡改。

IPFS 可以让互联网更开放，也更安全。在传统互联网上，你要下载一个文件，就必须告诉计算机这个文件所在的 IP 地址或域名，这叫"地址寻址"。如果这个文件被删除，或者所在服务器被关闭，那你就无法下载它。而 IPFS 使用"内容寻址"，你不用告诉计算机去哪里下载文件，而只要说出你要什么文件就行了。

在 IPFS 文件体系中，每个文件将会根据内容生成一个唯一的"数字签名或指纹"——哈希值，将其保存在分布式账本上，检索文件就是根据哈希值查找到文件的实际存储地址。

IPFS 以分布方式在多个节点存储数据，可让互联网速度更快，

因为通过 P2P 网络传输数据，可多节点同时下载，节省带宽高达
60%，且使用成本低廉。同时，让用户不再依赖主干网，降低因
不可抗力造成的服务中断问题。

众所周知，P2P 网络节点越多下载越快，如果没有激励机制，
谁愿意贡献如此多的节点和存储呢？为此，IPFS 还设置一个激
励层——Filecoin 协议。IPFS 是一个分布式文件管理系统，有大
量资源存储及下载需求；Filecoin 是加密代币激励的云存储网
络，并利用智能合约将云存储转换为算法市场，其中"文件币"
（代号 FIL）作为连接资源使用者（用户）和资源提供者（矿工）
的桥梁。Filecoin 协议有两种代币交易市场——数据检索和数据
存储，双方在市场里发布各自需求，最后达成交易，完成文件下
载。Filecoin 与 IPFS 这两个协议相互促进，互补性很强。

目前谷歌、微软等公司都在布局研发 IPFS 技术，微软的去
中心化身份系统 ION（identity overlay network），其交易数据存
储在 IPFS 上。国内的阿里巴巴、京东、华为、中国科学院也建
立了 IPFS 技术实验室。

IPFS 宣称要替代 HTTP，但目前来看，可能性不大。它标榜
低成本，但代币在市场上容易被炒作，价格忽高忽低，一枚 FIL
币曾高达 230 美元，这很难说成本低，但价格暴跌又难以吸引矿
工，这些都是 IPFS 体系的软肋。但这一机制可以作为制定未来
元宇宙传输协议标准的参考和借鉴，而不能简单照搬。

IPFS 为元宇宙提供了新的网络传输基础设施，数字资产和
数字身份都可以建立在其上。当前 NFT 资产大多基于以太坊，
但一般都是凭证上链，很难做到资产文件完全上链，大部分资产
还是离线存储，这就可能通过哈希值的文档来伪造 NFT，甚至丢

失 NFT 的事件也不鲜见。将 NFT 资产数据存储在 IPFS 上，可有效解决这一问题。

NFT 作为数字资产权属证明，是元宇宙经济的关键，其本身也需要专门的标准协议来对其进行规范。NFT 协议被广泛使用后，用户就无须理解什么是 NFT，只需关心"我有哪些资产？我能用它们干啥？可用在哪用？"至于它的所有权、流通性、可组合性、价值和稀缺性等，都与现实世界中基本类似，用户无须知道其实现的技术细节。这样，NFT 将可能是世界上第一个能跟实体经济结合的元宇宙项目。

当前 NFT 大多基于以太坊创建，以太坊发布了很多标准，比如 NFT 标准 ERC-721，就是通过智能合约，让 NFT 代表具有"独特性"的数字资产所有权，包括虚拟房地产、数字艺术品或收藏品等。这一标准由加密猫（cryptokitties）项目 CTO Dieter Shirley 创建发布。

ERC-1155 则由游戏公司 Enjin 提出，它允许半同质化 NFT，即让一个智能合约能够处理几种类型 NFT，还可同时包含 FT 和 NFT。ERC-998 扩展了 ERC-721，允许"合成"代币。比如在网络游戏中，一个游戏角色的所有权代表一个 NFT，而角色装备的所有权代表另一个 NFT，ERC-998 允许用户将二者合成为一个 NFT。

2021 年 5 月，DRepublic 团队提出 EIP-3664 协议，通过新的 MetaNFT，不仅解决了 NFT 的不完全去中心化问题，还让 NFT 属性可升级、可修改、可添加、可移除、可组合、可拆分，功能更强大，也更灵活、安全。

除了以太坊外，其他区块链平台，如 EOS、TRON、NEO 等，也有各自的 NFT 规范。

在数字身份方面，W3C 已经发布了一系列去中心化身份标准规范，包括《DID 规范》《可验证凭证数据模型》。此外，还有重启可信网络（RWOT）工作组的身份验证规范 DID Auth（制定中），结构化信息标准促进组织（OASIS）的分布式密钥管理 DKMS 规范，以及去中心化身份基金会（DIF）的消息通信协议 DIDComm。

第 4 章

元宇宙应用大爆发：社交、旅游及教育

游戏、社交和娱乐等领域是元宇宙的发祥地，而 Roblox、Epic Games、微软、英伟达及 Meta 等公司，都是元宇宙前沿的先行探索者和倡导者。元宇宙是多维度的，尽管当前很多游戏、社交、娱乐等产品还都不能算真正意义上的元宇宙，但都在某个维度体现了元宇宙的特征。社交、旅游及教育元宇宙等都直接面对消费者，各种扩展现实 XR 技术得到大规模试验和应用，为确立元宇宙形态提供了参考示例。

4.1 社交元宇宙的形态与体验

元宇宙中的社会将具有扁平化的结构，这意味着社交关系更加复杂，其治理难度也更高，为此，当前社交平台的形态和模式也需要升级、调整，以应对新挑战。

1. 社交元宇宙的形态特征

无论是传统互联网，还是现在元宇宙，社交都是核心功能。我们先对网络社交媒体的形态做一个梳理分析，主要从以下这两个维度出发：一是交互形态；二是媒介形态。

交互形态是社交媒体的基本维度，它决定了社交媒体的用户界面和交互方法。最早的互联网社交模式首推电子邮件，交互模式类同现实世界中的信件。类似的还有沙龙聚会的社群方式，比如 BBS（电子公告板系统）、聊天室、论坛、网络社区等，但个人的身份和价值都未得到重视。万维网（WWW）的发明让个人主页成为彰显个性的重要途径，曾风靡一时，不过其互动性不够。博客的出现，催生了用户创造内容及互动（UCG）的萌芽。

真正让网络社交成为时尚的是即时通信软件（IM），它让人们像日常对话聊天那样社交。从国外流行的 ICQ，到风靡一时的 QQ 软件，充分满足了人们相互交流的需求。QQ 既有私密互动（一对一聊天），也有组群互动（QQ 群），还有集成个人主页和博客的 QQ 空间，成为当时网络社交的主流方式。移动互联网时代出现的即时通信平台微信更是将社交功能发扬光大，功能设计契合了人们的社交需求，加上使用便捷，成为很多国人必备的社交工具。

美国社交平台脸书（Facebook）开创了"个人主页＋关注"模式，不仅让用户与其他人交流互动，更是激发了用户的内容创作。国内随即出现了人人网、开心网等。在移动互联网时代，社交媒体的影响越来越广泛，并逐步进一步垂直细分。有基于位置的社交媒体（LBS），如陌陌、探探等，Soul 则采用基于兴趣的匹配方式；还有婚恋社交、购物社交以及工作社交等。

移动互联网时代还出现了其他媒体形态，比如微博，主要汇聚很多明星大腕、商界名人和意见领袖等，它采用中心化流量分配机制；与此相对的是去中心化流量模式，比如以短视频娱乐为主的抖音，流量分配主要基于用户对内容的评价和交互，将流量权重向优质内容倾斜。

社交媒体的媒介形态主要取决于网络带宽。在拨号网络或2G 时代，文本是最主要的媒介形态，图片、语音和视频是在3G/4G 网络普及后才开始广泛使用，这打开了互联网应用爆发的魔盒。其中视频驱动了一系列社交娱乐新模式，比如短视频、直播，极大地激励了数字经济的迅猛发展。

电子游戏本来不属于社交媒体的独立领域，但随着网络发展，多人互动游戏，如 MUD（多用户空间）、MMORPG（大型多人在线角色扮演游戏）等，开始具有社交特征。同时，游戏还不断与社交、社区、媒体、电商等应用相互融合。从媒介形态的发展看，游戏正在成为继文字、图像和视频之后新的社交媒介。当前，作为元宇宙原型的很多现象级游戏，如《堡垒之夜》、*Roblox* 或 *Decentraland* 等，都具有明显的社交特征。在元宇宙中，游戏、社交将不断与不同行业的业务场景相结合，形成新的业务场景和服务体验。

游戏模式有简单的 2D 小游戏，也有真实感爆棚的 3D 游戏。在社交元宇宙中，3D 模式将成为主要形态，但也不会是唯一方式。3D 模式又分两种：一种是以 VR 交互对网络社交进行扩展，利用 VR 头显设备，让来自不同地理位置的人汇聚到一个 3D 虚拟空间进行交互协作，获得很强的沉浸感和现场感；另一种是通过 AR 扩展线上线下社交，增强社交的效率和质量。

VR 社交本质上是网络视频电话的 3D 升级，但用户体验并不只限于此。VR 社交场景是虚拟的、可选择的，比如恋人可选择温馨浪漫的花前月下，身在偏远荒漠的人可以将场景设为海边沙滩，或童话中的虚幻场景。用户还可按照自己的偏好，随心装修布置自己的个人空间，就像是自己家的客厅一样，家具、电视、装饰画等一应俱全。

VR 社交中还需要一个数字分身或阿凡达（avatar），它在场景中代表用户，外观形象上可以是卡通形式，也可以是 3D 真实感形象；既可以与用户外貌神态很像，也可以是虚拟夸张的形象。专注数字分身技术的初创企业 Loom.ai，仅通过照片就可定制符合用户体貌特征的 3D 数字分身，再利用人脸识别、深度学习等技术表达用户说话的表情或情感，增强聊天的沉浸感和身份认同。2020 年，Loom.ai 已被 Roblox 公司收购。

目前市场上已经推出了一些 VR 社交聊天工具，如号称排名第一的 *VRChat*，这既是一款游戏，还是 VR 社交软件，用户总数已超过 400 万。这一软件可以体验虚幻缥缈的场景，比如你可以戴上 VR 头显和朋友一起坐在神庙的屋顶看烟花，或者一起去废弃的庄园去探险；用户可以选择各式各样的数字分身，有无穷无尽的未知世界可供探索，也就是用户创作内容（UGC）；最后是多用户一起分享和参与各种好玩的游戏和娱乐活动。

与 VR 社交不同的是，AR 社交不强调沉浸感，而是在现实世界中叠加虚拟对象，并与之进行交互。比如，家人好友的"数字分身"叠加到现实空间，可以实现面对面的实时交互；对于线下社交，交互双方可通过叠加虚拟道具进行交互，比如一起玩虚拟象棋，或者街头偶遇美女帅哥，先查看对方的公开个人信息，再决定是否去搭讪。

在 Magic Leap 公司的 AR 社交平台 Avatar Chat 中，用户可设定数字分身，戴上 VR/AR 头显，利用眼球和手势跟踪与朋友虚拟交互。虚拟分身可以模拟用户说话时口型、眨眼，或者握手、抱拳等。用户交流就像面对面聊天，还可发送表情包，参加各种活动，如即兴表演、学习知识或健身练习等。

VR/AR 系统通常需要专门的头显装备，而谷歌研发的 Starline 项目则可实现裸眼 3D 交互。通过利用房间中的十几个深度传感器和摄像头，采集 3D 图像，传输到远程多维光场显示器上。通过这种高度真实感的 3D 影像，能让相隔万里的两个人，犹如置身于同一房间在交互。两个人不仅可以眼神交流，察看细微表情，还改善了交互的注意力、记忆力和临场感，就像对方真的在玻璃屏幕后面一样。这是一种很有前景的 VR 社交技术，其不足是成本高。目前这一技术已在谷歌内部使用，如面试、探讨业务、协同工作等。

2. 社交生活及情感体验

生活情感是社交网络应用最主要的驱动力，几乎每个有数字能力的人都需要生活情感社交。人的生活情感通常包括家庭成员之间的亲情、恋人之间的爱情、朋友之间的友情，还有社会意义上的共情。亲情、爱情和友情大家都比较熟悉，那什么是共情呢？按照心理学的解释，共情就是不同年龄、经历、文化背景的人，能够在短时间里，在同一种场景情绪里相互感知、理解和体验，并分享彼此的内心世界。比如常见的沙龙聚会、演唱会等。

亲情、友情通常属于熟人社交，VR 能将不同地理位置的家人、朋友会聚到虚拟空间，而无须开车，坐飞机、火车等交通公具，走亲访友方便多了。美国退休者协会创新实验室（AARP innovation labs）开发的 VR 社交应用 Alcove 就是一款主打家庭社交的软件，里面有休闲游戏、放松体验和冒险体验等。用户可以将各种家庭聚会或旅行照片上传至平台的账号空间，以幻灯片方式播放；虚拟家庭影院可以播放电影或电视节目，让全家人都能获得沉浸式家庭聚会体验；家人们还可以一起玩互动游戏，一起到非洲的大草原，或夏威夷海滩虚拟旅游，增进彼此感情联系。

Alcove 平台目标群体主要定位是老年人，因而上面的许多功能或游戏都考虑到了那些不太熟悉 VR 技术的老年用户的需求，比如慢性病治疗练习、认知训练游戏等一系列健康保健应用，可活跃体验者的脑神经。年轻人通过 VR 方式随时看望长辈，安排和照料他们的生活。

另一款火爆的元宇宙社交游戏 *Roblox* 将目标定位在低幼青少年。对于这款寓教于乐的游戏平台，美国父母愿意跟孩子一起玩。调查显示，78% 的孩子都愿意与父母一起玩游戏，45% 的孩子认为，父母也是他们了解游戏的重要信息来源。

新冠肺炎疫情期间，*Roblox* 还新设一个游戏类别"一起玩"，鼓励用户在游戏的同时，与朋友们互动聊天；*Party Place*（派对之地）允许用户在虚拟空间举办生日派对。

尽管网络社交应用广泛，但线上社交也可能无法促进人与人的进一步交流，这也导致目前很多年轻人越来越宅，不愿意与其他人沟通。元宇宙虚实交织的数字场景，可将线下社交活动数字化，让年轻人结识新朋友，或与朋友们拟真互动。

国外有一款 AR 社交软件 Flirtar 的一项功能很有趣，那就是，用户可以在线下聚会、酒吧或演唱会上打开软件，用手机摄像头对准人群扫一遍，如果出现一个带头像的气球，就可以点开查看这个人的个人信息。如果感兴趣，你就可以向对方发送"赞"。如果对方回复"赞"，那就可以成为好友，进一步聊天。当然，你也可以直接走过去面对面聊天。这一功能其实是一种增强的直接搭讪方式，既能弥补网上交友看不到真人或照片作假的弊端，还可避免线下社交不知情的尴尬。

线下社交活动数字化的方式还有在线的狼人杀、剧本杀等，这些都是近年来在年轻人中很流行的沉浸式社交游戏。当前的线下模式涉及换装、场景等复杂环节，耗时长，费用高；传统在线游戏时间灵活，但沉浸感相对较差。其实，这类游戏的特性很契合元宇宙，比如探索发现、参与性、沉浸式体验等。利用 VR 技术可以构建真实感很强的场景、道具，还有逼真的角色分身，会有较高的沉浸感。更重要的是，元宇宙剧本杀的 NPC（非玩家角色）通常由 AI 代理承担，而这部分游戏成本比例很高，AI 将大大降低游戏成本。

在现实中，很多人喜欢参加沙龙派对，或与朋友一起看演唱会，这是获得共情的社交形式。随着元宇宙概念的兴起，很多游戏都开始提供虚拟演唱会的功能，其中《堡垒之夜》中的演唱会影响较广泛，比如说唱歌手特拉维斯·斯科特的"天文"演唱会，英国乐队"Easy Life"的虚拟演唱，《星球大战》电影预告片虚拟首映，都曾经轰动一时，被认为是元宇宙的雏形。游戏《我的世界》、Roblox 也都设置了举办演唱会的功能。

虚拟演唱会早已有之。2007 年，游戏《第二人生》（Second

Life）中就举办过虚拟演唱会，英国皇家利物浦爱乐乐团在游戏中复建了爱乐音乐厅，乐团指挥与作曲家的数字分身在其中演奏管弦音乐，观众也以数字分身在其中欣赏音乐、鼓掌喝彩，与音乐家互动交流。由于技术限制，音质、画面都差强人意，参与人数不多，网络延迟较大，与现场表演效果相距甚远。但当时的目标是尝试虚拟在场和虚拟交互，而非音乐欣赏与体验。

《堡垒之夜》虚拟演唱会之所以备受关注，一方面，由于画面、音质有了较大提高，这要得益于 Epic Games 公司功能强大的"虚幻引擎"（unreal engine），让演唱会的现场感和沉浸感有了很大提高；另一方面，《堡垒之夜》的玩法也颇为多样。比如将不同 IP（创意品牌）的角色、服饰都能混搭，激发了玩家追求新鲜、魔幻的猎奇心理。

《堡垒之夜》演唱会的明星也都是现实中的明星，它们在网络空间的数字分身一般没有智能，无论是演唱还是舞蹈都来自真人的动作捕捉，他们就像数字孪生，尽管当前还不够像。

还有一种数字偶像完全是虚构的。比如，日本在 2007 年就推出了一个"虚拟歌姬"或音乐偶像"初音未来"，这是世界上第一个被广泛认可的虚拟人，在全球收获粉丝约 7 亿个；2012 年在中国二次元音乐粉丝圈流行的虚拟歌手"洛天依"，也吸引了 451 万个粉丝。但其技术构建基于相对粗糙的二次元动漫，真实感不够，声音还是用音乐软件合成的。

2021 年初，Epic 公司推出数字人创建工具 Metahuman Creator，将虚拟人创造推向新高度，其创建的 3D 人物模型与现实中人类外貌相比，几乎可以乱真。比如美国加利福尼亚州的 Miquela、国内的 AYAYI，以及因蹭元宇宙概念而成热点的柳夜熙，很多粉丝刚开始都以为是真人的照片。这些虚拟偶像开演唱会，带流量，为商品代言，让商家赚得盆满钵满。

虚拟偶像本质还只是图形技术的产物，更高级的虚拟偶像为智能虚拟偶像，比如清华大学联合几家 AI 科技机构制作的华智冰就是一个智能虚拟偶像的原型。她的人设是一名清华大学学生，可以唱歌、跳舞，还能写诗、绘画和作曲。

华智冰发布后，曾风靡一时，但后来网上有人爆料，说华智冰只是换脸，并非真正的智能人，引起网络争议。其实，这是很多人混淆了智能数字人和智能机器人的区别，误认为她是实体机器人。实际上，华智冰只存在于数字空间，她的创建使用了一系列图形学和 AI 工具，比如她的面部 3D 特征，如人脸、表情、口型等，使用了小冰 AI 框架 X Avatar 造型；她的歌声则由小冰 AI 框架 X Studio 生成；而肢体动作，如手持吉他弹唱，确实基于团队中一个网名叫鱼子酱的真人视频中的动作捕捉。至于作诗、画画、作曲等创意技能，则来自中国首个超大规模智能模型"悟道 2.0"。

智能机器人程序 Bot 在火爆社交游戏 *Discord* 中发挥着重要作用，游戏平台提供了 300 多万种 Bot 程序。比如名为 MEE6 的 Bot 可以主动引导不良行为者，分配社区角色，或为治理社区提供超能力；ldleRPG 用于引导角色扮演游戏。

很多游戏都是提供 AI 指导真人怎么玩，但有的游戏却反其道行之，让用户指导 AI 角色。*Rival Peak*（巅峰对决）是首款大型互动现场活动游戏（MILE），它是一款野外生存挑战节目，目标是在一片虚拟的多山森林地区生存下来。游戏参赛者为 12 名 AI 角色，观众都为真人。活动环境变幻莫测，AI 角色在逃生过程中需要团结协作，解决谜题，以生存到最后。游戏过程在脸书平台 24 小时直播，并在 12 周之后宣布谁是最后"幸存者"。

这款游戏是基于 AI 的云计算游戏，并将电视和流媒体等技术融入其中，使用 Meta 公司的脸书平台进行传输和交互，从而让数百万玩家在同一虚拟环境中，实时观察 AI 参赛角色。AI 角色遇到问题，由观众投票决定，告诉他们应该怎么做，或阻止他们做什么。这种广泛参与性，可让玩家体验到接近元宇宙的感觉。

3. 互联网巨头们的社交元宇宙

扎克伯格是元宇宙的急先锋。2021 年 10 月 28 日，社交巨头脸书（Facebook）公司正式改名为 Meta，并声称在未来 5 年，Meta 将转型成为一家元宇宙公司，这在网上又掀起一波对元宇宙的热议。

扎克伯格的元宇宙梦想由来已久。2014 年，脸书就以总计 20 亿美元的价格收购了虚拟现实硬件开发商 Oculus VR，试图控制元宇宙入口设备。脸书推出的创作者工作室（creator studio）为创作者提供一站式创作服务，还搭建内容社区，打造用户创作内容体系（UGC）。2018 年推出天秤币（Libra，后改名为 Diem）更是雄心万丈，意欲建立元宇宙世界的货币体系。2021 年 7 月，扎克伯格更是公开宣称，希望在未来 5 年内，将脸书从一个社交媒体网络转变为一家"元宇宙公司"。

作为全球社交网络霸主的 Meta，更是在元宇宙社交方面不遗余力地布局。它先后发布了一系列元宇宙相关应用程序。如 2019 年发布的 Horizon（地平线），这是一款支持用户在 VR 世界进行探索、创作和社交的软件，后改名为 Horizon Worlds（世界版）。

随后推出系列相关应用，如定位家庭亲情社交的 Horizon Home（家庭版）；定位虚拟远程工作会议社交的 Horizon Workrooms（工作版）；还有支持音乐会、演唱会等社交活动的 Horizon Venues（会场版）。

扎克伯格还提出社交元宇宙的八大要素，比如身临其境感（feeling of presence），其实类似沉浸感；虚拟形象（avatar）、虚拟物品（virtual goods）凸显身份的价值；自然界面（natural interfaces）、互操作性（interoperability）以及家庭空间（home space）强调对个人消费者的重视。还有远距离传输（teleporting）、隐私和安全（privacy and safety）等用于保障元宇宙的低延时和安全可靠。这些也基本反映在其软硬件布局上。

在移动互联网时代功亏一篑的软件巨头——微软也在元宇宙上积极布局。与脸书布局 VR 头显设备类似，微软在 2015 年发布了 AR 头显 HoloLens 眼镜，这是一款里程碑式的产品。2019 年发布的 HoloLens 2，更是给用户带来耳目一新的体验。

在社交软件方面，微软在 2016 年发布了社交模式的办公协作工具 Teams，功能包括语音、视频会议在内的即时通信工具，还有共享文档和白板等生产力工具。Teams 是一款传统的协作交互软件，使用广泛，目前已拥有 2.5 亿个活跃用户。

2021 年 3 月，微软发布了基于 HoloLens 2 的混合现实（MR）平台 Mesh。MR 与 AR 类似，都是虚拟和现实的融合，但 MR 更强调虚拟和现实的一致性。Mesh 是一个跨时空协作平台，构建在微软的云计算平台 Azure 之上。它应用场景广泛，如商务协作、汽车 3D 设计制造协作、远程训练指导、手术现场……Mesh 可在任何设备（手机、平板、个人计算机、VR/AR 眼镜等）上使用。

同年 11 月，微软将 Mesh 的功能集成到 Teams 中，推出了基于混合现实协作和远程会议解决方案 Mesh for Teams，被认为是"通往元宇宙的入口"。它支持两种模式：一是聚会模式（together），让参与者在同一场景聚会，提高沉浸感；二是演讲者模式（presenter），帮助演讲者通过幻灯片和注释实现实时演示，这也是所谓"戴着 VR 头盔做 PPT"的源头。

微软设想的元宇宙是一个去中心化的多元模式，不仅元宇宙是多种多样的，人们的数字分身也是多样的。Mesh 的作用就像连接器，通过标准应用程序接口（API）将不同的元宇宙空间连接起来，无论它是否为微软公司的产品。2021 年 11 月，Meta 与微软达成合作协议，允许客户将 Meta 的企业社交网络软件 Workplace 与微软的 Teams 整合到一起，彼此可以相互访问内容，以一致的数字分身参加视频会议。

微软也有一个实时 MR 社交体验平台 AltspaceVR，目标群体定位是艺术家、创意者、品牌和企业，让他们能够实时连接，举行或参与现场音乐会、戏剧节目、音乐节、技术讨论、团队会议以及远程协作等活动。

Meta 和微软的元宇宙战略布局基本都是立足各自的产品优势。Meta 以大众社交、娱乐为起点，向协作和生产力工具方面辐射；而微软以其强大的传统办公类应用为基础，主打企业生产力元宇宙，再向社交领域扩张。相比而言，微软的元宇宙貌似与现实世界关联更为密切。

图形芯片巨头英伟达则在工业设计领域发力元宇宙，其主打产品为设计及协作平台 Omniverse，它利用统一场景数据格式 USD 和连接工具包 Connector 将 Omniverse 与相关软件、工具都整合起来，实现多用户的实时交互与协作。

总的来说，国外的互联网巨头都在积极布局元宇宙，但基本处于初始阶段，没有哪一种产品可以完全称得上元宇宙。《堡垒之夜》、*Roblox*、*Decentraland* 等游戏被誉为元宇宙的范例，但也都有明显不足。以《堡垒之夜》为例，它主要还是一个对抗性游戏，无法做那些没有被编入游戏规划的事情，用户创造自由度并不高。*Roblox*、《我的世界》的游戏画面真实感和沉浸感堪忧。Meta 和微软等公司的 VR 社交平台，都是只有上半身的卡通头像，这种画风对于在其中开会交互的严肃商务人士来说未免不合时宜，更别说获得沉浸感体验。

目前，更接近元宇宙的应用还是在工业设计和生产领域。工业设备、产品和环境的真实感画面渲染，相对人像模型来说较为简单。并且工业过程中交互沉浸感主要取决于对产品结构与关系的展现，真实感要求不很高。现在，元宇宙在工业领域有了一些较成功的范例，比如微软与啤酒企业百威英博（AB InBev）合作打造的数字孪生工厂，以及英伟达与德国宝马集团合作打造的汽车生产数字孪生工厂，都对现有工业设计和生产过程产生了颠覆性变革。详见第 5 章 5.3 节的相关内容。

在国内，网络社交巨头腾讯提出全真互联网概念，也被认为是元宇宙的一种范式。按照腾讯的说法，全真的含义是虚拟世界和真实世界的密不可分，因此要"联通一切、打通虚实"，使线上、线下社会之间的界限也越来越模糊。同时，腾讯还提出虚实集成世界（integrated physical-digital world，IPhD），包括四项关键技术点：现实虚拟化、虚拟真实化、全息互联网、智能执行体，实现把虚拟世界和真实世界中分布于不同地方的人、事、物全部同步归集起来，让人们进行更真实和更亲密的互动。

在实践方面，国内很多企业都刚刚起步，尚未看到相关产品的推出。目前，腾讯的元宇宙布局主要还是投资了美国相关企业 Epic Games 和 Roblox 等。

4.2　旅游元宇宙：极限体验与互动分享

随着社会经济的发展，旅游也成为普通大众的重要休闲娱乐方式。元宇宙在旅游领域同样可以发挥重要的作用，推动旅游业的数字化升级转型。

1. 元宇宙旅游的关键技术要素

旅游元宇宙不能是建在沙滩上的空中楼阁，而是基于当前的各种网络及数字技术，这其中最关键的技术要素当属扩展现实（XR）、数字孪生和物联网等技术。

我们首先看扩展现实，这其实是一系列技术，如 VR、AR，还有 MR，基本都是虚拟场景与现实世界的结合，主要区别在于两者融合的程度或比例的不同。

VR 技术历史悠久。从 20 世纪 60 年代开始，VR 就用于飞机驾驶模拟训练，这些训练风险往往是以生命为代价。在高风险、高难度的航空航天领域，VR 不仅极大地降低了任务风险，还节省了训练成本。但这一时期的 VR 设备成本高昂，寻常百姓听说的都很少，更别说见到和体验了。

1982 年，微软推出了《模拟飞行 1.0》，开创了 VR 飞行模拟游戏的先河。随后市场涌现了很多同类游戏，如空战模拟游戏

《F-15突击鹰》、直升机模拟游戏《炮艇》。受当时空战类影视作品和1991年海湾战争的影响，年轻人更是将这类游戏视为科技感和未来感的代名词，比如与阿汤哥1987年电影同名的游戏《壮志凌云》（Top Gun），还有《F22：猛禽》《SU-27侧卫》《简氏：长弓阿帕奇》等游戏，影响着一代青少年。

进入21世纪之后，飞行模拟类游戏进入一个新阶段。空战模拟游戏在策略模式上发展出两个类型和方向，这也代表着获得沉浸感体验的两种方式。

第一个发展方向是强调真实感体验，即在技术和细节上追求极致拟真，不仅要在飞机和景物建模上重现微小细节，物理特效也追求与真实飞行极为接近。比如微软的《模拟飞行》，游戏开发者用激光扫描货真价实的飞机建模，还参考了飞机制造图纸和文件，就连内饰也精确无比。

游戏还通过海量的卫星图像以及高空摄影数据，为全球几乎所有山脉、河流、道路、城市等真实场景建模，包括2万亿棵单独渲染的树木、15亿座建筑物。玩家在飞行中，可选择飞越马丘比丘、金字塔等这些现实世界中飞机无法飞行的地区。

在游戏中，玩家不仅能够降落在世界各地的民用机场，甚至还包括很多戒备森严的军用机场。据玩过这款游戏的空军飞行员评价，这些军用机场的场景建模跟他们经历过的真实场景高度一致。

另一发展方向的策略是走科幻和娱乐体验路线。游戏场景被置于未来世界中的科幻故事和剧情中，玩家按照故事主线和剧情指引，驾驶战机空战，以拯救世界、带来和平。游戏公司南梦宫基于索尼PS游戏主机推出的《王牌空战》就是典型示例。这款游戏画面精美，空战紧张刺激，更是将科幻陆离的叙事元素与扣人心弦的空中战斗结合起来，让玩家获得很强的科幻感和故事性体验。

《谷歌地球》是谷歌公司的一款虚拟地球探索软件。它是互联网历史上颇具传奇色彩的软件，2005 年一经发布，就被《PC世界杂志》评为当年全球 100 种最佳新产品之一。据创始人 Avi Bar-Zeev 介绍，这款软件的创作灵感就曾受到元宇宙概念的启发。

《谷歌地球》将卫星照片、航空照片和地理信息系统集成到3D 地球模型上，不仅全球各地的真彩色卫星照片，还有众多详细的图层，比如地形、边界、道路、河流、学校、教堂、公园、加油站、高尔夫球场等，还有地震、火山，乃至犯罪统计，以北美地区的数据尤为齐全。

《谷歌地球》最引人注目的一项功能是用户自定义地标，这也可以说是一种用户创作内容（UGC）的方式。用户在虚拟地球上定义某个地标，加入自己的知识或信息，可以是文本，或者是照片，然后可将其在《谷歌地球》上发布和共享，最终形成一个与空间标识关联的信息综合体。

VR 还可让你获得很多极限运动体验，这些体验在现实生活中有很大风险，比如赛车、蹦极、跳伞等，并受到身体条件、地理、成本等限制，一般难以参与。但也有不少人会好奇这种感觉，现在利用 VR，你就可以虚拟进入这样的新世界，获得身临其境的感官体验。

在日本万代 - 南梦宫的 VR-Zone 体验店里，有个高空营救小猫的 VR 体验。可爱的小猫咪贪玩迷路，被困在摩天大楼上高空悬挑出的一块木板上。用户需要戴上 VR 头显，乘坐电梯到顶层，踏上那根窄木板，救回小猫。同时在现实和虚拟世界中的木板，不稳且狭窄，用户置身其上，脚下是高耸入云的摩天大楼之巅，再加上特效模拟的高空风，让用户充分体验到困在高空的紧张与刺激。

脸书（原名 Facebook，现改名为 Meta）公司在推出 VR 设备 Oculus CV1 时，联合内容开发商 Crytek，开发了体验感和拟真感极强的徒手攀岩类游戏 *The Climb*。在游戏中，玩家会感觉自己仿佛就挂在悬崖峭壁上，往下有数千米深，还没有绳索固定。现实中的攀爬往往会令人心跳加速，手心出汗，抓握更加困难。为拟真这一体验，玩家在游戏中出汗后也需要使用攀岩镁粉。游戏还能模拟出噼啪作响、即将断裂的木棍，似乎随时可能断开，令你坠入万丈深渊。这款游戏既以高度危险让玩家获得肾上腺素激增体验，同时还能欣赏到令人惊叹的自然美景。

在元宇宙中，虚拟空间往往不是孤立封闭的，而是与现实世界高度关联的。通常利用数字孪生技术将场景和物体按照 1∶1 比例数字化和虚拟化，并在虚实之间建立对应关系。

当然，数字孪生世界不仅仅是现实世界的简单复刻品，现实世界的属性、状态变化，如天气、人流、车辆等，以及各种安全事件，都通过物联网传感器准确采集，同步映射到虚拟世界的相应物体上。物联网传感器，如监控摄像头、温度或湿度传感器、烟雾传感器等，常安装在景区的路灯上、垃圾桶、通信基站等，也可利用智能机器人。由此获得的旅游大数据，映射到数字孪生景区，就可以进行大数据分析，用于景区管理，并为游客提供个性化的贴心服务。

VR 技术用于构建虚拟旅游场景，但实地旅游可获得更加真实的旅游体验，也是旅游的主要形式，AR/MR 技术在这方面有更多的用武之地。实际上，元宇宙强调虚实融合，主要就是基于AR/MR 技术。以数字重建圆明园为例，VR 技术构建的圆明园完全在虚拟空间中，而 AR 重建的圆明园则是在现实世界原址上，以数字形式叠加重现当年鼎盛时期繁华的原貌，包括建筑、雕像群和景观风貌。

　　AR 技术实现的难点有两个：一是如何识别现实世界的物体及其在空间的位置；二是建立现实世界与虚拟世界的空间对应关系。这两步看似简单，但却涉及大量的计算机视觉和人工智能技术。比如我们通过摄像机拍摄的场景都是 2D 照片，需要经数字图像分析处理，辨识出预先设置的标志物，或者通过卫星定位系统、"同步定位与场景建图"（SLAM）等技术，标定和跟踪物体在空间的位置，建立虚拟和现实世界的坐标映射关系，以便将虚拟物体毫无违和感地插入到现实场景，这称为配准（registration）。

　　复原被损坏或消失的遗址或文物最大的难点在于没有详细的图纸和数据可供参考。像圆明园、罗马斗兽场和雅典的帕特农神庙都还有大致框架，而古代世界的七大奇迹，除了埃及的金字塔外，其他都荡然无存，连传世的文字和图画都不多。人工智能技术可用来重建古代建筑或物品的 3D 模型及图像。尽管当前 AI技术还不能深入语义层面去理解古人的建筑和设计详细意图，可通过现有文献、图纸的一些记载，再结合遗迹留存的建筑结构，还是能推断出当时大体的建筑结构和风格。实际上，作为人类理性表达的产物，古代建筑设计的逻辑和风格都有一定的演进规律，通过对给定结构下的古代建筑风格数据的分析拟合和神经网络学习，就可能设计构建出类似风格的建筑景观。

2. 旅游元宇宙的典型场景模式

从上节可见，元宇宙相关的基础技术都已经应用到旅游、娱乐等领域了。那么旅游元宇宙并不仅仅就是这些技术的新瓶装旧酒，或者说它究竟有什么特殊之处呢？

对于旅游者来说，旅游过程大致可分三个阶段：旅游前的准备、旅游中的体验，以及旅游后的创作与分享。我们分别从这三方面看看旅游元宇宙的特征。

我们先看旅游前阶段。当人们选择好旅游目的地时，一般都要先提前做好攻略，包括查询和了解旅游过程中的餐饮、住宿、交通、购物、娱乐，当然还有旅游景点、线路等方面的信息。在传统互联网时代，这通常需要在网上搜索，看看有没有别人的经验，或者到旅游景点的网站上看介绍。

VR旅游软件可以实现攻略的可视化。游客可以多种视角进入景区，在真实感场景中查看景点及介绍，以3D地图模式设计旅游线路，还可根据天气预报、人流预测等情况安排行程、预定或预约服务等。制作好的攻略可以保存下来，供自己在旅行中使用，也可分享给亲朋好友。

正如前面所述，VR旅游体验还可用于身体不便的老年人、残疾人；也可用于普通人体验高风险的旅游项目；或由于恶劣天气、疫情隔离、环境保护原因无法现场体验的景点，比如雪乡的景色只在冬天下雪时才能体验，VR技术可以让游客突破时空限制，一次旅游就能体验春夏秋冬四季风光。比如在泰国，由于游客过多，导致珊瑚礁等海洋资源被破坏，泰国政府经常会关闭相应的岛屿景点保持旅游资源的可持续发展。VR 技术可让游客虚拟体验海岛风光。

　　旅游元宇宙还不仅限于这些，它更重要的特性是游客的参与和交互。为此，有人说，在元宇宙中去哪里旅游不重要，最重要的是跟谁一起进入元宇宙进行共同体验。

　　旅游元宇宙的形式可以是大场景多人互动体验。在景区的虚拟场景中重现气势恢宏、具有史诗感的历史故事，让游客们沉浸于其中，或与相关的历史人物（类似游戏中的 NPC）进行虚拟交流互动，在游玩中体验历史与文化的浑厚力量，还能学到历史知识。比如，你在西安可以体验兵马俑相关的宏大战争场面，或者在邯郸与名相名将们探讨有关成语的由来。

　　博物馆和展览馆既是旅游项目，还是科普、教育、文化学习的场所。这里面陈列着几千年历史的珍贵历史文物和艺术品。这些展览机构也希望展出更多的展品，让更多观众参观和参与，近距离观察，甚至亲密接触展品。但现实是，由于场馆的接待能力的限制，往往无法接纳更多的游客，而极高价值的展品也无法让观众近距离观看展品细节。数字博物馆可以通过数字化方式，将展品以极高的精度展示出来。

　　2000 年前后，美国斯坦福大学和华盛顿大学发起的"数字米开朗基罗计划"，就将文艺复兴时期意大利艺术家米开朗基罗的著名雕塑作品《大卫》，通过激光扫描仪进行数字化采样。采集得到的原始数字点云数量高达 100 亿个，采集深度图像上千幅，最小分辨距离仅为 0.25 毫米。通过数字几何重建，几乎可以原汁原味地展示雕塑的最微小的细节。这个图像精度，堪比在现场拿着放大镜看雕塑。

故宫博物院在 2017 年推出的《故宫 VR 体验馆》，利用 VR 技术构建虚拟历史博物馆。游客戴上 360°VR 头显设备，就可以穿越时空，回到古代，在历史场景中与古人同行。比如在《朱棣肇建紫禁城》中，游客宛如骑在马背上，跟随明朝皇帝朱棣，或前行，或勾画故宫的建筑蓝本。旁边还有声情并茂的解说，介绍故宫建造过程中的故事。

当前国内国外的数字博物馆，无论真实感、沉浸感，还是交互性，都与元宇宙的需求还相差甚远，更无法与实体博物馆媲美。它们更多的是广告性质，说白了就是引导观众去实体展馆。而元宇宙中的博物馆不仅应该具有高度真实感、沉浸感，在很多方面的体验应超越实体博物馆，有更多的交互，更逼真的细节和更详细的信息。博物馆也可以在元宇宙中购买房地产，将文物或艺术作品铸成 NFT 形式。它可以被任何人随时访问，也可以建构自己的商业经营或特许授权模式，就像现实中的实体博物馆，这将具有广阔的商业前景。

当然，旅游业的核心还是实地旅游。旅游元宇宙可以利用 AR 智能眼镜，在现实场景中叠加虚拟图像内容，实现线上线下两个时空的无缝结合，虚拟和现实的融合，以虚拟向导、开放式游戏任务等机制，实现游客的多维度沉浸式旅游新体验。谷歌地图的 Live View 功能可让你在现实世界中叠加导航路线、街道标志等，实现实景导航；视觉搜索工具 Google Lens 可以识别二维码、查找产品和识别事物，如建筑、动物或植物。

AR 还常用于文物古迹的复原状态和原貌，历史事件的场景再现等。英、德有两家公司在欧盟资助下曾研发了一款智能导游软件。当游客身处旅游景点时，只需用手机摄像头对准眼前古迹遗址，手机里的全球定位系统（GPS）和图像识别软件就能判断位置。根据游客所在的位置和视角，手机上就显示出古迹的全盛原貌，残缺部分和历史事件等被虚拟重构。比如游客来到古罗马圆形竞技场时，就能从手机里看到角斗士格斗的画面，随着游客走动，手机上的画面视角还能自动调节，给人以身临其境的体验。

元宇宙还可以利用虚拟人技术和人工智能技术，生成虚拟导游，与游客以自然语音进行对话交互。将其投射到现实世界，他就能栩栩如生地出现在游客的 AR 眼镜中，导引游客游览线路，提醒注意事项，介绍历史掌故和轶事。美国科幻电视剧《西部世界》所描绘的虚拟人引导员就为旅游元宇宙提供了参考形态。

虚拟导游还可以做成历史人物的形象，通过语音对话进行交互。比如当你在曲阜参观游览时，孔子的虚拟分身伴随在你的身边，给你娓娓讲述自己的故事，不仅融合了空间，也融合历史和时间，将会别有一番趣味。

为增强旅游的娱乐性和趣味性，还可以将旅游与游戏结合，或者线上线下的结合。比如将 AR 技术与基于位置的服务（location based service，LBS）结合起来，设计藏宝互动类游戏。比如设计包含特定吉祥物的宝藏图，让游客去每个景点寻找，最后完成藏宝任务。2016 年，腾讯 QQ 就利用了 AR+LBS 技术进行虚拟火炬传递，吸引了大量用户参与。用户通过 LBS 标定地理位置，点燃 AR 火炬，并面对面传递火炬，实现从线上到线下火炬传递，也扩展了社交场景。QQ 和支付宝的 AR 红包也是将红包与特定地理位置关联，再通过手机 AR 应用去寻找。

最后的旅游环节是旅游结束后的创作与分享。在旅游中，游客最常做的事往往是拍照，有风景照，有个人留影，还有与亲朋好友的合影。随着 AR 的发展，还有在虚拟背景、与虚拟人物角色的合影，然后在朋友圈分享。喜欢旅游的人往往积累了成千上万张的照片，如何从中找出特定照片是一个问题。

谷歌公司推出的《谷歌照片》是一个免费的照片管理软件，它可以对照片进行自动分类、自动识别打标签、自动生成故事线、自动人脸识别等功能，还可以将相似的照片自动合成 GIF 或视频动画，或者合成全景图，便于游客日后查找或使用。

游客拍摄和分享的大量照片还可用于 3D 环境建模，即 Photo Tourism（照片旅游术）技术，这是微软 3D 场景重建软件 Photosynth 使用的技术基础。其方法是，先从互联网上获取某个特定景点的成百上千张图像，经过处理后，使用"运动恢复结构"（structure from motion，SfM）方法重建 3D 场景。这样，人们就能以上帝视角概览景点全貌，并任意切换视角，选定区域，系统自动从已有图像中选择最佳的那张投影到屏幕上，不同照片间的切换经过平滑处理。

4.3 教育元宇宙：想象力比知识更重要

1. 传统教育面临的网络冲击

现代世界各国普遍实行的教育模式多为义务教育。比如我国的九年义务教育，到了法定年龄就必须上学，还有标准化的课堂教学模式，这些都可追溯到 18 世纪的普鲁士教育模式改革。普鲁士教育模式具有如下三个特点：

第一个特点是强制性。当时普鲁士王国腓特烈大帝提出"凡普通学校与大学，都是国家机构"，接受国家的监管和考核，并用国家税收资助学校，所有公民的孩子都免费上学。法律规定，上学是每个公民的义务。通过这些措施，教育权从教会那里转移到了国王手中。

第二个特点是标准化教学。一方面是通过师范院校对教师的思想与教学方法按照统一标准进行训练，同时向学生讲授定向理念，灌输规范性认知。并采用标准化课程表，本来融会贯通的知识体系被分割成一个个单独的"课程单元"。其好处是便于统一授课和考试，但它完全忽视了人与人之间在智力、想象力和天赋等方面的差异性和多样性，也让知识体系呈现碎片化，这其实是典型的填鸭式教育。

第三个特点是强调纪律。学生在学校里学到的价值观是，他们应服从父母、老师等权威，特别是国王。教学法以教师为主导，学生被动学习，反复做题，训练技能。但这种填鸭式教育很难培养出独立思考的学生。

普鲁士教育模式是工业革命时期的产物，其主要动机就是为工厂培养廉价劳动力。这一模式在当时还是有很多方面的积极意义，它让成千上万的人成为中产阶级，也为德国成为工业强国提供了大量人才。这也为我国在很短时间内，从一个农业大国发展成为世界第二经济体奠定了基础。

这一教育模式后来在德国还不断发展演变，成为支撑现代工业体系的德国教育模式，其突出特点是强大的职业人才培训体系。在当今德国，职业教育与大学教育社会地位没有区别，都拥有同样的美誉度及受尊敬程度。无论是政治家、教育家、企业家、工程师还是技工，都只是职业种类不同，没有高低贵贱之分，这已经成为德国社会的普遍共识。

在德国，高级技工的收入不仅普遍高于同等的大学毕业生，还高于全国平均工资，有的收入还高于教授或公务员。因此，每年都有 65% 的初中生进入职业教育学校。他们不仅可以获得政府的高额补贴，有些甚至没有毕业，就被企业提前预定聘任。

德国的教育体系还采用"双轨制"模式。职业教育学校的学生，如果完成大学的课程要求，就可以转入大学。而大学的学生，可以一边在学校学习，一边在企业接受技能培训。这一模式也是德国的工业元宇宙雏形"工业 4.0"成功的前提。实际上，"工业 4.0"有两大主管政府部门，其中之一就是联邦教育部。

美国的大学教育模式对世界影响很大，特别是美国大学的通识教育（general education），也称素质教育。这一模式来源于古希腊罗马时期的人文教育传统博雅教育（liberal arts education），也称人文七艺，注重培养学生具有广博知识和优雅气质。这类似中国古代儒家的六艺教育①。古罗马思想家西塞罗认为，博雅教育"除了传授知识以外，还需要培养独立的人格"。

通识教育是美国大学教育的重要特色。1917 年，哥伦比亚大学率先推行通识教育，随后芝加哥大学、哈佛大学、斯坦福大学等都纷纷制定自己的通识教育方案，这其中以芝加哥大学和哈佛大学的方案最具代表性。

芝加哥大学的方案由 1930 年的校长赫钦斯（Robert M. Hutchins）主持制定并推行。赫钦斯认为，现代大学的学科专业分工越来越细，不同学科、不同专业之间需要共同的精神文化基

---

① 古罗马的七艺包括文法、修辞学、辩证法、音乐、算术、几何学、天文学，而儒家六艺是指礼、乐、射、御、书、数。

础，这是通识教育的使命。他提出大学教育应建立"持久学习"（permanent studies）机制，教育内容不应是现代社会的特殊问题，而要关注人类需要永远探讨的永恒问题和内容，探讨"共同人性"。他强调大学的职责不应仅仅强调创新，更应该传承文明。通识教育就是让学生掌握人类共同文明财富，成为一个"有教养的人"。

芝加哥大学的通识教育课程框架是以学习西方文明"伟大名著"为基础，比如《荷马史诗》、柏拉图的《理想国》、但丁的《神曲》、弥尔顿的《失乐园》等，且要求对著作原文进行广泛而深层次的阅读理解。芝加哥大学本科的 42 门课程中，曾有 21 门属于通识教育课程。在美国大学的课程里，CIV（western civilization，即西方文明）① 是最常见的通识教育课程。

哈佛大学校长科南特（James Bryant Conant）于 1945 年发布报告《自由社会中的通识教育》（*General Education in a Free Society*）。这份报告精辟阐述了通识教育和专业教育之间的关系，得到教育界的广泛认同和强烈反响。"红皮书"认为，民主社会公民的自信可激发创造性，但也可能导致社会标准的分歧甚至混乱。专业教育的目标是培养学生将来从事某种职业所需要的各项技能，而通识教育则基于共同标准和共同目标，将学生培养成为一个"完整的人"（Whole Man），具体来说就是一个"好人、有用之人和正直公民"。通识教育的目的并非掌握某项技能，而是深入探究事物的本质，理解和认识事物之间的有机联系。如果说教育体系是一棵大树，通识教育就是树干，树枝则代表各种专业教育。

---

① 斯坦福大学后来将 CIV 解释为 Cultures（文化）、Ideas（思想）和 Values（价值），意思不仅仅学习西方经典，也要学习东方文化经典。

与芝加哥大学强调阅读经典著作原文不同的是，哈佛大学的通识教育侧重对知识进行梳理概括，形成体系化概览。这得到其他大学的认同，包括我国的很多大学。实际上，哈佛大学的这种通识教育方式对教师的素养要求很高，只有深刻理解相关文献著作，才能够融会贯通地讲述通识概览。

美国教育的另一核心理念是批判性思维。1910 年，美国哲学家杜威（John Dewey）提出"反省性思维"，他认为，"思维就是探究、调查、深思、探索和钻研，以求发现新事物或对已知事物有新的理解"，强调培养学生解决问题的能力，他因而被认为是现代批判性思维之父。后来美国教育界兴起了批判性思维运动，哈佛大学、哥伦比亚大学等都先后开设专门的批判性思维课程。

其实，最早明确使用"批判性思维"一词的是格拉泽（Edward Glaser）。他在《批判性思维发展的实验研究》一书中提出，批判性思维包括三个方面：质询的态度；有效的推理、抽象、概括的知识；应用以上态度和知识的技能。他还设计了一套批判性思维评价测验工具，对学生的批判性思维进行评测。

1990 年，美国教育专家费希万（Peter A Facione）通过与 45 位教育专家合作，历时两年研究，完成了《德尔菲报告》（*The Delphi Report*）[①]，提交给美国哲学协会。报告认为，批判性思维是一种综合能力，它不仅包括思维技能，如阐明、分析、推断、评估、解释和自我调节，更是一种不可或缺的精神气质，如好奇心、眼界开阔、理性判断、专注探究等，这既涉及专业领域，也

---

① P. A. Facione. Critical Thinking：A Statement of Expert Consensus for Purposes of Educational Assessment and Instruction （Executive Summary）.The Delphi Report[R].Millbrae：California Academic Press，1990：3.

有日常生活的思维态度和习惯，这些都是解决问题和作出抉择所需要的内在持续动力。

进入互联网时代，教育模式又面临着网络的巨大冲击，同时也为教育带来了前所未有的机遇。互联网打破了权威对知识的垄断，教育从封闭走向开放，人人都能获取和使用知识，人人也都能创造和分享知识。多媒体、虚拟现实、增强现实乃至元宇宙都为教育提供了更多的知识传授方式和形态。名校名师的大规模网络公开课或慕课（massive open online course，MOOC）让教师和学生、教育组织和非教育组织的界限也开始模糊，老师如果不及时更新自己的知识，知识储备有可能比不上优秀的学生。

另外，互联网作为一个高度去中心化的网络体系，上面的知识面极广，知识深度不一。而学生的学习时间、学习内容都严重碎片化，这导致了学生的专注度下降，对唾手可得的碎片化知识一目十行，懒于思考和囫囵吞枣，学到的很多都是零散的知识点，难以建立有深度的知识间关联，无法形成有意义的知识体系。

互联网上娱乐和消费信息的爆炸性输入，如网络游戏、网络短视频等，几乎无时无刻不在冲击着学生们的感官。很多青少年学生还没有足够的道德判断能力，很难独自面对鱼龙混杂的互联网信息，有些学生沉迷于网络游戏、短视频或直播等而不能自拔，严重影响学生的正常学习。如何培养学生正确的人生观、价值观，以及良好的道德品质和正确的思想方法，将是一个巨大挑战。

2. 互联网及 VR/AR 教育的价值与成效

传统教学通常基于实体课堂，在互动性、学生注意力调动等方面颇具优势。但由于授课师资、场地等原因，上课人数受到很大限制，同时还受时间和地理位置方面的制约。由此，网络公开课应运而生。

大规模网络公开课或慕课作为一种新的教育方式于 2008 年在加拿大兴起。2012 年，美国出现了 Coursera、Udacity 和 edX 这三大慕课平台。2013 年，我国的北京大学、清华大学、复旦大学等内地高校也都打造自己的慕课课程或平台。人工智能专家吴恩达（Andrew Ng）不仅参与创办慕课平台 Coursera，更是亲自讲授制作"机器学习"课程。

慕课在形式上的特点是免费、开放，学习者参与门槛低，可 24 小时不间断上课；教学环节不仅有开课、上课、作业，还有师生和学生之间的互动交流，评价考核合格还颁发证书；在内容上慕课均由名校名师精心设计，系统性强，老师很多来自顶级名校，如斯坦福大学、哈佛大学、麻省理工学院等，还有我国的北京大学、清华大学、复旦大学等内地高校，以及香港中文大学、香港科技大学、国立台湾大学等港台高校。任何教师或学生都可以像使用教科书或教材一样利用这些高质量的课程，这就像是一座真正的没有围墙的大学，让你随时聆听名校顶级老师亲自授课。

慕课前景看起来很美好，但在实际中也遇到一些尴尬的问题，其中最大的问题是辍学率高。按照国外媒体引用的统计数据，90% 的注册学生没有完成课程。宾夕法尼亚大学的研究表明，慕课的"辍学率"高达 96%。我国统计的慕课辍学率也有 75%。这也引起了很多学者的反对，哈佛大学教授迈克尔·桑德尔曾发表公开信，认为慕课在大学过度使用，是"大学对教育质量的妥协"。

慕课本质上还是脱胎于传统教育，主要提供了 2D 信息展示，以视频、音频作为信息流在屏幕上供大家学习。但缺少实时互动性和现场感，这些恰恰是 VR/AR 技术的优势。

VR 作为一项快速发展的技术一直被人们寄予厚望。从 20 世纪 60 年代以来，VR 就在飞行模拟训练、航天和太空探索、军事训练等方面广泛应用。2016 年，VR 迎来了一次应用高潮，这一年被很多人称为 VR 元年，认为 VR 将迎来一次应用大爆发。但几年过去了，VR 发展并不符合市场预期，仍然没有开发出多少有价值的"杀手锏"应用。

这其中的原因是多方面的：一方面要归咎于当前 VR 技术和设备尚不成熟，价格高；另一方面，这与应用本身的特性是否适合 VR 有很大关系。研究表明，VR 比较适合职业培训之类目的性、程序性很强的场景，操作流程也相对固定，只需反复多练，就可熟能生巧。但基础教育与职业教育明显不同，它培养的是学生的基本认知能力，涉及的学科众多，学生情况千差万别，简单使用 VR 应用可能难以见效。

当前，VR 在工程领域和职业技术教育等领域的应用已非常普遍，比如电力维护作业、外科医生手术培训、汽车维修或驾驶培训，还有导游培训、服务礼仪等。VR 技术大大降低了职业培训的成本、周期、风险。

美国教育部曾发起一项名为 EdSim Challenge 挑战赛，其宗旨是通过 VR 获取学术、科技和就业等技能，参与者有 VR 开发者、游戏开发者和教育技术社区的人员。Embodied Labs 实验室为了让护理专业学生更好地照顾老年人，开发了一个老年人护理"沉浸式体验"平台，模拟老年人身患疾病时面临的挑战，比如视力衰退和听力损失等。在一个名为"我们是阿尔弗雷德"的 VR 场景中，学生们可以亲身体验到有视觉障碍的老年人在家庭生日聚会上的困难。该平台获选为挑战赛的五个获胜项目之一。

基础教育有很多学科需要发挥想象力，比如美国学习强调的 STEAM（science，technology，engineering，art，mathematics，即科学、技术、工程、艺术和数学）教育，VR 可视化实验可加深学生的理解和认知，像分子的微观构型在现实中无法直接观察到，植物生长过程太慢，VR 技术都能将其直观呈现；语言、文学、历史等应用场景，可通过 VR 情景化再现，并沉浸式参与和互动。谷歌有一款名为 Expeditions（探险）的 App，可让学生体验基于 VR 的"实地旅行"，参观世界各地的博物馆，探索古代遗迹或攀登珠穆朗玛峰。

zSpace 是美国 Infinite Z 公司推出的一款 VR/AR 产品，原本用于医疗和工业设计仿真领域的培训，但其令人惊叹的交互式体验很快成为青少年学生课外互动实践活动的首选工具。参见图 4-1。

图 4-1　学生使用 zSpace 讨论人体结构

（来源：Wikimedia Commons）

zSpace 是一款笔记本电脑，它配有新型触摸屏和轻便的立体眼镜，可让人获得 3D 沉浸感显示体验；而眼镜上装有两个头部追踪设备，实时追踪用户眼部的位置和朝向，渲染相应视角下的物体视图，这样用户就能够以 3D 方式查看物体的侧面甚至背面。系统还包括一个交互工具"VR 触控笔"，可提供 6 自由度交互，方便用户在 3D 空间进行虚拟点选、拖拉等操作。

很多 VR 应用系统主要强调个人体验而不太重视参与。zSpace 主要为学生而设计，它所创建的 VR/AR 学习环境，不仅让学生有身临其境的沉浸式体验，同时还通过名 zView 的 AR 技术支持多人参与和分享，以培养学生们的创新能力和协作能力。

很多人对 VR 应用于教育领域抱以厚望，认为这将彻底颠覆传统教育模式。那么实际效果究竟怎样呢？我们看看美国几所大学的研究成果。

哈佛大学的克里斯·德迪（Chris Dede）教授于 2009 年在《科学》期刊上发表了一篇里程碑式的论文。他的研究表明，沉浸式虚拟现实在教育中有很多优势，如场景变换很容易，可以创建人类无法到达的空间，从不同视角考察历史等，这些都有助于提高学生的学习成绩。他的实验环境是多用户虚拟环境，但基于一种桌面系统，没有使用 VR 头盔。当然课程成本很昂贵，每分钟费用高达几百到几千美元。

斯坦福大学和加州大学圣塔芭芭拉分校两项研究结论更为复杂。实验中学生都戴上沉浸式 VR 头盔，这提升了学生的参与度和沉浸感，增强了学生的知识转换能力，也就是学生接受新知识，并将其运用到新环境的能力。这应归功于 VR 能够让学生从不同视角观察事物。但 VR 教学对学生的专注力和记忆力的改善效果不明显。比如在讲授海洋课时，学生们都完全沉浸在观察海底美丽的珊瑚景象，而对旁白语音介绍其形成原因及随时间变化规律却充耳不闻。并且沉浸式 VR 环境没有显著提升学生的学习成绩，与视频或课堂教学基本差不多。这一结果出乎很多人的预期。

3. 元宇宙中的教育新模式

当前教育面临的问题不是是否应用网络和数字技术构建元宇宙，而是如何对其开发利用，才能发挥出显著成效。教育元宇宙应针对教学应用场景和主体特性进行深度分析，充分利用慕课、VR/AR 等新技术的各自特点，反复试验，对教学形式和内容进行合理组织和展现，以制作出高质量的课程讲授方案。

如何构建元宇宙的教育模式，应该首先考虑当前教育的环节及特点，再利用相关技术进行有的放矢，比如哪些场景需要高度真实感、沉浸感和3D显示与互动，如何强化线上线下的紧密联系。

我们首先看预习环节。这在传统教育中基本都是学生自己看书，其实就是自学。但这个度很难把握，如果一个学生很聪明，在预习时就都学会了，上课岂不就没有意义了？在元宇宙中，我们可以借鉴使用美国当下流行的"翻转课堂"（flipped classroom）模式改进预习方式。

按照这一模式，老师先提前将预习材料发给学生，在形式上可以是 PPT 幻灯片、视频或者慕课，也可以是 VR 应用等，内容上不直接照搬教材，而是与讲授教材相关的拓展背景资料，让学生了解课程的背景，知晓这些知识有什么用处，进而激发学生的好奇心，让学生提出一系列相关问题。

其次是课堂环节的改进。教学互动有一个黄金法则，那就是面对面的直接交互胜过任何间接互动，因此课堂环节还应以传统的老师讲课为主。但这时学生都已将讲课的目标和关键问题了然于胸，而老师也能了解并汇总学生的各种问题，并据此来备课。上课时可在必要时利用 AR/MR 眼镜，以便将课程中抽象难点等复杂情况以 3D 形式在课堂上进行展示和交互。这里需要注意的是，数字环境以展示客观事实为主，以配合老师讲课，无须要求学生戴上沉浸式头显，也不需要喧闹的音乐和各种炫酷特效，以免分散学生的注意力。在讲课过程中，学生也可以参与交互，以便更好地观察和学习相关内容。

在课堂上，可以将一节课分为几个小节或"微课程"，在每个小节，老师用 10 分钟时间讲解一个知识点，再给学生留 5 分钟时间与老师互动，解答问题；或做些互动通关小游戏，将学生的问题穿插在其中，以增进课堂的趣味性。

再接下来的环节就是复习和作业。作业是当前学生学习和家长辅导的老大难问题，正所谓"不写作业母慈子孝，一写作业鸡飞狗跳"。这主要涉及的是知识掌握与吸收，以及知识在新条件下的运用问题。为此，我们可以在元宇宙的数字空间中构建一个学生复习和作业的沉浸式数字沙盘，以便学生复习老师课堂的讲课，或在 3D 数字空间以交互和可视化的方式，以建造类游戏模式一步一步建立起知识点和概念之间的相互联系，形成自己的知识体系。

作业环节强调对知识的创新运用，如采用基于问题的学习（problem-based learning）或基于项目的学习方法（project-based learning）。前者主要是给学生提出问题，这些问题通常是开放问题或劣构问题，或者条件参数不够充分，目标边界没有完全界定，也没有标准答案。问题求解就是让学生搜集信息，独立自主地探究和发现解决问题的方法，进而评估、创造和反思学到的知识，常见于基础教育；而后者以设计产品或项目为目标，在一系列设问的引领下，完成制订计划、开展研究、设计创作、展示评价、修正改进等环节，适合于职业培训或研究生教育。

改进作业和复习环节的方法还可利用游戏方式。很多家长都反对孩子玩游戏，担心孩子沉迷于游戏而耽误学习。但这也从另一侧面说明游戏对培养学生的专注力和沉浸感有价值。那么，为何不利用游戏改进填鸭式教学方法呢？这就是游戏化教育（gamification education）的初衷，将游戏机制和元素融入作业教学，使学生在阅读、写作和做题时进入专注的心流状态。欧美等发达国家以及中国都在开展相关研究，《自然》《科学》等著名期刊都发表论文，探讨游戏化学习与脑认知能力的关系。

实际上，玩游戏与学生智商密切相关。英国约克大学数字创新实验室的研究表明，青少年在玩两款热门电子游戏（《英雄联盟》和《DOTA 2》）中的表现与智力之间存在强关联，有些动作策略游戏甚至可以用作智商（IQ）测试指标。美国加州大学教授理查德海尔（Richard Haier）的研究表明，连续高强度的益智游戏训练能够提升受试者的智力水平。

根据心理学家研究，人的智力可分为流体智力和晶体智力，前者是人天生的生理性智力技能，如记忆、推理和运算等；后者是人在成长过程中积累的经验和知识，如语言概念的理解、关系的建立。这两种技能对教育都很重要，但网络和计算机降低了记忆、计算等流体智力技能的重要性，教育更多需要建立连接、思路碰撞、感情交互等，这更多地需要使用晶体智力。但很多游戏主要集中在流体智力。可见游戏教育的关键是如何提升晶体智力。

美国教育部曾提出将游戏与优质教育资源相结合。美国有学校通过修改策略型游戏《文明》，使之适应课堂教学。《文明》的特色在于统筹与均衡，其基础统筹学是数学与社会科学交叉的一个学科分支。游戏内容可概括为 4X，即探索（eXplore）、开发（eXploit）、扩张（eXpand）、征服（eXterminate），游戏对每个文明的特征、性格等都模拟得非常准确，比如《文明 5》中匈奴的畜牧科技、骑射手和攻城锤都是历史的真实写照。

提高学生晶体智力的途径首先是努力学习以获取新知识，但更重要的是掌握学习方法和解决问题的能力，也就是授人以鱼不如授人以渔。创造型游戏鼓励学生独立思考和批判性思维，并创造新知识。Roblox 公司 CEO 巴斯祖奇将他们做的事情比作新时代的印刷术，认为元宇宙将对人类的教育、知识和认知产生颠覆性的影响，也许未来的家长会让孩子进入《Roblox》的游戏中去学习、探索，或通过脚本代码创作游戏内容。

最后的学习环节是考核评估，传统的方法是短短几小时的高压考试。但在元宇宙中，系统可以持续监测学生的学习状态和互动参与产生的非语言数据，日积月累就能产生大量的数字足迹，据此来预测学生成绩，其结果证明与考试基本相符。事实上，人们可以控制自己的语言，但很难控制自己的下意识动作。

很多学生都认可这一考核方法，但大部分人不赞成使用。这主要还是出于个人隐私的考量，让学生感受到自由受到限制。实际上，我们可以仔细研究，看哪些动作对学生成绩预测影响大，就主要采集这些数据，而不采集无关行为的数据。研究表明，身体或视线移动，点头或举手、手指动作等就对成绩预测作用不大，而头部与身体躯干的偏斜关系则很重要。这种基于最小化数据采集原则的方法，也被称为"小数据分析"，这相对于无所不包的大数据分析而言。另外，预测的准确与否很大程度上取决于算法，不成熟的算法可能造成预测偏差，引起不公平。在实际中，在线检测评估和线下考试这两种方式可以同时并存，让学生选择使用哪种评估方式。

在未来的元宇宙中，随着人工智能技术的发展，AI 驱动的 NPC 将作为虚拟讲课老师，他既可以引导学生预习，也可以在课堂上讲课、回答问题或互动交流，还可以在课后为学生答疑解惑。甚至还能够实时检测和纠正学生在听课时注意力不集中、做些小动作之类，并根据学生的接受程度，设计合适的讲课进度，真正摆脱千人一面的标准化讲课模式，做到一对一的个性化授课。正如科幻作家郝景芳设想的那样，"我的梦想是让孩子在家就可以进入一个全息投影世界，跟着 AI 虚拟人学习"。

第 5 章
虚实交织的元宇宙数字新经济

　　经济是现代文明社会的根本命脉。元宇宙超越互联网、虚幻游戏世界的最显著特征就是拥有与现实社会关联的经济系统，元宇宙经济是一个人人参与连接而成的数字经济新形态，它虚实交织互动，商业模式及经济治理将发生变革；每个人既是消费者，也是创造者，人人都可能从中获益，为共同富裕开辟新路径。

5.1 元宇宙数字经济治理及调控新思路

1. 元宇宙的数据主权与数据确权

　　最近十多年来，移动互联网让在线商业模式发生了剧变，一系列跨国垄断巨头纷纷崛起。比如谷歌的搜索引擎就有 43.9 亿用户，占据市场 90% 的份额，安卓手机用户数达 20 亿；Meta 公司的脸书平台月度活跃用户达 29 亿；苹果公司尽管在销售量上没有垄断，但其利润竟占全球手机利润的 75%，远超其他厂商利润之和。据统计，脸书（Meta）、谷歌（Alphabet）、亚马逊、苹果和微软在 2020 年流水合计超过 1 万亿美元，收入近 2000 亿美元。

互联网巨头之所以能够吸引如此庞大的用户群体，首先在于这些企业都在数字科技和商业模式上有突破性创新，它们重构了数据运作机制和模式，极大地提升了社会效率。由于互联网架构没有原生的身份层，它们各自构建了一套用户身份和账号体系，并形成了行之有效的用户获取和增长方法论。其核心就是广泛采集用户数据，利用大数据技术获取用户需求，建立了精准数字广告体系，以让用户获得高质量的"免费"网络服务。但这个"免费"其实代价不菲，那就是个人将数据提供给互联网平台。而按照梅特卡夫定律（Metcalfe's law），网络价值与联网用户数的平方成正比；而里德定律（Reed's law）更是认为网络价值与联网用户数增长呈指数变化。据统计，在全美国数字广告市场，脸书和谷歌的市场份额在 2018 年高达 57.7%，获得了富可敌国的利润。

跨国网络巨头们的胃口并不止步于经济利益，还将触角伸向经济社会的各个角落。他们利用技术优势，设置"护城河"，建造"围墙花园"，以阻止竞争对手进入。在国内，就有互联网企业让商家"二选一"，并操纵用户。如果你在脸书上看了一篇关于特朗普的负面信息，系统将向你推荐更多有关他的负面新闻。2021 年初，美国很多社交平台还封停了时任总统特朗普的账号。

网络巨头还有了与主权国家抗衡的实力，形成了超越国界的数字霸权。2021 年 2 月 17 日，澳大利亚众议院通过了媒体法，要求脸书和谷歌向澳大利亚媒体支付版权费用。谷歌和脸书都扬言要封杀整个澳大利亚。尽管谷歌最后屈服，但脸书却让澳大利亚政府妥协。舍恩伯格在《大数据时代》中预言的"互联网大数据公司将挑战民主政府的最高权力"，现在已成为现实。2019 年，脸书公司发布白皮书，计划发行天秤币（Libra），这原本是主权国家才具有的权利。因此有人创造出"脸书斯坦国"（Facebookistan）和"谷歌王国"（Googledom）等具有讽刺意味的词语。

网络巨头们在数字疆域掌控用户，让主权国家屈服，这不禁让人想起欧洲中世纪的"卡诺莎之辱"①，即教会体系凌驾于世俗政权之上。实际上，中心化互联网实际上已发展成为一种"新中世纪模式"，用户在数字空间的地位类似中世纪的农奴或臣民，称为"赛博农奴"，其身份和资产依附于平台，随时可能被剥夺。

维塔利克·布特林创建以太坊的初衷就是因为《魔兽世界》随意剥夺他的职业技能。2004 年，当时的网易游戏市场总监黄华公开表示："所谓'虚拟财产'都属于游戏开发者。（游戏）就像软件一样，其著作权是属于软件开发者的。玩家只是游戏的'使用者'和'体验者'。"很多游戏公司的用户协议都有类似的条款。2018 年，暴雪公司发布《魔兽世界 3：重制版》，用户协议规定，一切玩家在游戏中自定义创建的任何内容都归暴雪所有，包括其地图编辑器生成的地图。这逻辑就像用户使用 Office Word 或 Photoshop 软件创作的作品归软件公司一样。

在元宇宙时代，数据的价值日益凸显。用户创作内容（UGC）的兴起让数据资产化成为公众关注的焦点。2020 年 4 月，国务院发布了《关于构建更加完善的要素市场化配置体制机制的意见》，首次将数据列为与土地、劳动力、资本、技术并列，成为五种生产要素之一，这不仅明确了数据的资产属性，也正式确立

---

① 1077 年，神圣罗马皇帝亨利四世与罗马教皇格列高利七世发生争执，最后不得不在教皇所在的卡诺莎城堡的雪地里忏悔了三天三夜才被教皇宽恕，史称"卡诺莎之辱"。

了数据的要素属性。数据治理强调数据资源配置、数据确权、培育数据市场和建立合作伙伴关系等方式，这将会唤醒大量休眠的数据资产，实现数据价值的释放和传递，激活数字经济活力。

在互联网生态系统中，数字经济治理最关键，也是最复杂的环节就是数据确权。近年来，欧盟在个人数字主权方面出台的一系列举措得到广泛关注。

众所周知，欧盟各国的数字市场主要由美国的互联网巨头所掌控，它们凭借技术优势，收集了大量个人数据，并通过数字广告获得巨额利益。而"剑桥分析"事件表明互联网平台也能利用个人数据进行政治操纵。美国的《澄清境外数据的合法使用法案》（CLOUD Act，简称云法案）赋予美国执法机构调取美国企业存储在境外服务器上用户数据的权力。这不仅使欧洲公民失去对个人数据和隐私的控制权，也严重削弱了成员国在诸多领域的数据管辖权，引起了欧盟的严重关注和忧虑。为此，欧盟开始不遗余力地捍卫自身的数字主权。

欧盟认为，其行使数字主权的关键在于其"制定全球及本国规则和标准"的能力。2018 年，欧盟实施了《通用数据保护条例》（GDPR），它首次将个人数据权利提高到一个新高度。条例不仅赋予用户知情权、数据获取权和修正权，还特别赋予了用户反对权和限制处理权。除此之外，GDPR 还专门提出了两项新权利：删除权（条例第 17 条）和携带或移植权（条例第 20 条），这实际上赋予了用户数字主权。

我国的《个人信息保护法》已于 2021 年 11 月正式实施，这部法律规定了对个人信息的处理规则建立在"告知－同意"的基础之上。第四十四条和第四十五条明确规定了个人的各项权利，

"个人对其个人信息的处理享有知情权、决定权，有权限制或者拒绝他人对其个人信息进行处理"；"个人有权向个人信息处理者查阅、复制其个人信息"，以及对数据的更正权和删除权，并且其最终决定权很大程度上取决于个人。这些规定不仅有利于对个人数据和隐私的保护，也有利于对个人数据的规范性开发利用。

2021 年腾讯起诉 DD373 案，就是双方对个人数据和资产权属性质理解的冲突。DD373 是一家网络游戏交易平台，主要供玩家们买卖或交易游戏资产和游戏账号。腾讯起诉的理由是，DD373 平台擅自使用其游戏《地下城与勇士》（DNF）中的美术资源，以及对其游戏币、道具及账号的交易行为，影响了游戏运行，侵犯了腾讯的合法权益，并索赔约 4017.5 万元。

在法庭上，腾讯方律师声称，游戏币、道具和账号等本质上是游戏内一串代码和数据，玩家只有使用权，没有所有权，也就不允许玩家通过第三方平台出售。但很多玩家认为，自己用真金白银充值的账号，购买的道具，花费时间和心血打造的角色，最后竟然不能交易，这有失公平。最后法官判决腾讯败诉，这为游戏虚拟资产确权提供了一个参考案例。

2. 元宇宙中个人数字资产及治理机制

在传统互联网，用户没有独立的数字身份，从而制约了数据和其他数字资产的确权与保护。同时用户在不同系统中具有不同的账号标识，数据散布在网络的各个平台或系统，如微信、淘宝、支付宝及众多的银行账号等，这也妨碍了数据价值的开发利用。要在元宇宙中解决这些问题，关键是采用去中心化数字身份和资产形态，它为用户提供了可自主管理、分布式安全的可信身份凭证。

去中心化数字身份基于区块链或分布式账本（DLT）。目前，W3C 牵头制定了去中心化数字身份（DID）的基础标准规范，如去中心化身份标识符（identifiers）、去中心化身份文档（documents）及可验证凭证（verified credentials），这其中，可验证凭证是核心，其中包含对用户背景知识的认证，例如名字、身份证号、家庭住址、大学学位等，对应着现实世界中的身份证、毕业证、资格凭证等。相对于传统账号身份，DID 的优势在于身份验证是跨平台、跨领域和跨地域的。这样，用户身份被转换成以数字方式的公钥 / 私钥，并将其基础信息、生物特征信息以及行为信息等进行绑定，实现身份信息的实时查询和验证。

就像在现实世界中的身份证，可验证身份凭证允许用户个人对数字身份进行自主管理和控制，不再需要可信的第三方；同时身份具有可移植性，个人可以携带自己的身份，根据需要在任何系统随时验证使用。个人数字资产因此可以被确权，被绑定，让个人资产不再依附于互联网平台或系统账号，实现资产要素的自由流动和交易。图 5-1 展示了独立账号、联盟账号和去中心化这三种身份治理模式的特点。

图 5-1　数字身份治理模式的类型及演变

　　通过区块链对个人数据和数字资产进行确权，尽管不能完全解决这一问题，但其作用很关键。区块链技术具有可追溯、不可篡改和时间戳等特征，数据的权益、交易、访问、使用等过程都能够被记录，比如哪个程序使用了用户的什么数据，都可以清晰记录，区块链可以保证数据的完整性和不可篡改性。

　　基于区块链的数字资产可以为同质化通证（FT）和非同质化通证（NFT）。FT 包括各类数字加密货币，它们在元宇宙经济体系中的作用有差别。其中与现实世界货币等同的是数字法定货币或央行数字货币（CBDC），而比特币、以太币等可以作为投资品。

　　NFT 是数字资产确权的更广泛形式。不仅元宇宙经济，现实世界中的各种资产都可以通过 NFT 方式确权保护。当前很多区块链游戏采用 NFT 证明资产权属，比如《去中心化之地》（*Decentraland*）、《沙盒》（*Sandbox*）、《加密体素》（*Cyptovoxels*）中，装备、道具，甚至土地等都是 NFT 形式，以证明其权属及唯一性。

　　传统网络游戏都是采用充值方式参与，被称为"氪金"，玩家投入心血创作游戏内容，最后落到自己腰包的收益很少。NFT 区块链游戏通常有自己的经济生态系统，不仅能让玩家玩游戏，还能让玩家体验到创作和经营的乐趣，创造出一种独特的边玩边赚钱（play to earn，P2E）商业机制。

　　《去中心化之地》是一个虚拟世界游戏。游戏针对不同层次玩家，设计不同玩法。普通玩家可以社交、游戏，或者购买 NFT 商品，参观艺术博物馆，观看现场演唱会等，获得虚拟体验。高级玩家可以创建 3D 场景或模型作品，还可以在虚拟商店或二级市场进行交易，这也是玩家获利的主要途径。

实际上，《去中心化之地》的这些功能与 2000 年前后林登实验室推出的社交游戏《第二人生》如出一辙，比如用户拥有自己的数字分身、服饰、房地产、商店、博物馆、城堡等，一应俱全。但这些资产只是表面上为用户所有，实际上都存储在游戏公司的服务器上，一旦游戏系统受到攻击破坏，或者被关停，用户苦心创作的数字资产将化为乌有。

如果说《第二人生》是虚拟世界 1.0，那么《去中心化之地》就是虚拟世界 2.0。《去中心化之地》构建在以太坊之上，游戏世界中共有 9 万块虚拟土地，每块土地的尺寸为 10 米 × 10 米，玩家可以用代币 MANA 进行购买或者拍卖。在自己的土地上，玩家可以创建 3D 场景，在其中建造博物馆，设计 3D 道具或艺术品模型，打造具有交互功能的应用或游戏，制定游戏规则，决定哪些人可以加入。所有这些数字内容和资产都在区块链上铸成 NFT，权属完全归玩家所有，不用担心被没收或被篡改。

区块链游戏的治理模式通常采用去中心化自治组织（DAO）。《去中心化之地》的基础设施均在分布式网络节点运行，其治理体系包括去中心化之地 DAO 和去中心化之地基金会。去中心化之地 DAO 社区是一个功能齐全的链上组织，负责核心智能合约的维护和升级，社区成员则依据手里的代币 MANA 和土地 LAND 创建民意调查，或对某些重大行动进行投票；去中心化之地基金会是平台运营监督团队，主要处理一些 DAO 社区无法解决的问题。基金会持有《去中心化之地》的知识产权、商标、域名、开源代码库、社交媒体账号以及其他资产。《去中心化之地》平台治理通过 DAO 社区和基金会的相互配合，以去中心化方式运作，包括商业营销、社区管理、产品路线等。

3. 去中心化的宏观经济预测及精准定向调控

在元宇宙中，我们还可以通过智能算法对现实世界的宏观经济进行调控，具体方法是基于去中心化理念、构建宏观经济预测分析与调控模型框架。这一框架基于两项技术，一是数字孪生，二是分而治之的策略。

数字孪生技术用于建立现实经济的数字孪生模型，并通过数据采集机制对数据进行同步更新，或者说，这个模型与现实中的经济运行一模一样。然而，现实世界的经济是一个极为复杂的体系，很难构建一个包罗万象的综合模型。分而治之的策略就是将原来复杂的经济体系分割成很多基本单元，然后分别建立数字孪生模型进行分析预测。由于简单经济体系的影响变量数量大为减少，不仅数据采集难度减少，更重要的是经济预测模型也将大为简化，算法的复杂度也减少了。另外，简单经济体系结果验证反馈迅速，有利于使用深度学习方法，通过不断迭代演进，对经济模型进行完善提高。

在具体实施上，我们借用日本京瓷公司老板稻盛和夫先生的企业治理"阿米巴"模式。阿米巴（Amoeba）来自拉丁语，意思是原生体或变形虫。这种生物形体柔软多变，能快速自我调整，适应外界生存环境的变化，生命力顽强。所谓阿米巴模式，就是将一个大企业划分成若干最小单元，称为阿米巴，然后采取"内部市场化"模式运营。每个阿米巴都基于"销售最大化，费用最小化"的原则，独立运作与核算，彼此按照市场化方式买卖。

基于这一理念，我们设计了一个元宇宙宏观经济预测分析框架，称为"经济阿米巴单元"，这是一种能够对宏观经济进行预测分析的最小单元，包括宏观经济指标体系、经济预测分析和调控算法，还有共识协同及激励机制。

宏观经济指标大家都不陌生，比如 GDP（国内生产总值）、CPI（居民消费价格指数）等，这些都是体现或衡量经济发展状况的数据。但这些指标往往是由很多数据统计而来的综合性数据，比如 CPI 指标就涵盖了食品烟酒、衣着、居住、生活用品及服务等 8 大类、262 个类别的商品与服务价格，这很难指导具体行业的经济决策或调控。解决方案是将指标分层次建立体系，将复杂指标进行细分，就会得到不同粒度的指标。比如我们可以将 CPI 细分到大类，甚至基本分类，构建一套指标体系。这样我们就可为不同层级的宏观经济预测分析提供输入变量及数据。

不同经济指标及数据都由不同的部门进行采集和维护，并且很多数据都需要跨部门共享使用。为此，可利用联盟链构建一个宏观经济指标体系分布式账本，将所有指标及其元数据存储在上面。这是一个集体维护的数据目录公共设施，其中内容涉及经济预测体系需要的各种数据及其语义描述，有数据来源、数据采集者、如何获取数据等。

经济预测分析算法模型是宏观经济调控的核心，它的输入是经济指标数据，输出是预测结果。经济学家已经建立了大量宏观预测分析模型，大致可分为两大类：一类是基于经济理论驱动的结构模型，主要是以宏观经济理论为基础构建经济计量模型，分析宏观经济变量之间的数量关系，并对关注变量进行预测；另一类是基于数据驱动的时序模型，不再拘泥于经济学理论的内在逻辑，这类模型更多关注指标变量本身的变化特征及其在时间维度上的延续性，最后通过对数据模式及变化进行分析预测。

　　传统宏观经济预测与调控多基于因果推断范式，而利用大数据对海量数据的分析和预测往往不再去发现因果关系，而是基于概率论的相关性预测范式。实际上，经济指标的因果关系往往难以建模和检验，并受到很多其他因素的制约。因此，经济预测分析也就像迈尔 - 舍恩伯格所说的那样，"要相关，不要因果"。[①]

　　大数据技术的发展增强了经济数据采集和监测能力，人们在线活动的增加，以及物联网技术，使获取无所不在的数据成为可能。我们不仅能够获得全量数据，还能据此在元宇宙中构建现实经济运行体系的数字孪生模型。

　　经济阿米巴单元就是经济元宇宙中的 NPC，它有自己的数字身份和分身，可通过身份认证和授权，访问使用相关数据；也可以与其他阿米巴单元交互，获取预测分析需要的外部数据，或发布共享分析结果。它还能够以可视化与用户进行交互，对预测结果作进一步分析解读，提出宏观调控措施或建议。经济阿米巴单元也可以利用 AI 自我演进，改进其经济预测的可靠性。

　　经济预测分析需要共享使用跨部门的指标数据。在互联网时代，经济相关的业务系统都是按照部门或机构建设，形成了很多数据孤岛。尽管都在呼吁消除数据孤岛，实现数据共享使用，但很多年过去了，这一局面仍未明显改观。跨部门数据共享更是顽疾，甚至有投资几亿元的大型项目也因为数据共享问题而无法发挥作用，这很大程度上在于缺乏有效的激励机制和共识机制。

　　区块链为这一解决问题提供了一个新思路。在区块链生态体系中，激励机制是关键，即通过经济刺激手段，鼓励节点参与维

---

① ［英］维克托・迈尔 - 舍恩伯格，肯尼斯・库克耶 . 大数据时代：生活、工作与思维的大变革 [M]. 杭州：浙江人民出版社，2013.

护区块链数据。这也是为什么数字货币体系有那么多专业"矿工"疯狂涌入的根本原因。

经济阿米巴体系的激励机制主要体现在对数据共享和预测分析绩效进行激励。比如按照评估结果发放通证（token），它们可以被兑换成现实世界的法定货币，以作为负责相关工作人员的绩效奖金，增强他们工作的积极性和进取心。

激励机制需确保没有人能够通过谎报和欺骗而得利。阿米巴经济分析体系的激励环节有两个：一是奖励对经济指标预测的准确性，还有预测时间长度，即短期还是长期；二是激励数据的供应与共享，标准是数据真实、准确，并对经济预测有效。这其中第一种激励标准比较容易评估和认定，只要对比其预测结果与实际真实走势的吻合程度即可。但第二种评估相对困难，因为在数据泛滥的大数据时代，数据真假、优劣的判断往往是痛点。

为此，我们可采用预言机（oracle machine）进行发现和验证数据。所谓预言机是一种智能合约的拓展，它通过对现实世界状态的声明进行签名，以便对外部数据的有效性和可信度进行验证。预言机可被视为一个第三方的数据代理。

与区块链类似，预言机同样具有不可篡改、可审计等特点，并与经济激励机制一起保证系统的运行。预言机不仅可以验证数据，还可将一个或多个来源的数据预言机进行汇聚整合，获得更可信的数据。一般来说，来自政府统计和监管部门的统计或监测数据，尽管准确度高，但采集的种类和频度有限；而通过商品交易或行业监测网络获取的实时经济数据，不仅准确，实时性也更强；至于来自社交媒体、新闻媒体等来源的大数据，需要结合其他数据来源进行甄别、核对，保证数据的真实性与可靠性。

利用经济阿米巴单元，我们可以对宏观经济运行进行调控。与传统的经济调控不同的是，这种预测与调控措施是由粒度不同的各种经济阿米巴单元做出的，这样就可制定影响最小的微调控政策，做到因地施策，如微调某行业、某品类的价格，或调节某些区域的投资，收到事半功倍的效果。这类似于现代农业的滴管技术，避免粗放型大水漫灌的弊端。

5.2　创造与消费相互交织的商业新模式

1. 元宇宙的"创作 - 消费"生态系统

互联网商业有两个典型特征：一是"免费"，这一模式发端于互联网先驱杨致远及其所创立的雅虎搜索网站，并成为后来互联网商业的基本原则；二是"流量为王"，互联网商业之所以既能够免费，还能够盈利，背后的秘诀在于互联网免费的内容能够吸引流量。这个流量并非数据流量，而是关注和参与的人数，这是由 5.1 节提到的梅特卡夫定律决定的。

基于大数据分析获得的数字画像，能够准确刻画一个人的兴趣爱好、行为特征、消费需求等。用户画像越精准，流量越大，其商业价值也就越高。互联网广告的效能如此巨大，很多互联网巨头的利润绝大部分都来自数字广告，比如谷歌、Meta 等公司，数字广告收入占到其总收入的 90% 以上。

随着互联网的深化发展，自媒体（we media）成为与传统媒体和网站分庭抗礼的重要内容分发渠道，"人人都是自媒体""人人都是发声渠道"等理念已经深入人心。与此同时，自媒体商业模式悄然成型。很多普通草根纷纷加入自媒体大潮。平台吃肉，他们也能喝汤，但即便这个喝汤，利润也很惊人。比如以自媒体平台知识付费为主的樊登读书会，年营收规模高达 10 亿元。[①] 而靠直播带货的罗永浩甚至"3 年还清 6 亿元债务"。

除了这些成功案例，还有一些有争议的自媒体商业模式。李子柒是一个美食类内容创作博主，主要发布以田园生活为背景的美食视频。近年来，李子柒在国外视频网站"油管"（即 YouTube）上迅速走红。2020 年 7 月，她在油管上的订阅量达 1140 万，创下"最多订阅量的油管中文频道"的吉尼斯世界纪录。她的视频在油管上平均每条的播放量为 2580 万次，而最火的一条播放量近 1 亿次，被誉为中国文化输出海外的样板。然而，这个账号在 2021 年 7 月突然停更，后来更传出博主与背后的合作公司因利益分配产生纠纷。

后来人们发现，这个名为李子柒的博主真名叫李佳佳，背后合作的公司为杭州微念品牌管理有限公司（简称微念）。这个团队的资本架构设计很复杂，首先微念和李佳佳成立了一家名为"四川子柒"的公司，负责其视频制作和推广营销，这其中微念占股51%，李佳佳49%。按理说这个比例也属正常。但问题是品牌、流量与变现是分离的。尽管四川子柒负责内容制作和输出，收获了很多粉丝和流量，而其商业品牌及价值却通过微念公司来实现，螺丝粉工厂、天猫旗舰店等收益都属于微念，而李佳佳却并没有持有微念的股份。这样的利益分配很难说不是产生纠纷的根本原

---

① 数据来源：Tech 星球 薛钰洁 . 4500 万"知识教"信徒、毛利 90%，樊登读书 3 年赚了 50 亿？ [N]. 2021-5-13. 界面新闻·科技圈日常 .（https: //m.jiemian.com/article/6085653.html）

因。于是在 10 月 25 日，李佳佳一纸诉状，与微念对簿公堂。

我们这里不讨论他们商业纠纷的孰是孰非。但依靠流量变现的互联网商业模式很难再持续发展，特别是各国法律对个人信息保护力度不断加强等因素，我国的《个人信息保护法》已正式实施，互联网上个人信息也不能再随意采集和使用。因此，元宇宙需要创新商业模式。

在 2.4 节已经介绍了元宇宙经济生态系统，这其中用户创作内容（UGC）是这一系统的主要驱动力，游戏、创造、分享等相互交织，用户往往既是消费者，同时也是生产者。

用户创作内容一个关键问题是内容质量不容易保证。大众的艺术素养和技术能力参差不齐，内容创作工具设计模式至关重要。如果设置的门槛过低，将会让大量水平很低的创作者进入，生产大量粗制滥造的作品，从而降低用户的使用体验；而过高的使用门槛，将造成创作者及作品数量不足，影响元宇宙社区的参与积极性。

提高用户创作内容质量的一个关键是提供适当的创作工具。这既需要操作使用简便，还能让创作作品具有好的体验。一般来说，大部分用户不具备专业技能，这就要求创作工具应秉承"tech-agnostic"（技术无关）原则，避免晦涩难懂的专业术语，无须懂得计算机脚本语言，让用户能从高级概念视角进行操作。

提高用户创作内容质量的另一关键是利用人工智能（AI）技术。用户可以通过文本或草图描述、语音等方式与 AI 交互，AI 应能够精准理解用户的意图，将烦琐复杂的操作步骤在幕后自动计算完成，也就是所谓的 AI-UGC。

元宇宙经济系统的另一问题是公平。公平的激励机制，还有公平的利益分配机制，将对元宇宙经济平台和社区发展有着积极推动作用。我们在计算机上使用的视窗（Windows）系统，它诞生于 20 世纪 90 年代的互联网发展早期。如果你购买了这个操作系统，你在上面的下载、购买或转账等，微软公司并不收取费用；但对于手机上的苹果 iOS 平台，却收取高达 30% 的苹果税。据 CNBC 统计，苹果 App Store 2020 年度收入高达 640 亿美元。尽管程序公开透明，却有失公平。互联网巨头们，包括谷歌、亚马逊、阿里巴巴等，以垄断平台为手段，采取不公平的措施，如二选一、独家代理权等，攫取了巨额利润，这些显然需要在元宇宙经济系统中加以纠正和约束。

一个公平的经济系统应给予用户创作者较多的收入分成，以吸引高水平的创作者，甚至会有很多专业创作者加入其中，进行专业用户创作（PUGC），这将显著提升用户创作内容的质量，加快元宇宙经济生态的发展，也有利于增进现实世界中的社会和谐，实现共同富裕。元宇宙商业模式的原型 Roblox 平台，在创作者和平台之间实现了较为合理的收入分配。

如何建立公平的经济系统，需要互联网企业、政府监管部门以及行业协会，在广泛听取社会各界的意见基础上，制定元宇宙经济治理规则体系，从源头上遏制平台垄断和霸王条款。

2. 元宇宙中的商业激励与保障机制

元宇宙倡导用户创作内容，但个人的精力和时间有限，很难事事亲躬，也需要团队与平台的协作，即所谓专业用户创作内容，这其中商业利益分配机制要基于我们前面讲的 NFT 技术。

NFT 本质上是一种数字信息的权益凭证，以证明其独特性和不可互换性。数字信息可以是图像、3D 模型、视频、音频等，可用于游戏中的服装（即皮肤）、装备、舞蹈动作或表情，还可以是艺术品或收藏品、数字音乐、虚拟房地产、数字身份等。其法律定位是虚拟商品，更准确地说是加密艺术品。

NFT 是一位名叫 Dieter Shirley 的开发者在 2017 年基于以太坊创建的，他提出了 NFT 最早的标准协议 ERC-721，并在此基础上开发了红极一时的 NFT 游戏——加密猫（*Cryptokitties*）。后来还有人推出了其他的 NFT 协议，如 ERC-998、ERC-1155 等，创建或发行 NFT 时应遵循这些协议。大多数 NFT 基于以太坊，也可以基于其他区块链平台，如 NEO、EOS 等。

NFT 是元宇宙中数字创作的价值承载形式，它的价值已经能够在现实世界体现。以前数字艺术品可被随意复制，不具备收藏价值，很难进入艺术拍卖行，NFT 改变了这一局面。2021 年 3 月，数字艺术家 Beeple 的数字作品《每一天：最初的 5000 天》（*Everydays*：*The First* 5000 *Days*）在佳士得拍卖行以 6934 万美元的创纪录价格成交；同年 6 月，一张名为《加密朋克》（*CryptoPunk*）主题头像，尽管只有 24×24 像素大小，却在苏富比拍卖了 1100 万美元。

看到这里，大家可能会想，NFT 的价值究竟在哪里呢？是不是只要铸造成 NFT 就能发财？答案是否定的。NFT 只是数字资产权属证明的形式，本身价值也就是区块链的成本费用。NFT 就像房产证，真正有价值的是它所证明的房产及权益。NFT 是以人为方式制造稀缺性，但稀缺并不意味着必然有价值。就像名人的一幅涂鸦可能卖出几十万元到几百万元，而一个普通人的画作即使再能证明独一无二，也很少会有人问津。

按照 DAppReview 创始人 Vincent 的观点，NFT 资产的价值主要体现在三个方面 [1]：一是它本身的内在价值，包括各种成本，如创作者的时间成本、交易成本、铸造成本、平台营销成本；二是使用价值，比如可用于打游戏，也可让个人收藏和欣赏，还可用于炫耀等。这一价值主要取决于买家的心理和心态。三是溢价，这应该是 NFT 价值的决定性因素，它取决于创作者的名气、创意品牌（IP），还有粉丝的数量和地位。如果很多有钱的大佬都喜欢某个 NFT 作品，那它的溢价肯定不菲。目前 NFT 的内在价值很低，使用价值几乎为零。当前虚高价格很大程度上是投机炒作，大买家往往与区块链核心投资人有关，说白了就是托。

NFT 也可不是完全独一无二，就像现实世界中的限量收藏版那样，创作者可以复制一批作品，分别铸成 NFT，它们在各方面都一模一样，只是编号不同，这就是 MetaNFT。这种方式更适合于名气不大，但粉丝又众多的创作者，即通过发行数量降低 NFT 的销售单价，这就有点接近同质通证 FT。MetaNFT 是介入 NFT 与 FT 之间的灰色通证。

元宇宙商业生态成功的关键是如何在利益相关方之间进行利益分配，如何保障利益分配能够按时执行。NFT 是一种智能合约，在铸造 NFT，即编写智能合约时，可事先约定交易的利益分配方式，这也可以通过竞争机制达成，可以采用稿酬买断制，也可以是版税制，约定创作者如何分成，平台及广告营销者的分成比例等。这一机制并非是由人来控制，而是由计算机自动强制执行，这将避免很多商业纠纷。

---

① Vincent. DAppReview 创始人：浅谈我所理解的 NFT 与元宇宙. 陀螺财经. 2021-6-18. (https://www.tuoluocaijing.cn/nft/detail-10060251.html)

　　人们收藏 NFT 需要展示或炫耀，就像现实社会有人通过购买限量版的豪车、名表炫耀自己的地位和财富。在元宇宙中创建自己的画廊，购买 NFT 收藏品在里面展出，就成为很多人的需求。*Cryptovoxels* 是一款 3D 沙盒类区块链游戏，主要为 NFT 艺术家搭建展示 NFT 艺术品的舞台。在游戏中，玩家可以购买土地，在上面建住宅、开商店，特别是开设艺术画廊、音乐之家，还可以有广告牌或其他想象创意。游戏还支持语音和 VR 模式的聊天。这些建筑和物品都是以体素方式构建，类似游戏《我的世界》。

　　Cryptovoxels 的参与者和创造者来自不同国家、民族、宗教，包容不同价值观和多元爱好。比如这个平台上有个"赤金美术馆"，曾举办一个名为"跳出三界外，不在五行中"的虚拟展览，将中国传统建筑、山水和佛像等元素融合在了一起，构造出一种恢宏的气势。

　　数字画廊作为一种超越传统画廊的形式，可让观众获得数字艺术的新体验。数字画廊中的 NFT 作品拥有合法产权，且高度独家，没有在其他线上线下出现过。观众可购买特定通证作为参观门票，以付费解锁内容，或依据智能合约规定的某些条件观看。

　　数字画廊的 NFT 作品除了交易购买外，还支持以租赁方式借用某些独家 NFT。PARSIQ 公司提出用 IQ 协议来规范 NFT 租借机制，允许无须抵押物，利用智能合约来保障 NFT 所有者赚取借出期间产生的利息或租金，并确保租借期满后物归原主。

　　NFT 为元宇宙的商业模式创新提供了一种新思路，这一模式不同于传统互联网免费模式，而是与现实世界更为接近，并且在很多方面高于现实世界，比如 NFT 智能合约不仅机制透明，交易条款还能按约定自动执行。

为释放 NFT 的使用价值，NFT 应该遵循统一的互通标准和协议，保障资产的通用和重用。这一方面让数字资产不再依赖特定平台及账户系统，另一方面可激发元宇宙中的组合创新。在《堡垒之夜》中，你可将漫威和 DC 等不同动漫公司的 IP 角色组合，数字资产可被重复使用在虚拟广告牌上。你还可以将你拥有的来自不同游戏中的数字服装或"皮肤"、装备或道具乃至游戏角色及表情动作等汇聚到一个场景，创建个性化新游戏，制定自己的游戏规则，和朋友一起玩。

3. 用户创作内容工具及模式的演进

用户创作内容（UGC）的范畴很广，比如你自己写的文章、画的画、拍摄的照片、录制的音乐和歌曲，还有视频等，这些在传统互联网都已司空见惯。在元宇宙中，用户创作以 3D 模式居多，比如开发自己的 3D 游戏，设计 3D 物体、产品或场景模型等，这是很多玩家或用户的梦想。这种创作需使用专门的 3D 建模工具和平台。

说到用户开发 3D 游戏，我们不能不提互联网早期的游戏地图编辑器。1998 年，暴雪公司发布了即时战略型游戏《星际争霸 1》，这款游戏里附带一款地图编辑器软件，供游戏玩家自行设计建模，体验创建游戏的乐趣，这一模式被称为 MOD（modification）或模组。后来有个网名为 Aeon64 的玩家制作了第一张地图——*Aeon of Strife*（万世浩劫），但这款软件 bug 不断，很难让玩家专注设计制作地图。

暴雪公司在后来发布的《魔兽争霸 3》中修改完善了这个地图编辑器中各种 bug，并扩展了管理模块，即在原先地形编辑器和触发器编辑器的基础上，增加了单元编辑器和音效编辑器。这个单元编辑器功能十分强大，能通过开放接口将 3ds Max5.0 中设计的模型转换为魔兽模型格式 MDX，再根据需要为这个模型增加附加点，绑定动作，自己创作的模型就能活动交互了。

暴雪公司在随后的《魔兽争霸》版本中不断完善这个编辑器，功能日益强大。有个网名 Eul 的玩家在 Aeon64 地图的基础上，创作了一张地图 *Defense of the Ancients*（守护古迹，简称 *DOTA*），后来有人将其他玩家制作的地图中的英雄角色都集成到这张地图中，称为 *DOTA Allstars*（群英版）。这是一个具有里程碑意义的版本，后来的多人在线战术竞技游戏（*MOBA*），如 *DOTA* 2、《英雄联盟》等，多源自这张地图。

2005 年，*DOTA* 版本升级到了 6.0，有个网名 Icefrog（冰蛙）的开发者加入团队，随着 *DOTA* 功能的增强，玩家人数越来越多，冰娃找到暴雪公司，希望能一起合作，将 *DOTA* 打造成为一款独立游戏，但暴雪当时并没有看到这其中蕴藏的商机，拒绝了冰娃的提议，冰娃便加入另一家游戏开发公司 Valve（V 社）。

2010 年 12 月，独立游戏 *DOTA* 2 公布，暴雪提起版权诉讼。但最后双方达成和解，*DOTA* 商标归 V 社所有。2013 年 7 月，*DOTA* 2 正式发布，中文名为《刀塔》，商业价值一路飙升。这让暴雪公司悔不当初。

从 *DOTA* 地图编辑的演变历史来看，游戏玩家对参与游戏创作热情高涨。它可以修改人物角色、武器装备、场景事物、故事情节等，不过仍依赖原游戏框架，创作自由度有一定限制。*DOTA* 开创了用户创作游戏的先河。

DOTA 类游戏属于传统竞技游戏，强调挑战性。玩家就像在

爬山，难度逐步递增。而游戏提供装备和技能，让玩家通过努力克服挑战，从获得的成就感中体验到乐趣。这一理念来源于现实世界的竞技体育，现在发展成为对抗性电子竞技（eSports）。2021 年 11 月 7 日，《英雄联盟》S11 赛季总决赛在冰岛举行，中国的 EDG 战队以 3 ∶ 2 战胜韩国的 DK 战队获得冠军，让很多年轻人热血沸腾，欢呼盛况堪比奥运比赛夺冠。而就在 2021 年 11 月 5 日，杭州 2022 年亚运会组委会宣布，将《英雄联盟》、*DOTA* 2 等 8 个电竞游戏项目正式列入亚运会正式比赛项目。

近年来，一种新的游戏类型悄然兴起，这就是创造性游戏（creative gaming）。这类游戏的理念基于"人们的创造需求"，比如设计房子、塑造角色、发展关系，以及创作剧情。

创造性游戏最常见的是沙盒模式，玩家使用游戏创作工具，像在沙盘上一样，设计场景，摆放物品，创建独一无二的城堡或建筑。微软旗下的 Mojang 公司所开发的《我的世界》就是高自由度沙盒游戏的代表。

在《我的世界》里，除了盖大楼、造兵器等基本操作外，还能充分展示用户的个人创意。玩家在游戏中可建造自家的房子、学校或图书馆，以及各种聚会场所等。玩家还可以用平面设计工具制作皮肤，用内置的脚本语言创建自定义新的对象，甚至可改变游戏玩法。在新冠肺炎疫情期间，由于社交隔离，很多大学无法举办正常毕业典礼，而美国加州大学伯克利分校、哥利比亚大学，还有中国传媒大学，都曾利用《我的世界》创造自己的校园，在游戏中举办虚拟毕业典礼。

《我的世界》之所以有如此强大的功能吸引玩家，且十多年长盛不衰，在很大程度上取决于其与 *DOTA* 类似的 MOD 用户创作内容模式。游戏本身只是提供了一个开放框架，或者说一个沙堆，没有固定套路限制，让玩家自由发挥，创造无限可能性，并形成一个以用户生成内容为主题的游戏社区。

当然，这个游戏采用体素造型法，画面质感很低，且多年没有改进，其沉浸感很大程度上来源于用户创作的令人愉悦的内容，优点是对硬件性能要求不高。这也说明高度真实感的 3D 画面、复杂 XR 头显装备并非是获得元宇宙沉浸感的必需方式。

当红游戏《堡垒之夜：大逃亡》的创意模式（creative mode，中文版叫嗨皮岛）也采用沙盒模式，其核心玩法与《我的世界》差不多，玩家可拥有自己的岛屿，制作自己的地图，在岛上设计游戏，举办赛车比赛，建造自己的堡垒。更重要的是，《堡垒之夜》基于最先进的真实感游戏引擎——虚幻引擎（UE），图像渲染效果远超《我的世界》。游戏还提供高画质的素材库，设计高度真实感的建筑，比如有人设计了欧洲城堡、日式海景房，还有唐代大明宫正门丹凤门、滕王阁等，其真实感给人以身临其境的体验。

《我的世界》和《堡垒之夜》代表了元宇宙 UGC 的一种构建模式。计算机游戏引擎先驱卡马克（John Carmack）认为，"《我的世界》和《堡垒之夜》比脸书（Meta）所构建的，或者坦率地说可能构建的任何东西都更接近元宇宙……"。

区块链游戏 Sandbox 有一个可持续的游戏内容创作生态系统，让玩家协作创建高度沉浸感的虚拟世界和游戏。它为玩家提供了两个 UGC 工具：一个是 VoxEdit，玩家通过 VoxEdit 可以设计游戏中的各种体素风格的模型，即游戏资产（ASSETS）。如果被官方认可，就可放到官方市场上去销售。另一个工具是

Game Maker，用于游戏制作。玩家利用制作好的模型，在自己购置的土地上搭建游戏场景，并可设置游戏玩法及经济机制，让其他玩家在里面玩。使用 Game Maker 开发游戏无须代码，可充分发挥玩家天马行空的创造力。

最能体现元宇宙 UGC 形态的是业界火爆出圈的游戏 *Roblox*。它的定位主要让中小学生开发寓游戏和创造于一体的益智创意游戏。但这个平台不提供任何游戏，只提供开发平台、开发工具，以及海量的设计素材，所有游戏都由玩家自行开发。平台还创建社区和创作激励机制吸引玩家。

Roblox 有个强大的设计工具 Roblox Studio（工作室），支持玩家高度个性化地打造自己的游戏世界。在设计中，"所有东西都是动态的"，不仅地图、剧情，就连玩法、消费模式都能深度设计。它采用可视化设计模式，以及"Tech-Agnostic"（技术无关）理念，即以直观的高层概念视角设计，而不从技术角度考虑问题，使用门槛不高。平台还提供一套基于 Lua 语言脚本程序，使用简洁高效，功能强大，还可嵌入到其他语言中。Lua 可开发用户界面，键盘、鼠标的交互管理，游戏数据及进度的保存与读取，还有人工智能开发等。这些对于国外小学四五年级的学生来说，半小时就能上手。平台还为玩家提供了详细的教程和素材库。

Roblox 的定位是低年龄段的青少年，参与门槛低，设计出的游戏上传到平台，可和其他玩家一起玩。平台上游戏数量多，目前已超过 5000 多万个，但绝大部分游戏的画面效果比较粗糙，整体感觉还不如《我的世界》。

那么有没有既拥有 *Roblox* 的功能，又具有真实感画面的游戏开发工具呢？答案是有的，这就是 Media Molecule 公司的游戏

Dreams（梦境）。这是一款运行在 PS4 游戏机上的软件，它不需要编程基础，又具备高度自定义内容创作能力，是比较理想的 UGC 游戏开发平台。

Dreams 强调的是玩家创作体验，玩家可设计的不仅是游戏，还有音乐、电影和其他艺术品，或作品的一部分，如音效、模型、曲子或场景等。

Dreams 的操作功能包括 3D 建模、动画制作、音乐编辑，还有设计游戏的玩法和推进逻辑。它有一个庞大的工具库，比如雕塑工具可自由制作模型，还有专门工具给建模上色、调制光线、制作粒子特效；多轨混音工具可通过搜索功能寻找想要的不同乐器产生的音乐类型，调整音阶或节奏等专业级效果都可轻松实现。总体来看 *Dreams* 是一个理想的元宇宙开发平台，但这一软件局限在 PS4 游戏机上，不利于广泛使用。

5.3　元宇宙金融服务体系及安全治理

1. 元宇宙中去中心化支付模式

元宇宙有独立的经济系统，还有货币体系，这就意味着元宇宙需要完善的支付及清算体系，这是元宇宙经济体系的基石。那么，这套支付体系应基于什么模式？如何运作呢？

现实世界的金融支付通常由一系列金融机构实施，比如中央银行、商业银行、非银行金融机构等都有自己的角色和职能，每一个机构都有自己的账务系统和清算系统；每个客户，无论机构还是个人，都有自己的身份和账户，用户的资金支付通常由银行机构代理完成。

由于全球化的发展，金融机构遍布世界各地，金融支付还需要有跨境功能。为此各国金融机构之间成立国际银行间合作组织——环球银行金融电信协会（SWIFT），这是一个中立的非盈利国际组织，总部设在比利时首都布鲁塞尔。SWIFT制定全球金融支付的行业标准，并运营着世界级的金融电文网络SWIFT系统，承担国际金融支付电文（message）的传输职能。

同样，元宇宙也具有全球化特性，其支付体系不仅需要国家主导建设，还需要世界各国的金融科技机构密切合作，通过磋商制定元宇宙的统一支付标准，建立元宇宙数字支付体系，其很多特性已经在当前的数字支付体系中有所体现。我们先看看当前国际上比较成功的案例，以此说明元宇宙支付体系的架构和特色。

首先我们先看看印度的国家统一支付接口（united payment interface，UPI）。这一系统建立在印度国家统一数字身份体系Aadhaar之上，由印度央行国家储备银行下属的印度国家支付公司（NPCI）建设运维，它是印度数字金融基础设施的核心。

2016年，NPCI联合印度全国20多家商业银行，制定了一套移动支付标准。UPI就是依据这一标准建立的API平台，允许第三方金融科技机构开发各种金融支付服务。

UPI平台构建在数字身份体系Aadhaar和数据共享交换平台India Stack之上，这对于培育金融支付生态系统有很多好处。首先，数字身份体系的客户身份核验eKYC功能为开发者提供了客户实名认证和核验，免去自己重复开发复杂而昂贵的身份认证系统。其次，Aadhaar身份体系包含一个国家为每个人设立的普惠金融账户Jan Dhan，这个银行账号与数字身份绑定，公众就可以自主管理资产，再加上手机（mobile），形成三位一体的 JAM（jan dhan，aadhaar，mobile）基础设施。在此之上可以构建部署数字经济社会的各类服务组件，图 5-2 是基于印度数字基础设施 India Stack 构建的数字金融服务架构，这一架构颇具元宇宙经济社会特征。

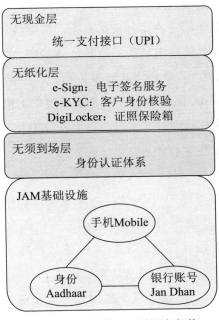

图 5-2　印度数字金融服务架构

对于客户来说，UPI 也带来了很多使用上的便利。UPI 与身份体系 Aadhaar 紧密绑定在一起，用户只要输入一个接受方的虚拟地址（VPA）就可完成一键转账，这个虚拟地址可以是 Aadhaar 号码、手机号码或银行账号，再加一个服务商后缀，如对于通过 Paytm 公司的 App 账号，后缀就是 @paytm。另外，UPI 还利用 Aadhaar 体系安全身份认证，如双因素（2FA）、一次性口令（OTP），以及基于生物特征的身份认证，如人脸识别、指纹识别等，保障系统安全。

UPI 平台提供的支付服务使用简单便捷，还有国家统一的数字身份体系保障系统安全，使其迅速成为印度个人用户和企业首选的支付系统，推动了印度金融普惠和无现金社会发展。综合其在标准化、API 数量以及第三方机构参与度等方面的出色表现，UPI 被认为是全球领先的实时支付系统。国际清算银行称赞印度的 UPI "具有改革新兴市场和发达经济体的潜力"。据印度媒体在 2019 年底报道，谷歌负责政府事务和公共政策的副总裁马克·伊萨科维茨（Mark Isakowitz）在考察印度的 UPI 支付体系后，建议美联储在构建其银行间实时结算服务（RTGS）平台"FedNow"时借鉴印度的 UPI 架构体系。

对于支付体系，除了个人数字身份之外，银行也需要可识别的身份编码，这就是 SWIFT 代码，无论是国内的金融机构还是国外的金融机构，每一个银行在全球范围内都有唯一的 SWIFT 编码，它相当于银行在国际上的身份证号。这一编码标准是由国际组织 SWIFT 制定的。SWIFT 还建立了一个创新支付系统 GPI，成为世界金融高速公路，也为元宇宙支付体系提供了另一可借鉴范例。

传统的跨境电汇支付需要经过汇出银行、中央银行、代理银行、收款银行等多个机构和环节，每一环节都需要各自的账务系统和清算系统，不同机构之间需要建立代理关系。这些复杂的流程和环节让跨境支付业务处理速度慢，流程不透明，客户体验差。同时还存在支付风险和中间结算成本都较高等问题。

2017 年 1 月，SWIFT 推出了全球支付创新平台 GPI（global

payments innovation）。它主要包括三个模块：一个是状态跟踪系统 Tracker，用于查询或者更新支付的状态；二是监控系统 Observer，用于监测提示支付链中卡在哪个环节，什么原因，卡了多久；三是信息目录系统 Directory，用于查询金融机构支持哪些服务，与哪些机构互通，相应费用及效率等。

每笔支付从初始支付人到达最终收款人账户，中间需要经过一系列的代理银行，形成一个完整的支付链，这其中最关键的数据为唯一交易标识符 UETR，它可实现对支付链的全流程进行追踪，这也是平台系统 Tracker（跟踪器）和 Observer（查看器）协同运作的基础。

GPI 的主要目标是提高客户的服务体验，比如提高支付的速度、透明度和可追溯性等。为此，系统引入服务等级协议（service level agreement，SLA），比如规定"当天使用资金"的原则，减少了 GPI 支付和结算时间，提高了效率。一般支付在几分钟，甚至几秒钟就能完成，50% 的支付能在 30 分钟内到达最终收款人账户，100% 的支付在 24 小时内到账。耗时更长的支付很多是由于需要遵守收款国的支付法律。通常成熟的金融市场交易速度较快。

SWIFT GPI 是一个全球跨境支付的新标准，涉及全球各国大量的金融机构。GPI 可利用区块链技术和云存储技术，即底层采用分布式账本，确保全球金融机构和系统的互操作性。目前，SWIFT 正与 R3 的区块链平台 Corda 合作，通过基于区块链的概念证明（PoC），实现与合规的区块链平台互通。

元宇宙中支付链的起始点和最终接收点一般为数字钱包。数字货币通常都是去中心化的，并采用非对称加密算法保障安全，这其中的关键是用户私钥，它相当于资产保险柜的钥匙，也是用户控制资产权限的唯一凭证，一旦丢失，将无法找回。密钥很复杂难记，为此需要使用专门的管理工具——数字钱包，这是一种去中心化应用 DApp，用于管理去中心化的身份凭证、数字货币、NFT 数字资产等。比如 MetaMask（小狐狸钱包）就是一款插件型轻量级数字货币钱包，其中包含数字身份管理，并将数字资产与身份绑定在一起。数字钱包存储着身份或资产在分布式账本上的地址和私钥，类似银行卡账号和对应的密码口令。在元宇宙中，银行卡、汇票、本票、支票等都可能以数字钱包的形态出现。

数字钱包有两种形式：一种是与网络联通的热钱包，根据应用程序形式的不同，又可分为网页钱包、桌面钱包和手机钱包三种；还有一种是离线的冷钱包，就是不接入网络系统的钱包，如类似 UKey 的硬件钱包。冷钱包让私钥不接入网络，黑客也无可奈何，安全性较高。

在元宇宙中，数字钱包将是个人数字身份、数字货币和资产管理的最重要容器，就像我们现实生活中的钱包，涉及每个人的切身利益。因此，要想广泛普及数字钱包，就需要在安全性、便捷性和易用性等方面，开拓新模式，提升用户体验。

2. 去中心化的客户身份核验

在现实世界，客户支付和交易通常都信任权威的中介机构，比如央行、大型国有银行，或者 SWIFT 之类的国际权威金融机构。它们运营着强大的金融服务设施，能为客户提供良好的金融服务，但传统的支付系统效率并不高，之所以有大量客户选择它，主要原因：一是覆盖范围广；二是技术上能有严格的监管合规标准，避免金融欺诈，保证金融秩序和安全。这其中最重要的安全措施是 KYC，即客户身份核验。这也是金融支付流程中最难，也是最耗时间的环节。

在区块链金融领域，各种数字代币充斥着市场，还有形形色色的交易所，催生了去中心化金融（DeFi）。这些金融服务有自己的优势和特点，但它们却得不到各国政府的积极支持，根本原因还在于它们缺乏监管，很多币的价格被人为操纵，暴涨暴跌，还可能为腐败分子、恐怖分子或暗网黑社会提供资金或洗钱。

1998 年 12 月，国际金融监管机构巴塞尔银行监管委员会（Basel Committee on Banking Supervision，简称巴塞尔委员会）通过《关于防止犯罪分子利用银行系统洗钱的声明》，明确要求金融机构在提供服务时应对客户身份信息进行采集和识别（KYC），调查评估客户从事的业务、资金来源、风险情况等。

2004 年，巴塞尔委员会发布《KYC 一体化风险管理》，将 KYC 作为银行风险管理和反洗钱（anti money-laundering，AML）的基本要求。世界各国金融监管机构很快接受并积极施行这一原则，美国、中国等都已把实施 KYC 作为银行反洗钱的强制性法律义务。

KYC 听起来很神秘，但原文其实就是"了解你的客户"。它的主要目标有两个：一是保证客户数据的真实性；二是发现可疑或异常交易。其首要环节是客户识别（customer identification program，CIP）。客户申请新账号时必须如实提交账户所有人的身份信息、所有权和管理结构、业务类型、客户关系及税务信息等，银行审核、验证客户提交信息的准确性和有效性，最后将其登记入库。以后还需对客户信息进行定期监测更新。

KYC 的另一环节为"客户尽职调查"（CDD）。当客户办理新业务，银行还要综合评估相关风险登记，并展开客户尽职调查，审核业务的资金来源等。对于高风险登记的客户，需展开"深入尽职调查"（EDD）；而低风险客户只要"标准尽职调查"（SDD）。

KYC 是金融机构合规部门的关键环节，以保证机构业务合规合法。一旦违规，轻则巨额罚款，重则业务被叫停，可见其重要性。传统 KYC 需要大量复杂的调查与核对工作，并反复与客户沟通，这一过程可能长达 3 ～ 6 个月。这对银行来说烦琐低效，费时费力，而客户也无法及时获得急需的金融服务，影响服务体验。

从更广泛的角度看，金融机构都急需利用新技术解决方案，更高效、更低成本地满足监管机构的合规要求，这是监管科技（RegTech）的重要内容。由于大数据技术的发展，金融机构追踪获取客户数据已不是难事，无论企业经营状况还是高管身份信息，都可以通过数字化网络得到。但筛选甄别哪些数据更可靠，哪些数据最具时效性，以及如何分析处理数据，将其转化为有用信息，对金融机构仍具挑战性。

元宇宙经济系统与现实世界紧密关联，其金融业务也不是法外之地，元宇宙金融的核心仍是监管。利用元宇宙中广泛使用的区块链技术，可将公司、金融机构间的数据孤岛有效连接起来，这将改变现有 KYC 核验流程，降低 KYC 成本，满足多重监管需求。

首先在身份识别上，元宇宙中的通用数字身份可按照 KYC 的需求快速提供各类身份信息；其次，金融机构审核人员在可信环境审查并验证信息凭证的真实性和有效性，然后产生并添加数字签名，将其公证到分布式账本；最后，为每名客户生成一个加密通证，作为验证签名和信息真实性的凭证。在此基础上，构建安全的信任网络，这样客户信息可在监管机构、金融机构或授权的可信合作伙伴之间选择性地共享，而不用担心敏感信息的泄露，并提高 KYC 效率，改善用户体验。另外，链上数据也应持续监测，动态同步更新。

5.4 工业元宇宙实现个性化敏捷制造

元宇宙是互联网的一次变革，同样工业互联网也将升级为工业元宇宙。与工业互联网不同的是，工业元宇宙既要面向 B 端，也要面向消费者或 C 端。

1. 工业 4.0、工业互联网与工业元宇宙

工业元宇宙与工业互联网和工业 4.0 有着千丝万缕的紧密关系。2011—2012 年，美国奥巴马政府为实施"再工业化战略"，提出"先进制造伙伴"（advanced manufacturing partnership，AMP）计划。在此背景下，通用电气（GE）公司于 2012 年 11 月发布《工业互联网：突破智慧和机器的界限》白皮书，提出工业互联网的概念[①]。GE 总裁杰夫·伊梅尔特（Jeffrey R. Immelt）宣称，工业互联网是"一个开放、全球化的网络，将会把人、数据和机器连接起来"。2014 年，GE 联合了 AT&T、思科、IBM 和英特尔成立了工业互联网联盟（IIC）。

---

① 　Peter C. Evans and Marco Annunziata. Industrial Internet：Pushing the Boundaries of Minds and Machines[R]. GE Report. 2012-11.

工业互联网是互联网和物联网应用的自然延伸，它通过制定通用技术标准，打破不同系统间的壁垒，并利用数字孪生、大数据等技术，融合现实世界与数字世界，实现人与工业设备、计算机软件以及数据之间的智能流动与交互。

工业互联网的组成要素包括智能设备、智能系统、智能决策等。智能设备通过传感器采集各个层面的数据，通过物联网构建基于数字孪生和大数据的智能系统，最后进行智能决策分析，优化设备及其服务。

尽管名字为工业互联网，但其应用并不限于工业生产或制造环节，还可应用到其他行业乃至服务业等领域，比如医院管理、钻井平台监测与管理等。工业互联网与我国的"互联网+"有诸多相似之处。

GE 将工业互联网定位为一场新的"革命"，它将 18 世纪的工业革命看成第一次工业革命，互联网为第二次工业革命，工业互联网的定位则是第三次工业革命，其特征是先进产业设备与数字技术的融合。

紧随其后，德国政府在 2013 年 4 月的汉诺威工业博览会上推出"工业 4.0"战略，宣称要掀起以智能制造为特征的第四次工业革命。这一战略得到了德国学术界和产业界的支持，德国工程院、弗劳恩霍夫协会、西门子公司等负责研究和实施。

工业 4.0 的关键核心是"赛博－物理系统"（cyber physical system，CPS），这是一种融汇网络虚拟（cyber）和现实（physical）的数字技术，可将生产设备、产品及信息资源等有机结合起来，形成一种数字化、网络化制造新模式。它的基础是物联网和数字孪生。通过物联网在生产流程中配置各种传感器，可采集监测到生产过程中设备和环境的状态数据，这些数据通过网络传输映射到数字空间的数字孪生对象上，经过数据处理分析后，再将需要实施的操作传递到对应的促动器①，执行相应操作。

实际上，无论是第三次还是第四次工业革命，只是说法不同而已，本质上差别不大，同类战略还有欧盟的工业 5.0 和日本的社会 5.0②。实际上，工业互联网和工业 4.0 的定位和意涵有很大相似之处，比如两者都是利用赛博 – 物理系统（CPS）促进实体产业和虚拟空间的融合，通过智能制造，实现产业升级。

当然，工业互联网和工业 4.0 还有一定区别。首先在范围上，工业 4.0 主要集中在制造业，而工业互联网范围广泛，除了制造业外，还包括能源、航空、电力、铁路、医疗等。其次在实现途径上，工业互联网侧重数据的采集、分析和价值转化，以软件提升硬件设备效能；而工业 4.0 则重点发展智能硬件，再结合数字孪生等数字技术，实现工厂、生产和物流等方面的自动化和智能化，比如"黑灯"工厂或无人工厂，就是工业 4.0 的典型范例。

工业元宇宙将建立在工业互联网和工业 4.0 之上，利用物联网、低延时的 5G 通信、数字孪生等，再结合 VR、AR 等交互技术，按照元宇宙的理念，构建一个虚实结合的多维世界，能动态同步协同。比如设计人员戴上 VR 眼镜，可在虚拟空间协同工作，构建产品的结构和外观，这比在现实世界有更好的工作体验，还

---

① 促动器（Acuator）是物联网中的执行装置，可将其类比成人的手或脚。
② 日本的"社会 5.0"战略背景被置于人类文明历史的全景叙事中，之前的社会形态分别对应"狩猎社会（Society 1.0）""农耕社会（Society 2.0）""工业社会（Society 3.0）"和"信息社会（Society 4.0）"。日本政府试图通过社会 5.0 实现经济社会的数字化转型，解决老龄化和少子化危机。

可随时得到 AI 代理的指导与支持，无须等到试产就可提前验证产品结果，实时纠错。VR 的应用场景还有设备安装调试、生产线远程巡检运维、产品售后及员工技能培训等。如图 5-3 所示为工业互联网与工业 4.0 发展演变示意图。

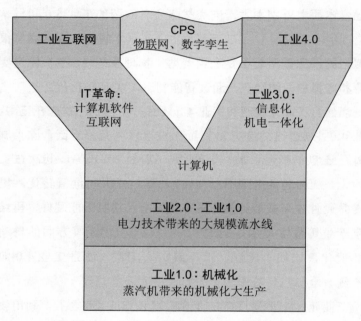

图 5-3　工业互联网与工业 4.0 发展演变

产品质量控制是工业生产中的关键环节，AR/MR 眼镜可将设计模型映射叠加到现实世界，为产品质量控制提供了高效手段，产品可能的缺陷，还有产品尺寸、公差、加工精度、表面粗糙度等，都可实时显示，一目了然。

AR 技术还可以用于设备维护检修、复杂产品装配等场景。哥伦比亚大学的 Steve Henderson 与 Steven Feiner 开发的 AR 维护修理（简称 ARMAR）程序就是一个范例。维修人员戴上头显，需要维修的部件就以计算机图形方式叠加在设备上，增强视图上显示出设备的标签和维修方法导引，不仅能准确而快速地发现故障，也更为安全可靠。维修人员认为，维修时间缩短了近一半。

德国汽车制造商宝马集团使用英伟达的协同设计平台Omniverse，设计了一座数字孪生工厂，各种物理资产包括设备、生产流程、机器人、装配部件和厂房建筑，以及员工等都被数字化表示。这一数字工厂可让宝马集团在全球生产网络的项目经理、工程师、设计师、资深专家等，聚集到同一虚拟空间，共同协作会商，完成产品从规划、设计、模拟，直至上市的全流程。

通过这一数字化工厂，宝马公司的设计和生产效率提升了30%。在设计上，可同时对 300 辆汽车进行建模设计，每一分钟就能生产一辆汽车，且每辆车可各不相同。

人工智能（AI）在实体工厂就是机器人，而在数字孪生工厂，其形式为 AI 代理分身或 Avatar，两者能够如影相随，状态、特征和行为都保持平行和同步。英伟达的 Omniverse 平台中的 Avatar 组件就是虚拟设计空间的 AI 向导。Omniverse Avatar 有着虚拟人的外观形态，具有智能语音、自然语言处理、计算机视觉，以及大数据分析等能力。在设计过程中，Avatar 可通过自然语言与人类设计师进行交互、讨论，提出设计方案或修改建议等。

2. 工业 5.0 与工业 - 消费元宇宙

改革开放 40 多年来，我国已经发展成为制造大国，被誉为"世界工厂"，并因此而发展成为世界第二大经济体。但我国制造业最大的制约因素是很多都属于低端制造，附加值低，污染高。此外，这种产业模式赖以发展的人口红利优势也在消失，人口老龄化日益严重。因此，产业升级已成为我国当前改革发展的必然任务。

产业升级需要相适应的成熟消费市场。过去，我国生产的各种消费产品多依赖欧美等发达国家的市场，而当前由于国际形势的复杂变化，贸易摩擦日益频繁，大力发展国内需求市场也就成为产业升级的重要手段和途径。

我国当前内需市场不足，其根源并不是生产过剩，而是相对过剩。很多企业不重视产品的质量和服务体验，一味打价格战，产品竞相卖出白菜价，得不到足够的利润，也就无法投入研发力量开发新产品，导致市场更加内卷，陷入恶性竞争。2019 年，上海一家美国超市 Costco 开业，火爆程度让人叹为观止，产品质量和服务体验的重要性可见一斑。

因此，产业升级不仅需要通过工业 4.0 和工业互联网升级制造端的质量和生产能力，更需要通过元宇宙，秉承以消费者为中心的理念，实现工业制造与消费市场的一体化（customer to manufacture，C2M），为消费者提供高品质的产品和服务体验。近年来悄然兴起的"工业 5.0"，在发展理念上更契合我们设想的元宇宙，称为"工业－消费元宇宙"。

工业 5.0 是欧盟目前正在推行的一项战略。2021 年 1 月，欧盟发布了名为《工业 5.0：迈向可持续的、以人为本的、富有韧性的欧洲工业》的研究报告，全面阐述了工业 5.0 的发展理念。

欧盟认为，工业 5.0 并不是工业 4.0 在时间上的革命性替代。

毕竟工业 4.0 也刚提出不久，仍在不断演进中。工业 5.0 在技术上很多与工业 4.0 一脉相承，只是在范畴和内涵上做了拓展与深化，为此也有人将其称为"工业 4.1"。如果说工业 4.0 是一个工业制造生产的技术经济范式，那么工业 5.0 则是工业与社会协同发展的新范式。工业 5.0 将工业置于更广泛的经济社会和生态环境层面，秉承以人为中心的价值观，促进工业可持续和富有韧性的全面发展。

工业 5.0 的基础技术是"赛博 - 物理 - 社会系统"（cyber-physical-social systems，CPSS）。与工业 4.0 的 CPS 相比，它增加了社会（social）的维度，内涵也不再局限于经济技术，还涉及社会发展的诸多领域，比如通过生物仿生和智能材料、可再生能源等实现可持续发展，通过无人化技术应对老龄化危机，这一理念更接近日本的社会 5.0 战略。

欧盟提出，工业 5.0 的核心理念是以人为中心。这要求工业自动化不应削弱人的价值，而是通过人机协同增加人的价值；工业智能化不应将人类边缘化，而是将人类的需求和利益置于中心地位。另外，使用新技术应确保不侵犯工人的基本权利，如隐私权、自主权和人的尊严。

工业 5.0 强调智能技术应用要以服务人为导向。我们常说，随着数字化和智能化技术的发展，机器替代人不可避免，但不是简单粗暴地替代。对于高强度、重复性或有安全隐患的工种，逐步推动机器换人；对于需要更复杂智能的环节，人与智能协作机器人相互协同，发挥各自优势。机器人承担机械重复的任务，而工人可通过安全、直观的人机交互协同，管理协调更多的机器人，承担智能监管的职责，提升工人的工作体验和成就感。新技术还可为人类工人创造更多新的工作岗位，推动劳动者技能提升或升级转型，比如通过 VR/AR 技术指导和培训工人。

工业 5.0 还将重新定位工人的角色，"蓝领"和"白领"工人之间的界限日益模糊。企业要把工人视为财富，通过实施"参与式设计"，让工人积极参与人工智能、协作机器人等新技术的设计和部署。

工业 5.0 倡导的用户为中心理念可被用于打造一体化的"工业－消费元宇宙"，即通过网络连通工业 4.0/ 工业互联网与消费互联网，让终端消费者可直接与工厂设计者协同交互，获得独一无二的个性化产品体验。这一"个性化定制"模式类似用户创作内容的 NFT（非同质通证），其独特性可满足中高端客户彰显个性的需求。

打造工业－消费元宇宙，需要从三方面着手。

首先是以统一技术标准和协议，打通消费端到制造端系统间的壁垒。这一体系涉及消费者、经销商和工厂，都使用独立的应用系统，彼此之间需要相互协作，数据需要共享流动，通用数据标准和互操作标准必不可少。

英伟达的 Omniverse 平台为构建工业－消费元宇宙的技术标准协议提供了一个参考视角。Omniverse 作为一个虚拟设计平台，涉及众多的 3D 协同设计软件，如 3ds Max、Maya、图形渲染引擎等，它们之间需要共同语言进行交互。Omniverse 采用了业界广泛应用的通用描述语言 USD，并利用连接工具与其他软件、工具整合起来，能够让在全球各地的设计者使用不同工具，在不同地点进行数据协同和团队协作。因此，英伟达将 Omniverse 称为"工程师和艺术家的元宇宙"。

其次是构建灵活高效的交互设计空间。传统工业都是标准化产品，以大规模流水线方式生产。而对于高度个性化或定制化产品，需要由相关人员的参与和交互，发挥人的创造性。元宇宙可提供数字化的虚拟设计空间，消费者或客户利用传感设备采集自己的个性化数据，形成自己的数字孪生分身，再利用 VR 头盔与产品设计者在 3D 设计空间进行远程交互和沟通，设计出满足客户需求的产品。

交互设计空间还要具有高度真实感和沉浸感。用户网购衣服，明明网上模特穿着很好看，可穿到自己身上就不是那么回事。不仅尺寸、款式、颜色等，总体视觉效果都可能与自己身体不搭配。而元宇宙不仅能让用户和设计者就像在真实的设计现场交互一样，同时还能超越现场，因为在虚拟设计空间可以清晰直观地展示产品的数字化模型，并实时交互修改调整，360°查看商品细节，虚拟试穿或试用，直至满意。

阿里巴巴集团的"天猫家装城"是一个沉浸式的数字孪生电商。在这个 3D 设计空间中，消费者可以将各种家居商品布置到一起，查看整体搭配效果是否符合自己的需求，如尺寸是否合适，颜色或款式风格是否搭配等。当然这还不能算是工业－消费元宇宙，因为它的后端并没有一体化的智能设计制造支撑。

阿里巴巴集团的另一智能制造系统"犀牛智造"侧重服装设计制造，它的"需求大脑"利用大数据分析预测需求，"数字工艺地图"是一个 3D 仿真设计系统，"柔性智能工厂"按照订单规格展开敏捷生产。另外，"犀牛智造"还有"智能调度中枢""区域中央仓供给网络"等系统对生产和供应链进行调度和协作。但这一体系的终端主要面向品牌销售商。

　　无独有偶，山东青岛的服装企业红领集团利用大数据实现服装的个性化敏捷定制。他们将各种服装的板型、工艺、款式和尺寸模板建立数据库，客户可根据自己的身体尺寸自由搭配，有超过 1000 万亿种设计组合和 100 万亿种款式组合可供选择。客户的个性化需求数据被存储到电子磁卡，流水线上的计算机识别终端会读取这些信息并据此进行生产，这样在流水线上就实现了个性化定制工艺传递。

　　最后，元宇宙需要以消费者为中心的购物环境。在现实世界或传统互联网中，店铺都是以商品分类为中心进行陈列和组织。而在以用户为中心的消费元宇宙中，它们都按照用户的兴趣和需求虚拟布置和展示。比如儿童逛商场，应以展示玩具和其他儿童用品为主，年轻女生往往喜欢化妆品、服饰、包包之类。

　　数字商业的关键在于如何以安全合法的方式获取用户需求。传统互联网使用大数据分析对用户进行画像，也就是基于标签的用户特征模型。大数据通常都是由互联网应用程序或 App 搜集获得的，比如用户搜索的关键词、对内容的转发或点赞、地理位置及轨迹、购物记录等，由此间接推测用户的意图和需求。这种模式催生了强大的互联网广告业，谷歌、Meta 等网络巨头收入的 90% 以上都是来自大数据带来的数字广告。

　　但随着个人隐私意识的觉醒，加上大量触目惊心的个人数据泄露事件，大数据模式开始被很多人诟病。元宇宙中的可验证数字身份凭证为用户需求获取开辟了一个新模式，即商家或平台不必再搜集大数据或猜测用户需求，而是基于用户数字身份。按照这一模式，用户将自己的"需求画像"数据转换成标准格式的可验证身份凭证，通过元宇宙的需求搜索和匹配机制，授权给商家有条件使用。用户提供数据都基于最少数据原则，整个过程公开透明，并有授权协议保障双方权益和安全。这种机制既保护了个人隐私，商家也满足了《个人数据保护法》的合规要求。

工业－消费元宇宙将是全生命周期数字化和虚实共生，整个产业链将是去中心化的。未来的品牌商都将轻资产化运作，它将客户的消费需求数据转化成产品设计任务，发包给设计公司。生成标准的产品数字孪生模型后，交付给共享工厂；再利用智能合约配置其库存和物流订单，实现从需求到产品的高效衔接和流转。

在工业－消费元宇宙中，平面化的说明书和售后服务将退出历史舞台，取而代之的是与实体产品一模一样的数字孪生模型，给用户虚实共生、高沉浸感的服务体验；而售后维修服务也将以智能合约条款方式出现，避免不必要的纠纷。比如，你购买一辆汽车，在元宇宙中就会有其数字孪生形态，一旦出现故障，厂商很容易发现故障，并及时予以维修。

工业－消费元宇宙的一个原型实例是由微软和啤酒企业百威英博共同打造的。这一系统利用数字孪生、机器学习、混合现实、精准定位等多种技术，将现实世界和数字世界中的相关元素融合起来，实现生产、供应链、销售、能源和安全等全生命周期的虚实共生，让数据在虚实之间流动交互。

在生产阶段，百威英博构建了一套啤酒厂和供应链的完整数字孪生体系，可实时同步反映酿造过程的状态及环境变化，让酿酒师精准把握酿造过程，及时调整工艺；运维人员身着可穿戴

AR 设备，在车间里穿梭巡检，实时接收信息反馈，发现生产过程中的瓶颈问题，利用 AI 决策进行预测性维护。

这套系统还扩展到生产工厂之外。在物流运输阶段，系统通过实时位置追踪和定位，减少碳排放；在零售端，系统为商店提供在线定制化推荐服务。据统计，系统投入使用后，订单转化率提高了 67%。

第6章
持续演进的元宇宙超智能社会新模式

就像"互联网+"强调互联网逐渐渗透，与各行各业的结合赋能，元宇宙也是动态演进的，其应用边界不断扩大，从游戏、社交、娱乐到数字经济。进而，元宇宙还将拓展到增强公共服务和社会治理，为城市交通、医疗及养老等领域的转型升级提供新途径。

6.1 公共服务与社会治理

1. 智能化虚拟公共服务

公共服务是具有共同消费性质的物品或服务，包括医疗卫生、失业保险、养老等，通常由政府部门、企事业单位和相关中介机构等授权机构提供，它关系到每个人的切身利益。在互联网时代，很多公共服务实现了网络化和数字化，从简单的服务信息系统到跨部门的业务协同，服务水平和效率有了明显提升。

公共服务途径很多，有些仅提供线上预约，或在线提交办理需要的相关材料，具体业务需要线下去办理，通常是到服务提供部门的工作场所，或到集中办理的服务大厅。

互联网时代更好的方式是利用大数据和人工智能重构公共服务办理流程，允许用户在网上自助办理业务。这一方式不仅是为了提高效率，更重要的是为民众提供更好的服务体验。

爱沙尼亚的在线缴纳税系统是一个利用互联网重构业务流程的成功实例。传统的报税流程是，纳税人按照税务部门提供税收计算方法填报纸质表格，需要查找很多收入数据，以计算税额。为变革这一模式，爱沙尼亚税务部门系统利用大数据技术，与银行、商业机构的相关系统联通，共享交换数据，由计算机系统计算出民众应该报税的额度，并自动填报出表格，民众只需上网进行逐一核查确认就"OK"了，操作步骤只需要按"下一步→下一步→……→提交"即可。这种报税方式不仅准确、安全，而且非常便捷，纳税人只需3～5分钟就可完成缴税流程。

在元宇宙中，公共服务还可以进一步改进体验。比如构建功能完整的虚拟服务大厅，与现实世界的服务大厅镜像同步，实现线上办理与线下办理的协调与同步。公共服务业务还可以参照直观简单的升级通关游戏，以游戏互动模式让民众提交办理材料，这一交互过程还可以结合面部表情跟踪、眼睛跟踪、手势跟踪等方式，增强办理客户的现场感，拉近彼此间的距离。

沉浸感可增强用户对公共服务的体验，但更重要的还是智能交互。公共服务大厅一般有智能机器人，作为业务向导，解答客户问题。元宇宙虚拟公共服务可引入游戏的NPC（非玩家角色），或"智能客服",作为个性化业务办理向导,它通过人工智能方式,获取客户需求画像,为用户汇聚办理需要的材料,审核办理材料是否符合要求,并提示客户如何补充网上未能找到的证明材料。

服务过程交互更多的是语音交互,这是用户体验的关键所在。近年来,智能客服机器人使用越来越广泛。以前人工客服每天可处理 200 多通电话,而智能客服的处理能力高达 1.5 万~2 万通。尽管效率提高了不少,但很多智能客服的交互能力无法令人满意,有些还会让人很生气,智能客服不够智能,因而戏称它们为"机气人"。究其原因,在于智能客服背后的"语音识别"或"语言理解"算法没有充分理解用户的上下文意思,给出的回答似是而非,甚至答非所问。

因此,在元宇宙公共服务方面,亟待解决的问题是进一步完善人工智能的语音交互算法的理解力和精准度,主要从以下三个环节着手(见图 6-1):

● 语音识别(ASR),这相当于耳朵,其困难在于不同类型用户在语调、方言、说话习惯上千差万别。解决策略可针对特定个人数据进行训练,生成个人专属客服。

● 自然语言处理(NLP),类似大脑,主要包括自然语言理解(NLU)和自然语言生成(NLG)两个环节。NLU 使用语法分析、句法分析、语义理解等模型,将语言变成结构化的符号和关系;NLG 挖掘出结构化语言所包含的用户意图,以自然语言给出符合用户预期的回答。这需要大量相关语言训练数据。这也是语音交互的难点。

● 语音合成(TTS),将回答文本转化为语音,让机器说话。其作用类似嘴巴,技术相对成熟。

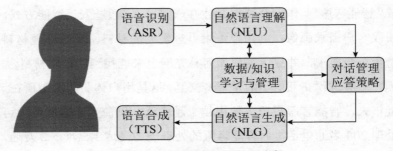

图 6-1　智能语音对话处理流程

公共服务通常设定特定办理条件，需要提交相关材料，经过审核后才能获得相应服务。比如公租房、养老保险等，办理前必须先验证身份信息，判断是否符合相关条件，这是一项烦琐的重复性工作。为此，可以采用智能合约机制，将相关条件都转化为智能合约，如果条件满足，可自动执行相关程序，将补贴数字货币或可验证凭证发送到个人的数字钱包中。

采用智能合约方式提供公共服务有很多优势。首先，将工作人员从重复性的工作中解放出来；其次，减少很多人为的影响因素，或消除因为工作人员个人偏见或失误带来的不公平；再次，智能合约内容不可篡改，执行环节可追溯；最后，智能合约由计算机自动执行，效率高，只要程序编写没有缺陷，就不容易出错。

2021 年 12 月，韩国首尔市政府宣布，将规划建设一个行政服务元宇宙生态系统，服务范围涉及经济、文化、旅游、教育和民事投诉等。在这个虚拟市政厅，市民可以向公职人员的数字分身提出投诉。这一项目计划在 2023 年完成。

2. 虚拟个人数据中心

传统互联网一般通过账号系统管理用户的身份和数据。这是一种集中管理用户身份的方式，用户需要将自己的身份和个人信息上传到账号系统，其作用主要包括：一是身份认证，保障登录者为用户本人，然后给用户授予适当权限；二是利用个人数据或信息，建立用户画像或标签模型，实现面向用户需求的精准化市场营销，为企业创造更多价值。

这一机制有很多弊端。首先，用户使用不便，每进入一个新系统，就需要注册新账号，上传自己的个人信息，这就可能造成数据滥用、大数据杀熟，还有数据泄露，有可能被电信诈骗或黑灰产业团伙利用；其次，用户无法掌控自己的身份数据，用户生产的数据、作品及收益大多归平台，数字资产也都依附于平台。这不利于激发用户创造性，妨碍数字经济的健康发展。

这一问题可通过构建独立的通用数字身份体系来解决。数字身份机构为各互联网平台提供身份验证，还能按照不同类型公共服务的需求，提供最小限度的个人身份数据，从而最大限度地保护个人隐私和数据安全。

以建设智慧城市著称的新加坡，在其国家身份基础设施 NDI 项目中设立了 MyInfo 平台，让民众管理自己的个人信息。平台将每个公民分散在各个政府机构的个人信息搜集整合成为完整的个人信息档案，公民不仅可以添加修改额外信息，如收入、教育、就业和家庭等数据，还可管理与控制个人信息。

MyInfo 平台的设计原则为"只告诉我们一次"（tell us once）。当公民需要在线填写不同形式公共服务表单时，系统就可以自动从 MyInfo 平台提取相关信息，而无须重复填写相关内容，这给民众带来了很多便利。

民众在公共服务网上都留下数字脚印，这让很多行为都有迹可循。MyInfo 平台将民众在所有政府及公共服务网站上的信息都串起来，形成一个公民信息共享协作平台，通过数据分析可实现部门数据之间的精确匹配和无缝对接，有助于实现政府及公共服务部门间的合作与协同。这些信息不仅可用于设计满足民众个性化需求服务，还可用于政府公共服务决策或政策制定。

类似的平台还有印度的 DigiLocker，这是印度数字身份体系（Aadhaar）中的一个组件。在印度，政府及公共部门事务办理手续烦琐，要求民众提供各种各样的证件和证明文件，而证件造假也十分猖獗。DigiLocker 利用云计算革新这些弊端，为民众提供了一个保存证件、证明文件的云保险柜。民众可以将种类繁多的各类证件和证明文件（如驾照、毕业证书、投票 ID 等）上传到云存储空间，由政府工作人员进行验证和审核，保障这些文件具有法律效力。

DigiLocker 系统与印度的数字身份系统 Aadhaar 相关联，从而与政府及公共服务信息系统互联互通，政府及公共部门颁发的证明文件可直接发送到用户的 DigiLocker 账户中，而政务及公共服务办理需要的各类证件证明文件都能通过共享获取。这样，即使当前各种烦琐的许可手续和证明文件无法消除，民众办理事务还是便利了很多，政府行政效率也有了明显提高。

去中心化数字钱包为保护个人身份和数据提供了新途径，它允许用户自主掌控自己的身份、数据和 NFT 数字资产。在元宇宙中，个人身份凭证、内容数据和资产将更为普遍，种类和数量也更多，需要更多、更复杂的数字钱包。为了方便管理，个人还可拓展建设自己的数据中心，这将是类似超媒体的个人数字体验门户，人与人可通过各自的数据中心网络进行交互或社交；公共服务或商业服务也可以用其验证身份、获得用户画像和需求，提高服务质量和水平；或利用 AI 构建类似 NPC 的"个人智能管家"，帮助个人发现或使用元宇宙中信息或服务。

元宇宙中个人数据中心同样需要基础设施，网络、计算、存储、操作系统、软件等，这些在元宇宙中是以虚拟房地产形态出现的，它与现实世界的房地产很相似，也需要购买土地和房产（通常为云计算资源 PaaS 或 SaaS），以支持个人数字钱包等相关应用，并通过 NFT 保障权益和安全。元宇宙房地产应作为元宇宙公共设施，向公众提供。

由于个人数据的敏感性，个人数据中心运营不宜采用市场化运营方式，应由非盈利的公共部门，作为公共服务设施来运营，并接受国家相关职能部门的监管与审计。运营单位负责制定运行规则、安全防护措施等，保障个人权益和社会公平。

个人数据中心在功能上首先要具有数字钱包（热钱包）管理功能，这其中既有数字货币，NFT 资产，又有去中心化数字身份凭证；用户还可建设个人档案馆、个人艺术品展览馆，存储管理自己的健康档案或病历，或者购物合同或交易记录等；喜欢社交的人士还可以构建朋友聚会沙龙，形成自己的社交媒体。

个人对其数据中心有自主控制权，可以决定谁可以访问，或者拒绝哪些人访问。所有访问操作都有日志记录，什么人在什么时间访问了什么数据，便于日后追踪溯源，保护个人隐私和权益。

用户还可通过签署"同意授权协议"方式授权哪些人可以访问什么数据，自己能获得什么收益，这些都由去中心机制保障；用户也可以委托第三方机构代理自己数据的使用授权。政府部门出于公共利益可直接访问用户数据，但需要留下日志记录。

6.2 智慧城市与交通旅行

1. 基于数字孪生的智慧城市

智慧城市源自 IBM 在 2008 年提出的"智慧地球"，这与谷歌地球在理念上很相似，本质上都属于元宇宙的范畴。智慧城市需要的基础技术还包括物联网和数字孪生，通过充分采集整合现实世界中城市场景及社会经济活动数据，实现城市的协同运作，更好地服务市民。

元宇宙作为一个包罗万象的庞大数字世界，智慧城市或者城市数字孪生只是其中的组成部分，它也是元宇宙与现实世界紧密关联互动的核心。元宇宙的另一部分，以虚拟为特征的游戏和 VR 空间，与现实世界的交互有限，因为并非每个人都常玩游戏，并且游戏中主要限于充值购买皮肤、装备等。当然，用户可以参与游戏或资产创作，但也是在产品资产变现或交易时与现实世界关联，其经济系统完全可以与现实经济体系隔离。

智慧城市则与每个人的生活密切相关，其中几乎所有业务模块都需要与现实经济社会进行价值交换。实际上，数字经济是智慧城市的重要命脉。从交通出行到物流网络，从公共服务到社会治理，都可以通过城市元宇宙提高其运营效率，让公众更方便、快捷地获取城市服务。

在元宇宙的智慧城市中，每个人都能以上帝视角洞察城市的环境和运行状况，并实时与城市交互，获得前所未有的体验。比如我们可以提前获悉网约车的运行规律，估计公交车的到站时间，发现最近的共享单车，查看去陌生目的地的路线及周边环境。

智慧城市有哪些要素呢？新加坡是当今世界上智慧城市建设最为先进的国家之一，其智慧城市建设体现了三个创新理念：

一是"连接"，以国家数字身份系统（national digital identity，NDI）为基础建立的人与人之间的"连接"关系，以此建立公民、私营机构及政府部门之间的信任关系，让公民能够方便使用各种数字化服务。

二是"感知"，通过智慧国家传感器平台（smart nation sensor platform，SNSP）获取城市管理大数据，这一平台又被称为智慧国家操作系统（SN-OS）。具体来说，就是将传统路灯改造为具有复合传感功能的"智慧路灯"（lamppost-as-a-platform，LaaP），集成了传感器、人脸识别摄像头等，可广泛用于监测空气质量、交通流量、获悉停车位余量，并收集行人活动数据，这些数据可为城市规划、交通规划以及反恐等系统提供输入数据。

三是"理解"，通过建立可视化的城市孪生模型，以及面向公众的国家数据共享体系，对感知大数据进行融合分析、基于机器学习的模式识别和智能决策，还有敏捷的调度及执行机制，这相当于为城市打造数字化"大脑"。比如通过刻画民众的数字画像和服务设施情况，更好地预测并满足民众的个性化服务需求。

元宇宙需要以智慧城市为基础，构建现实城市的数字孪生体，它需要利用城市信息建模（city information modeling，CIM）方法构建城市场景模型，还有地理信息系统（GIS）、建筑信息建模（BIM）等，这些系统不仅包括了场景的几何信息，还有各种物理信息，如道路、管线、河流等，还包括时间线，记录和管理建筑施工过程的状态变化。

城市建模已经有不少专门工具软件。加拿大 Esri 公司的建模软件 CityEngine（城市引擎）可用于快速构建一座城市的场景镜像或孪生体，其特色在于拥有强大的规则建模，可快速设计城市的各种建筑风格、景观街道等城市要素。腾讯云的 CIM 工具 CityBase 则定位"城市基础设施数字化底座"。CityBase 通过将卫星遥感数据、干涉雷达数据、激光点云数据等空间数据深度融合，实现对城市基础设施全要素，如空间地理、楼房建筑、道路河流、水电燃气等设施的数字化和可视化；对各领域数据、互联网大数据、物联网感知数据的集成分析，获得人流、物流、资金流、信息流和各类城市动态运行数据。最后，在数字空间建成与城市实体世界一一对应、同步协作、动态交互的数字孪生城市。

当然，真正的数字孪生城市建设极为复杂，需要使用多种建模工具，多种方式的数据采集。法国 Vectuel 公司用了 10 年时间，使用多种造型工具，整合了航拍地形摄影、国家地理和森林信息研究所的数据库，构建了巴黎市区的数字孪生，覆盖了 1000 平方千米的区域，包含 200 多万幢已建成和规划中的建筑模型。

元宇宙可以提升智慧城市的规划、运营与治理。系统可根据用户的数字身份和数字画像，提取用户的个性化需求，再利用扩展现实（XR）技术，有针对性地对相关场景进行增强；而对于电力、自来水等基础设施运行维护人员，可"透视"看到地下铺设的相关管道及设施情况；各种视频监控、传感感知信息可集成整合到一个体系，形成高度真实感的 3D 超级实时监控，让管理者以上帝视角俯视掌控一切。

与智慧城市的显著区别是，元宇宙是很多人参与的数字空间，各种参与者的角色、职能及需求各不相同，他们都有各自的数字分身，几百万甚至上千万的普通公众在其中生活、工作和出行，还有各种公共设施，如网约车、公交、地铁的运行，也与现实世界保持同步，用户还能通过智能合约自动缴费，约定服务时间。当然，这些对算力和存储能力将构成巨大挑战。

城市元宇宙中的 AI 代理机器人可为民众办事提供咨询或向导服务，还可以帮助元宇宙持续迭代与演变。人人都可以是城市的创造者，为各种物品、建筑打标签，发现道路或设施损害及时报告预警。

当然，智慧城市建设是一个复杂的工程，需要分阶段建设、不断迭代而实现：

第一阶段，面向城市的规划设计者和决策者，主要将建筑、公共设施和公共交通的动态同步到数字空间，让他们获悉城市实时运营状况，以对城市运行进行决策和资源调度。

第二阶段，城市运维管理者进入城市元宇宙，通过运用人工智能和城市仿真等技术，实现城市运营的智能化、自动化，及时发现设施故障或应急事件的蛛丝马迹，提高城市管理水平和效率。

第三阶段，社会公众进入其中，获得超越现实世界的各种城市服务体验，还可以在其中生活和工作，并且能与现实世界同步互动，现实世界和数字世界融为一体。

2. 车联万物 V2X

汽车是现代人出行不可或缺的代步工具。为保障行驶安全，现在的汽车都利用数字化技术，搭载大量的传感设备，如各种摄像头、探测雷达、传声器等，并与互联网连接，成为智能汽车。这也将是人与元宇宙交互体验的重要节点。

　　智能汽车也需要网络通信。在国内，汽车可通过 RFID 标签接入到物联网中，这催生了公路电子收费系统（ETC），被称为车联网，其英文为"Internet of Vehicles"，但这一术语主要用于国内。

　　在国际上，早期与车联网对应的概念是车载自组织网（vehicle ad-hoc network，VANET），这是由在道路上行驶的车辆自动组成的动态网络，让车辆之间能够相互通信，传输数据。与此类似的还有车路协同（vehicle infrastructure integration，VII），主要利用车辆间和车–路间的通信，构建多个网络系统以增强交通安全、交通运行效率和道路维护。

　　2006 年，美国提出了 V2X（vehicle to everything）概念，强调车辆与环境物体的通信和数据交互。这里的 X 没有确切含义，可代指任何东西，比如 V2V（vehicle to vehicle，车与车）是指车辆、V2I（vehicle to Infrastructure，车与设施）是指基础设施，而 V2P（vehicle to pedestrian，车与行人）是指行人。V2X 的技术基础是传感技术以及车与车通信技术。

　　V2X 是交通元宇宙的基础。在驾驶汽车行驶中，驾驶员总会有些盲区，不同驾驶员水平也参差不齐，路上很多行人的安全意识淡薄，这些是交通事故的主要原因。V2X 相当于给驾驶员"上帝视角"。V2V 让汽车与汽车在数字空间相互通信，感知到诸如车距、车速、交通流量等情况，以车–车协同保障行驶安全快捷；V2I 让汽车与红绿灯、道路指示牌、交通摄像头等道路设施进行通信交互，实现车–路协同；V2P 则通过车载传感器（如摄像头、激光雷达等）让汽车感知到行人、障碍物等。

　　V2X 感知协同能极大地拓展驾驶员的感知范围，并且不受视线遮挡限制，能够让驾驶员提前发现突发紧急状况，及时采取处置措施，如减速、避让、分流等，减少交通事故，或缩减等待时间，缓解交通拥堵。

V2X 技术将会把以上几种技术融合起来，实现真正的车－人－路－车协同，这不仅是完全无人自动驾驶的前提和基础，也是车联元宇宙的愿景。道路上的相关联汽车都以可视化方式进入同一数字空间，彼此之间可通信交互，还可感知周围环境及物体，这就像元宇宙中人与人的虚拟社交。

通信标准是 V2X 的核心问题，它不仅要求速度高，还要低延时。目前有两种主要的通信技术标准：

一种是专用短距离通信（dedicated short range communications，DSRC），其原理与 Wi-Fi 类似，有效通信距离约 240 米。美国电气电子工程师学会（IEEE）基于 Wi-Fi 标准制定了一系列通信标准，包括 IEEE 802.11p、IEEE 1609、SAE J2735 及 SAE J2945。

另一种为蜂窝车联网（C-V2X），基于 3GPP LTE 标准，通信距离更远，还具有低时延、高可靠、高容量通信，具备清晰的向 5G 演进的能力，在全球范围内兼容性更强，是很有发展前景的车联网通信标准。

与元宇宙密切相关的另一项汽车信息技术是 Telematics（车载远程信息服务系统），这个词由电信（telecommunications）与信息科学（informatics）合成而来，其含义为汽车等交通工具上内置的计算机系统，并通过无线通信系统、卫星导航系统或互联网技术提供信息服务。

Telematics 是汽车上的信息服务系统，它将可能作为元宇宙数字体验的门户或入口。其不同参与者也需要不同视图。比如对于汽车维护人员，主要提供车辆远程诊断和维护服务，保障行驶安全。它通过车辆上的传感器系统记录汽车的运行状态，如温度、排气量、轮胎状况、汽油状况等，提醒驾驶员车辆系统的状态是否异常，配件何时更换等。当在行驶过程中出现故障，它还可为维修人员提供准确的故障位置及原因。

对于驾驶员来说，交通元宇宙可提供交通信息与导航服务，如地图导航、交通或路况信息，还可以协助驾驶员进行路径选择、疏散交通拥堵等，或报告临近停车场的车位状况；也可提供安全服务，如预警疲劳驾驶，监测专注力，或通过网络操控智能家电或设施，随时了解家中客人来访、安全状况。

随着全自动无人驾驶技术的落地，Telematics 还可为用户提供商务及娱乐信息服务，方便用户使用各种网络应用软件，如生活社交、网络购物、移动支付、新闻信息，以及网络游戏等娱乐服务。

3. 国际旅行身份及安全管理

随着国际国内贸易和旅游经济的发展，人员的航空旅行越来越频繁。这让机场的边境安检系统面临越来越大的压力，旅客往往需要排长队安检，很多安检项目还可能需要重复安检，流程烦琐，给旅客带来诸多不便。据联合国世界旅游组织预测，到 2030 年，全球航空客运量将比 2016 年增加 50%，达 18 亿人次。这将对机场的边境安检管理体系构成严峻挑战。

元宇宙在航空旅行及安检方面可大显身手，这其中的关键在于利用数字旅行凭证（digital travel credentials，DTC）或电子护照（ePassport），以取代传统护照，实现旅客身份证件识别管理的数字化，这将有效提高机场的安检和通行效率。

2013 年 9 月，在国际民航组织（ICAO）大会第 38 届会议上，各会员国通过了国际民航组织旅客身份识别计划（ICAO TRIP），这是一个数字身份识别管理的全球性总体战略框架，将数字旅行证件的签发、识别及边境验证等环节融为一体，保障身份证明在全流程各环节的真实有效性、安全性和完整性。

TRIP 战略包括 5 个组成要素，身份证明（EoI）、机读旅行证件（MRTD）、证件签发和管制（DIC）、检查系统和工具（IST）以及可交互应用（IA）。其中 MRTD 是电子护照的基础，其数据格式遵循 ICAO 标准 Doc. 9303；EoI 主要是对旅客身份证件进行追溯、关联和验证，确保身份的真实性。

2018 年，加拿大和荷兰政府在世界经济论坛（WEF）提出"知晓旅客数字身份"（known traveller digital identity，KTDI）规范，其核心理念是以旅客为中心，让旅客掌控其个人身份凭证，只有在边境检查控制、安检或相关旅行服务时，旅客才需要有选择地提供必要的个人信息和旅行历史记录。同时查验各方还需要利用安全防护技术，保障旅客个人隐私和数据安全，防止个人敏感数据泄露和滥用。

KTDI 通过规范值机、托运行李、护照边境安检、海关、登机口等环节，避免让旅客反复出示身份证件，为旅客提供无缝衔接的旅行体验。据咨询机构埃森哲的调查发现，边境安检是旅客行程中最大的痛点之一，旅客需要反复排队接受安检和核查，并不断被询问同样的问题。KTDI 倡导利用标准化生物特征识别技术，实现系统之间高效无缝互操作，不仅提高安检效率，并可减少人为差错的发生。

世界经济论坛与埃森哲联合发布的白皮书《知晓旅客数字身份规范指引》提出了一个去中心化身份（DID）技术方案，通过制定全球标准规范，利用生物特征识别、密码学和区块链等技术，形成联盟型信任体系，建立世界各国政府、监管机构、航空业、技术供应商等共同参与的生态化合作机制，实现跨机构的数据共享与互操作。

2019 年国际航空运输协会（IATA）第 75 届年会通过 OneID 计划，允许旅客仅使用单一生物特征识别标识，在不出示纸质旅行证件的情况下，快速办理机场各个环节的手续，以实现 IATA 的"旅行与技术新体验"（new experience in travel and technologies，NEXTT）计划愿景。据 IATA 在 2020 年做的调查，85% 的旅客倾向使用非接触式验证处理。

2020 年新冠肺炎疫情使得防疫签证、电子旅游健康验证成为新兴的数字身份应用，以减少病毒传播和民众因旅行而感染病毒的风险。2020 年底，IATA 推出 IATA Travel Pass（国际航协旅行通行证）应用系统，以解决政府机构、航空公司、检测实验室和旅客之间信息的安全共享与流动，实现旅客的身份识别、健康认证与旅行管理。

IATA Travel Pass 与 KTDI 类似。首先，这一系统同样允许旅客自主掌控个人信息，并确保最高级别的数据安全和数据隐私；其次，系统基于各国政府认可的电子护照国际标准，保证身份识别的正确性，还要按照世界卫生组织（WHO）制定的标准，核验病毒核酸检测和疫苗接种情况；最后，系统与非接触式旅行流程 OneID 整合，提高安检的便利性和生物安全性。目前，这一系统已在多家国际航空公司正式投入运营使用。

综上所述，国际航空旅行身份的演变趋势也是让旅客自主掌控数字身份凭证及信息，并有选择地提供必要的个人信息，这也契合元宇宙的数字身份特征。基于这一模式构建的航空旅行元宇宙，安检人员可戴上 AR 头盔，直接通过人脸识别获取相关身份信息，并利用区块链对其身份进行即时核验。这样既执行了安检流程，还无须让旅客反复出示身份凭证。

同样，这一模式可用于机动地对旅客是否携带危险物品进行快速筛查。AR 头盔扫描旅客，发现违规旅客即可反馈提示，及时处置。

除了政府治理及机场安检外，其他服务提供商等也可以在满足安全与隐私的基础上，分享使用旅客的个人身份信息。比如旅客可使用其数字身份，通过生物识别方式，如刷脸、指纹等，登记入住预定的酒店，扫描解锁房间，或用于租车等服务。

6.3　医疗健康元宇宙

1. 可穿戴设备采集健康及医疗数据

在医疗健康元宇宙中，主要利用可穿戴设备采集和获取患者相关的健康指标及数据。医疗感知设备种类很多，可按照人的三种不同身体健康状态划分。

第一种是针对健康状态，人们出于健身的目的使用各种可穿戴设备，比如运动智能手表，可以通过查看自己的身体状况确定运动量的大小，通常是为了增肌或减肥等。

第二是针对亚健康状态，这时人的身体有轻微不适的感觉，比如失眠、焦虑，或血糖、血脂、血压有点高，但还未到疾病状态，这时需要佩戴的是可穿戴医疗监测设备。常见的有可穿戴睡眠监测设备及心电图监测设备等。

第三是用于生病状态。这需要使用专业的医学检测设备，这些设备采集的数据很精确，但必须到医院，由专业医生实施检查。这些设备专业性很强，如血液指标检测、X 射线或 CT 等，设备输出数据或图像往往在纸介质文件上，需要电子扫描才能进入计算机和网络。最新的医疗设备已经可输出数字化结果。

医疗健康系统主要关注后两种传感设备，它们产生的数据可直接用于医学诊疗中。对于医疗健康元宇宙，可穿戴医疗设备将是主要的数据感知终端。由于芯片的微型化发展，可穿戴设备越来越小巧，有的质量仅 0.01 盎司（约为 0.28 克），不仅可佩戴到身上，还可被植入衣物、服饰、鞋子或隐藏在耳朵内，像智能手表、智能腕带、智能腰带、智能头盔／眼镜、智能戒指、智能纽扣等。

可穿戴设备使用携带方便，能持续不断地产生大量有关身体状态的数据。这是一种前所未有的海量数据采集方式，本质上属于元宇宙的用户生成内容（UGC）方式。通过医疗数据分析，提前发现某些疾病，比如患心脏病的风险可从计步器数据中被发掘，将多个传感器采集的数据集成分析，可发现心脏健康和生活方式之间的联系。这样，医生可在病情初期就及时采取有针对性的干预措施，将疾病消除在萌芽状态。另外，医疗健康大数据还可为医药研究机构和企业提供可靠数据源，或为国家卫生部门科学决策提供依据。

可穿戴设备采集的数据很多，比如最常用的走路步数，也可追踪多种行为和生理指标的组合数据，由嵌入式传感器和生物反馈软件自动捕捉。这些都是即时产生的时序数据。当然，这些设备通常采用间接测定方式，很多数据并不一定具有医学准确性，测量精度也不会很高，比如"不见血"的血糖仪、血压计，测量结果并不靠谱，只能供医生参考；而专业的血液检测方法结果很精确，但也只是某一时刻的数据，不能反映检测指标的动态即时变化。

在医学诊疗中发挥重要作用的是各种医学影像，这些数据需要使用特殊检测手段，如 X 射线、超声波等，拍摄特定部位病情照片，这是医生疾病诊断的重要依据。采集这些数据的设备可以直接连接到元宇宙，使医学影像数据成为个人数字档案或健康病历的一部分。

随着技术的不断进步和竞争的加剧，可穿戴设备的复杂度和测量精度也在不断提高，可穿戴医疗设备与专业医疗设备之间的差距将会不断缩小，比如随着智能手机拍摄效果的提高，手机也可以拍摄出专业质量的指纹；高保真的录音芯片，能让可穿戴设备也像听诊器一样精准记录心跳。另外，可穿戴设备具有时尚的外观、丰富的网络及智能功能，以及便捷的使用方式，发展前景十分广阔。

2021 年 6 月 21 日，国家药品监督管理局批准了美国苹果公司的智能手表心电图（ECG）应用为二类医疗器械产品。ECG 通过智能手表传感器监测窦性心律、房颤、高低心率三大常见心电图结果，同时还能在手机端以专业心电图的方式呈现出来，并支持将监测结果导出 PDF 格式传给医生。

可穿戴设备种类繁多，采集的数据和功能也各不相同。这些数据在元宇宙数据平台聚合起来，同步映射到人的数字孪生体，就能相互补充和印证，让医生对患者的健康状况和病情有更深刻地认识，这将有助于开发在线健康医疗新途径，将医疗干预、健康管理、运动测量、社交互动、智能购物、影音娱乐、定位导航、移动支付等功能集成到同一设备。比如，可穿戴智能终端检测到你的睡眠质量不好，会自动帮你发现和推荐合适的枕头、睡衣、眼罩，或睡觉前为你播放催眠音乐。

2. 电子病历与健康档案及管理

当我们去医院看病，通常需要携带一份病历本，里面包含了个人病史、药物及过敏史、免疫情况、医学化验结果或检查图像（如 X 射线等）、诊疗结果和处方等。但人们平时并不会随身携带病历本，而到看病时又可能忘记带，甚至丢失。另外，医生字迹难以辨认也是问题。

早期的计算机病历（CPR）只是将纸质病历转换成数字形式，主要实现无纸化诊疗。后来广泛使用的电子病历（EMR）是医生在诊断和治疗病人过程中产生的数字医疗信息文档，EMR 数据都经过结构化和标准化，便于计算机自动处理和数据分享。EMR 的目标是实现医疗质量控制，主要记录患者病史及诊疗过程的细节，通常由医院维护和管理。EMR 是以医生诊断和治疗及医院业务管理为中心。

20 世纪 90 年代出现的电子健康档案（electronic health record，EHR）则以医院电子病历为主体，实现医疗信息的跨机构共享。EHR 是卫生体系中关于患者健康历史与服务的终身档案，不仅包括临床诊疗服务记录，还包括社区公共卫生服务记录，如免疫接种、健康体检等信息，并向每名患者提供。①EHR 的分享信息不仅需要在医院各科室之间，还要与公共卫生监管部门之间。EHR 实施的关键在于制定统一的数据内容及格式标准。

21 世纪兴起的个人健康档案（personal health record，PHR）是个人健康和诊断治疗的数字档案集成记录。这是真正意义上个人终身的数字化健康档案，涵盖了一个人从摇篮到坟墓的全部的医疗信息，除了电子病历信息之外，还有很多与健康有关的各种非医疗重要信息，例如饮食习惯、睡觉习性、生活嗜好（如抽烟、喝酒等）、运动情况、心理健康情况等。

与医疗机构主导的 EMR、EHR 不同的是，PHR 由个人控制与维护。PHR 信息是动态、连续的，用户可随时随地查阅、检索、统计分析自己的健康状况，为健康风险评估、健康管理、疾病诊疗和有针对性的健康保健指导等提供基础性依据。PHR 数据更适合于医疗健康元宇宙。

当前医院 EMR、EHR 实施困难的一个瓶颈是医生问诊 3～4 分钟，填写病历还需要十多分钟，医生的工作效率不高。如果患者能将 PHR 的相关数据分享导入 EHR 系统，医生在此基础上作简单修改调整，将大大提升病历填写效率。

医患信任关系是当前医疗体系的关键问题。传统医疗体系中医患关系紧张，很大程度上是由于医患信息的不对称、不透明，甚至不同科室、不同医生和护士之间也缺乏对复杂病情的了解与沟通。医疗健康元宇宙将为解决这一问题提供新手段。

新型医患信任关系需要以患者的去中心化数字身份与健康档

---

① 　Gary Dickinson，Linda Fischetti，Sam Heard. HL-7 EHR system functional model draft standard for trial use [J]. Health Level Seven, 2004.

案为基础和关键，保障医患双方的合法权益，在此基础上培育医疗保健生态体系，这其中既有技术方面的，也需要管理方面的。

医疗健康元宇宙的数字身份为用户自主控制的去中心化身份凭证，所有医疗流程环节都使用可信数字身份、电子签名、区块链等，还有时间戳，保障病历档案信息的真实性、完整性、安全保密性和可问责性。这简化了医疗过程各参与方身份信息的核实认证，增强彼此间的了解，从而建立良好的医患信任关系。

当前 EHR 系统多由医院集中管理，一旦发生医疗纠纷，数据很可能被利益相关方篡改，也很难证伪，不利于追溯相关责任人。电子签名通过使用数据加密等技术来实现病历数据修改和责任人的绑定，从技术上保证了数据记录的可追溯性和不可否认性，避免出现医疗事故之后的责任纠纷。除了要追溯到健康档案修改责任人之外，数据修改时间对于举证也很关键，这就需要记录保存时间戳。

区块链是保障数据完整性和不可篡改性的重要技术手段。北欧数字化强国爱沙尼亚的电子病历系统基于无钥签名基础设施（keyless signature infrastructure，KSI），这是信息安全公司 Guardtime 开发的一种基于区块链的数据完整性保护框架。任何对患者健康档案的修改状态都被系统记录在日志，以供进一步溯源和审计。系统不仅能够防范数据被非法攻击与篡改，即使合法用户的恶意活动也提供存证。KSI 的主要特征可归纳为，"在 KSI 之下，历史无法改写"。

医疗健康元宇宙秉承的一个重要理念是保障患者的充分知情权。在 20 世纪 50 年代之前，历史上几乎所有医生都处于完全主宰的地位，极少征求患者的意见，也很少跟患者交流沟通。1957

年，美国的一起医患纠纷让这一局面有了改观。当时一个名叫
Martin Salgo 的动脉硬化病人，在麻醉后接受主动脉造影术检
查，医生给他注射了一种对比造影剂，造成他下肢瘫痪。患者于
是以医生未在检查之前告知他相关风险为由将医生告上法庭。法
官最后判决患者胜诉，并明确提出，患者在医治前拥有知情同意
（informed consent）这一权利。

确立患者知情同意权是人类文明的一大进步。这不仅体现了
对生命价值的尊重，也为社会伦理奠定了患者自主权的基石。很
多数字化场景都强调用户为中心，但实际上，最佳的情况是实现
医生和患者地位的平等，这也是去中心化的目标。在患者面对生
死抉择上，医生应当给予患者充分的信息透明度，告知治疗的可
能后果，让患者自主作出决定，这将是医疗健康元宇宙中的重要
原则。这不仅针对当前人类医生，对于未来 AI 诊疗的虚拟医生
也同样有意义。

3. 医疗健康元宇宙应用场景

与其他领域的元宇宙相比，医疗健康元宇宙不仅需要与现实
世界紧密关联，更涉及患者的生命安全，这对系统的及时性、真
实感、沉浸感和交互性等都有着很高要求，同时对采集数据的精
确度、可靠性也有着极高的标准。这一模式将是对传统医疗的颠
覆性创新。医疗健康元宇宙针对不同场景及参与者，也有不同的
实现模式和阶段。

第一种应用模式为数字医疗。主要是将医疗流程数字化，主
要辅助医生和医护人员的诊疗工作，主要包括数字化诊断、数字
化生命标志物、远程监控等。医护人员利用物联网传感监测设备

或 VR/AR 设备，采集医治和护理需要的各种数据。这些数据经过汇聚分析后，传输到主治医生和护理人员的系统。医护人员可使用 AR 设备增强显示病人的情况，比如姓名、所患疾病、当前医治护理措施及处方等，便于医生有针对性地诊断病情、查验病房等。

第二种模式为数字疗法（digital therapeutics，DTx），通常由 AI 驱动，让医生以数字化方式为患者进行循证预防、治疗，或管理身体、心理和疾病状况，适用于网络远程医疗服务。在疫情条件下，这无疑是一种很有前景的诊疗模式。

与传统诊疗类似，数字疗法包括"数字化活性成分"和"数字化辅佐剂"，其中前者主要提供数字化临床诊疗，并获得有意义的疗效，类似常规医疗的治疗药品；后者包括虚拟助手、数字化激励系统、数字化药品提示；与医生交流，与类似患者交流，以及临床诊疗记录管理等。"数字化辅佐剂"的目标是让患者获得最佳医疗体验。

数字疗法以患者和消费者为中心，让患者也可参与到诊疗中，增加医疗过程的透明度，同时可以让患者获得知情同意权。诊疗流程一体化集成，患者和医生不一定在同一地点，患者的各种健康数据和疾病情况均通过各种传感设备同步映射到其数字孪生身体上，医生可以身临其境地对患者虚拟身体进行会诊，得出结论，开出处方。同时，患者可以与医生或护士进行实施交流互动，掌握自己的病情，更好地配合医生诊治。

更高级的医疗元宇宙应用模式是利用 AR/ MR 技术、AI 以及 5G 通信等，强化对患者实施的手术救治，比如微软的 MR 临床医学平台，它包含基于 AI 的 InnerEye 诊断系统，MR 头显设备 HoloLens 2，还有虚拟会议厅系统三大部分。

先看 InnerEye 系统，这是一个开源工具包。它主要利用深度学习技术对 3D 检查图像进行自动定量分析。传统癌症诊断与放射治疗前，需要肿瘤及放射专业技术人员手动检查、标记数十个 3D CT 扫描图像。由于癌症种类的复杂性与多样性，这项工作烦琐而耗时。InnerEye 系统先采用卷积神经网络等算法对扫描图像按像素自动分割，再使用医学图像深度学习模型对患者的检查图像与数据进行自动分析和标记。

HoloLens 2 是一个现场治疗增强设备，它直接将检查的医学影像与真实手术部位进行视觉叠加，为医生和患者提供器官的增强的病灶形态及分布，还有周围血管和神经分布等关键部位的直观展示和详细说明。

虚拟会议厅系统在场景功能上更接近元宇宙。它利用 5G 通信，允许多名医生，以及患者都能同步观察相同的病理 3D 全息图像，并支持实时语音和手势跟踪等交互沟通，一起讨论病情，制订更合理的治疗方案。

MR 临床医学平台具有很多优势。这不仅能大大提升诊断效率，还优化了诊疗结果，安全性也更高；患者的参与有助于缓解其不安情绪，能更好地配合医生制订和实施治疗方案。

医疗健康元宇宙还可以利用沉浸感技术，让医疗机构和患者能够分享医疗资源和经验，直观可视地了解人体结构，逼真地在学生面前展现特定病例症状及治疗方法技能进行 3D 模拟回放，学生也可以现场模拟操作试验。这不仅可以培养更多高水平医学毕业生，也有利于临床医生积累知识和经验，提升诊疗技能。

医疗健康元宇宙还将催生医疗数据的资产化。患者数据无论对于医生经验的积累，还是对医学研究都极具价值。在诊疗过程中，患者的各种检查指标和图像、医生的诊断结果、治疗处方等相关数据，以及患者知情同意书等凭证，甚至普通人的睡眠、运动等数据，都可以铸成 NFT，成为独一无二的医疗数字资产，将其上传到区块链上作为诊疗证据或资产保存。

据计算机科学家、知名作家吴军介绍，英国一个老先生身患 6 种癌症，这种罕见疾病与他的基因密切相关，医药巨头葛兰素史克（GSK）花了 200 万英镑购买了他的基因数据。医疗健康数据的价值可见一斑。

当然，医疗数据的确权涉及多方利益，NFT 只是提供了一种数据确权保护形式，具体如何实施，不仅需用医疗行业专家，还需要科技界、法律界以及商界权威人士共同探讨，建立医疗数据资产的确权、流转、交易和使用等环节的管理机制。

6.4 元宇宙养老新模式

1. 数字时代的人口老龄化危机

曾几何时，我国面临着严重的人口爆炸危机，为此我国采取了 20 多年严格的计划生育政策。这一政策显著降低了人口数量，但后果也开始凸显，那就是我国的人口结构也明显老龄化。根据第七次全国人口普查数据，截至 2020 年底，我国 60 岁及以上老年人口达到 1.85 亿，占总人口比例约 13.7%。

实际上，在工业革命之前的漫长历史岁月中，人类生产力低下，生活水平和医疗水平都很低，人均预期寿命通常在 40 岁左右。但进入 20 世纪，特别是第二次世界大战之后，工业化大幅提高了生产效率，极大增进了人类福祉，再加上医学的突破性进展，发达国家人类预期寿命猛增到 80 岁左右，陆续进入了老龄化社会。老龄化很大程度上是国家文明与发达后的后果或副作用。

　　日本是世界上老龄化最严重的国家。20 世纪 70 年代，日本社会开始出现老龄化趋势，与此同时还伴随着少子化。2006 年，日本总人口开始下降。2019 年，日本 65 岁以上人口达 3588 万，占总人口的 28.4%。预计到 2036 年，这一比例将高达三分之一。

　　面对这一严重危机，日本政府通过大力发展互联网信息技术及人工智能技术等手段，试图缓解这一社会问题。"社会 5.0"战略就是日本政府大力推进的老龄化应对策略之一。

　　"社会 5.0"又称超智能社会，日本政府设想以数字化、智能化为契机，提升日本的数字产业发展，同时解决日本社会的老龄化、少子化等问题。

　　"社会 5.0"在技术上和理念上都与元宇宙很相似，都包含了数字身份（即"MyNumber"系统）、社交、物联网、人工智能、大数据，以及机器人、无人工厂、全自动无人驾驶等技术。这些网络和数字技术与现实物理空间相结合，构成了"赛博物理系统"（cyber physical system，CPS），即"通过物联网将物品数字化、网络化后适用于不同的产业社会，数字化的数据被转换为信息与知识，应用于现实世界，数据因而获得附加价值，推动现实世界社会发展"，① 概括起来就是构建"数据驱动型社会"。

---

① 引用自 2015 年日本经济产业省产业结构审议会报告书。

在超智能社会，AI 将被广泛用来提升人们的生活品质。机器人和 AI 家电可让人们远程操控智能家电，比如远程控制的空调、浴缸热水、电饭煲、微波炉等，人们在下班回家前使用智能手机下达指令，回到家后，不仅饭菜已做好，连浴缸的热水也会自动放满。

智能家电还是人们的生活顾问与助手。智能冰箱可自动感知诸如"你缺什么？还剩多少食物？是否过期？"等情况，并显示在冰箱门的显示屏上。你还可以通过语音对冰箱说出指令，冰箱就会通过网络给电商网站下单，做到"缺什么补什么"。要是你中午不知道该吃什么，冰箱会根据你储存的食品种类，向你推荐几份可口的菜谱。

很多老年人都身患慢性疾病，智能医疗和护理可实现远程诊断和治疗。智能护理机器人可让病瘫者实现生活自理，陪护或聊天机器人能解除老年人或病人的寂寞。

远距离监护也是日本政府大力支持的一项重要养老举措。当子女在外地，或在外国工作生活，家里只剩年迈的父母，子女可通过远程监护系统随时掌控父母的身体和精神健康状况。根据日本政府的规划目标，这一远程监护系统不仅能检测出人的血压，还能通过智能化坐便器检测出血糖值、尿酸值等数据，或者从粪便与尿液中检查中是否患有癌症等疾病。

日本的超智能社会还强调各种"无人化"技术，即通过物联网、AI 和大数据来驱动社会发展。如 AI 智能控制的红绿灯、全自动无人驾驶汽车、无人机配送货物等。这些都能在很大程度上缓解少子化和老龄化引起的社会劳动力短缺问题。

2. 元宇宙创建养老新模式

无论是从使用的技术手段，还是实现的目标，元宇宙都与超智能社会高度相似，并且元宇宙的范围更广泛，比如鼓励用户创造的独立经济系统，保障用户的各项权益，都是超智能社会没有的。更重要的是，元宇宙具有更强大的真实感和可视化功能，让用户获得更好的现场感和沉浸感体验，特别对于老年人，这方面的功能尤为重要，因为很多老年人眼睛功能退化，文字阅读不便，而形象化、真实感的场景能让老人感觉更为直观便捷。

元宇宙在居家养老方面可以发挥重要作用。首先，人们可利用可穿戴设备创新居家养老新模式。患有慢性病的老年人，可通过手机 App、社交网络、物联网感知等方式，远程监测老人的心率、血压、体温及血糖等生理指标数据，用户可实时掌握自己身体的健康状况，并将结果反馈到社区养老护理人员或全科医生。而医生或 AI 助理经过医学数据分析工具，提示患者如何更好地安排或管理自己的生活和健康。

这对于很多慢性病患者和医院来说都是好消息，因为家庭护理比例及质量提高了，就减少了病人门诊检查的次数或住院时间，不仅为患者节省就医费用和时间成本，还可缓解大医院门诊和住院床位紧张的状况，更好地利用医疗资源。

阿尔茨海默症是常见的老年慢性病，这类患者认知能力差，居家看护时容易走失。而具有实时定位、声控紧急救助功能的可穿戴设备可大大减少家庭看护者的压力。患者即使独自一人出行也不必担心迷路，能享受更大的自由度，家属或看护者在家里通过元宇宙 App 系统就能查看患者的状况和周边环境，并通过实时对话，提醒患者注意安全事项。

老年人对社交、游戏也有着出乎意料的兴趣。老年人退休后，社交缺失将会给身体带来很大伤害。随着人的预期寿命的增长，老年人的精力和学习能力也都有了长足进步。互联网的日益普及，让很多老年人的数字化生存能力不输年轻人。现在，老年人已经成为不少社交、游戏软件用户的主力军。美国退休者协会（AARP）发布的调查显示，美国中老年游戏玩家数量从 2016 年的 4000 万左右增加到 2019 年的 5100 万。2019 年上半年，美国 50 岁以上游戏玩家在视频游戏和配件上花费了 35 亿美元，而 2016 年同期花费仅有 5.23 亿美元。

元宇宙的社交、游戏更具有可视化和可用性，也更容易被老年人接受和使用。Alcove 是美国退休者协会创新实验室与 Rendever 公司合作开发的 VR 社交应用软件，它让多名用户使用 VR 头显共同体验旅行和娱乐，不用亲自见面就能互动交流。

软件测试时，他们让一位老奶奶参观了法国巴黎圣母院，使她能从各个视角观察教堂内部，这让她足不出户就实现了梦想。Alcove 让老年人获得现实社交所带来的真实感、满足感和交互体验，同时还解决了老年人行动不便及出行成本等空间距离问题。子女也可以以这种虚拟方式随时与父母一起聊天，了解父母的身体状况和生活情况；老年人可以在虚拟世界会见老朋友，回忆美好时光，或一起虚拟旅行。这种虚拟而真实的社交可大大缓解老年人的孤独感。

当前，国际社会普遍认同"积极公民身份"的概念，即每个公民都应承担管理自己服务个案的责任和风险。如果服务使用中出现问题，公民要勇于承担自己的责任。积极学习和参与，而非一味依赖国家和社会救助，这已成为所有公民都应遵循的普遍准则。实际上，对老年人过多特殊照顾，结果可能适得其反，将他们排斥在现代文明之外。

在我国，中老年人使用微信的比例很高，他们喜欢在以家庭、亲属为单位的微信群中相互转发各种以养生保健、防诈骗、心灵鸡汤等为主题的信息。据统计分析，这些信息贡献了惊人的流量与红利。①

实际上，当前很多"60后"甚至"50后"的老年人，对于在线学习、娱乐、购物以及生活缴费等数字化生活和消费模式并不陌生，他们很多人也具有一定的经济能力，而家庭负担还比很多年轻人要小。元宇宙的沉浸式购物让他们在家里就有逛超市或商场的体验，还可以虚拟试穿衣服。这在某种程度上催生了所谓的"银发经济"，他们是一个数以亿计的庞大消费群体。元宇宙还可能将老龄化危机转化为老龄化红利。

有很多老年作家和艺术家，他们的创造需要体验各种场景和事件，或启迪灵感，或陶冶情操；还有很多普通人，年轻时由于工作家庭事务没有太多的旅游时间。而年事已高让他们不便于各地奔波。VR沉浸式旅行软件可以让老年人足不出户体验世界各地旅行，还可体验探险、滑翔，或与古今中外名人对话谈心。

有艺术素养或创作能力的老年人还可以积极参与用户生成内容（UGC），比如创作数字艺术品或将现实中的艺术品数字化，也可以创作游戏。作品可以铸造成NFT，进行交易或销售，回报社会，同时还能获得经济收益。

---

① 腾讯公司.中老年互联网生活研究报告[R].2018.

第 7 章

实现元宇宙的挑战

元宇宙是新世纪的一次互联网革命，具有巨大的经济价值和社会价值。但同时也面临严峻挑战，既有技术方面的，也有安全方面的，还有法律和伦理等方面的。如何应对和克服这些挑战，需要不同领域的专家共同参与，既需要技术人员研发新技术，也需要金融和资本，还需要法律保障。

7.1 技术成熟度挑战

1. VR/AR 显示与交互技术的挑战

米哈游 CEO 蔡浩宇声称，"希望在 2030 年，打造出全球十亿人愿意生活在其中的虚拟世界！"这句话引发了很多人的联想和疑问，那就是，元宇宙的真实感和沉浸感需要达到什么程度？当前的技术距离元宇宙的需求还有哪些差距呢？

我们在图 7-1 中归纳了沉浸感的主要影响因素。首要问题是显示画面的视觉效果要有足够高的清晰度。当人眼观察世界的时候，需要有足够大的视场角度（FOV），即水平视野范围。人的单眼 FOV 为 170°，双眼可感知 FOV 为 210°，垂直 FOV 为 135°。通常 FOV 在 120°～140°之间就能达到最基本的沉浸感，目前主流 VR 设备为 110°。

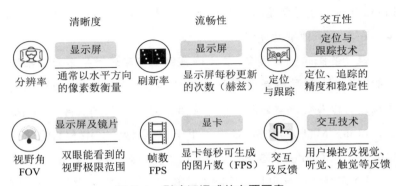

图 7-1 影响沉浸感的主要因素

分辨率是影响视觉清晰度的重要指标，我们通常使用水平方向的像素数量来衡量，比如 1024×1024 我们称为 1k×1k，简称 1k。与之相关的还有像素密度。比如乔布斯对视网膜屏的要求为 300 PPI（pixel per inch），即每英寸有 300 个像素。如果转换成 FOV 相关分辨率指标 PPD（pixel per degree），大概为 60PPD。按照上述 110° FOV，分辨率约为 7k 以上。再考虑人生理的个体差异，这个分辨率至少要在单眼 8k 以上。如果双目系统，则需要 16k。画面分辨率低，将会出现颗粒感或纱窗效应。

目前高端设备的单眼分辨率可达到 2k，像之前大的厂家主流产品 Oculus Rift 和 HTC vive 的分辨率也就是单眼 1080×1200（相当于 PPD 约为 10），最新的 Quest2 分辨率也仅仅是单眼 1832×1920（相当于 PPD 约为 20），距离人眼需求的 60PPD 还有很大差距。

头显画面除了清晰度之外，还要保证让人眼睛不晕，戴着舒服，这需要保证流畅性。晕动是一个复杂的过程，通常给人产生类似晕车的感觉，如头晕、恶心或失衡。据奥地利一家 VR 公司 Junge Rmer 的调查显示，在 991 位调查者中，超过 75% 的人至少存在其中一种晕动症状。

晕动的影响因素很多，其中屏幕刷新率和延时是重要的指标。一般情况下，屏幕刷新率至少需要 72 赫兹。而延时有计算延时、传输延时以及传感器延时，但最主要的还是运动到成像（motion-to-photon，MTP）延时，延时须小于 20 毫秒，其中 MTP 延时占比最多。以 Oculus Rift 为例，其总延时大概为 19.3 毫秒。

3D 交互性指标也是重要因素，其瓶颈主要在于定位、跟踪和显示算法及通信能力。以视频解码能力为例，对于 4k×2k 分辨率的画面，其数据量对于当前 CPU 和带宽来说是一个很大挑战。一个解决之道是采用分区处理，即用户关注哪里，就优先对哪里的画面渲染。因为人的眼睛并不会一直盯着正前方看，所以处理算法还需要以注视点为中心进行渲染，也称注视点渲染。这需要结合眼球追踪技术，动态检测眼球，实时发现用户的注视点位置。

对于计算机生成图形来说，场景往往包含非常复杂的材质、模型、光影特效，这对 CPU（中央处理器）和 GPU（图形处理器）都有很大压力。当然，不同复杂度的场景画面需要的算力也差距很多。这其中一个关键指标是每秒生成的画面帧数（FPS），这个数字类似电影播放的画面数，至少要在 30FPS 以上。

交互方式也影响人们的沉浸感。元宇宙的交互要求灵活敏捷、反馈及时、使用简便，但利用手势、头部动作，不仅让用户看起来像手舞足蹈或摇头晃脑，还可能遇到视野范围不足或遮挡等问题，并且长时间使用会感到很累。手持交互手柄或可穿戴传感器，如交互手套，会降低用户在元宇宙中的真实感和沉浸感，因为我们在现实世界并不使用这些方式进行交互。

触觉交互及反馈对元宇宙体验影响也很大。在电影《头号玩家》里面，男主在赢得第一把钥匙和奖金后，购买了一套高级体感服。在男主跟女主约会过程中，他全身就能感受到被抚摸的感觉。在现实中已经有类似产品，比如 Tesla Suit（特斯拉套装，这与马斯克的特斯拉汽车无关），其原理是通过电刺激的方式产生触感。套装上有 68 个触觉点和 11 个动作感知传感器，还有触觉反馈、动作捕捉、温度控制、生物识别反馈等，可实现从温柔触摸到拍打等各种体验。但难点是，如何让用户感受到不同材质、不同属性物体的表面质感？如何让用户获得重力反馈的感觉？还有嗅觉和味觉等，对于这些问题，当前科技水平都难以解决。

相对于 VR 技术，AR/MR 技术更为复杂，对计算能力的需求比 VR 还要高一个数量级。AR/MR 不仅需要虚拟图形渲染，还需要虚拟物体与现实场景的融合渲染，其幕后技术包括对现实场景进行 3D 重建、识别和理解，需要使用大量复杂的 AI 技术。

另外，元宇宙要求的大规模多人互动面临着技术实现上的挑战，这涉及大量用户的动作捕捉、交互反馈和图形渲染，比如上万人的演唱会，每个人的动作形态各异；还有数字孪生城市的大量人群的服务和交互，都需要超高并发的基础设施。

数字孪生和物联网技术的应用也面临着一些挑战。即使未来技术有了突破性发展，我们也不可能事无巨细，都建立起数字孪生系统。这就要求我们明确，哪些场景或物体需要在元宇宙构建数字孪生模型，需要多大的建模精度，哪些属性状态需要通过传感器采集，传感器部署的密度和采样频度如何设定，这些都直接关系到数据存储和图形图像的计算渲染效率。

VR/AR 显示与交互是获得沉浸感的主要方式。当前的技术已经能够满足最基本的需要，并且按照当前技术的演进速度，实现视网膜屏也只是时间问题。事实上，当前很多元宇宙的应用原型大多采用了渲染开销较小的卡通动画风格，比如 Meta 公司的《地平线》系列平台、《堡垒之夜》等。而像《我的世界》、*Sandbox* 等沙盒类游戏，采用体素造型法，画面粗糙，颗粒感明显。这可以通过增加体素数量来提高精确度和显示画质，但其图形渲染对算力要求更具挑战性。

2. 区块链技术及治理挑战

区块链也是元宇宙的关键技术。它的作用是通过技术建立信任，实现价值传递。它是联通虚拟世界和现实世界经济体系的桥梁，因此有人将其称为元宇宙的"补天石"。但同时这一技术又极具挑战性，这既有技术上的瓶颈，也有治理方面的问题。

从过去十多年的实践来看，比特币之类的公链加密货币都很难成为元宇宙的通用货币，原因主要在于这一模式设计本身的根本性缺陷。

首先，系统交易效率很低。大约平均每 10 分钟生成一个区块，且吞吐效率每秒大约只有 6.6 笔交易，以太坊每秒约 15 笔，这很难满足正常的商业需求。

其次，手续费并不低。手续费是交易者付给记账矿工的费用，尽管不是必需的，但矿工会优先打包手续费高的交易。这个费用通常为 0.0001～0.0005BTC，超过 100BTC 的交易将免交手续费。

如果你想在半小时内确认，手续费为 0.0009BTC。记账矿工的奖励一部分来自新币发行，其余为手续费。由于新币发行每 4 年减半，以后矿工的奖励将更多地来自手续费。

再次，比特币设计理念是完全民主和平等。其记账过程，也称挖矿，不仅低效，而且电力消耗惊人。根据网站 news.bitcoin.com 在 2020 年 8 月的调查，按照当时比特币网络的耗电功率，一年挖矿消耗的电量约为 653.5 亿千瓦·时，这大概相当于三峡水电站 2020 年全年发电量（1118 亿千瓦·时）的一半，摊到每笔比特币交易记录需要耗电 500 千瓦·时，而 VISA 系统只有大约 150 千瓦·时。

按照经济学的理论，货币的主要职能有流通和价值尺度。比特币无论是效率，还是便捷程度，都不适合日常流通支付，也很少有国家承认其货币地位。其剧烈的价格波动也让很多商品难以用此定价。在比特币诞生之初的 2010 年 5 月 22 日，有个名为 Laszlo Hanyecz 的程序员用 10000 枚比特币换了两个汉堡。而如今，一枚比特币价格高达 6 万美元，这当然不是美元贬值了多少，而是比特币被很多人当成一种投机性投资手段。实际上，作为价值尺度的货币，其年波动幅度通常不应超过 10%。

最后，比特币缺乏监管接口。很多人将比特币称为数字黄金。但比特币的价值一方面来自投机和炒作，另一方面多来自黑灰产业链，比如洗钱、网络赌博。暗网平台交易就是伴随着比特币的兴起而繁荣的，比如臭名昭著的"丝绸之路""阿尔法湾"等平台，上面枪支、毒品以及泄露数据等，大多以比特币标价和交易。而网上的各种勒索木马病毒，也都指定使用比特币作为赎金。

比特币并不是唯一数字货币。比特币出现后，各种各样的数字货币如雨后春笋般地冒出来，比如以太币（ETH）、瑞波币（XRP）、艾达币（ADA）、莱特币（LTC）、达世币（DASH）等，种类有几千种，有影响的也差不多几百种。它们的发行门槛很低，比如狗狗币，就是一个工程师为了嘲讽华尔街炒作比特币，在比特币的基础上改造而成的，几乎没有技术含量和成本，且总量不限，第一年就发行了 1000 亿枚。但这一充满闹剧色彩的数字货币不仅生存下来，还成为仅次于比特币、以太币或莱特币的主要品种，甚至受到马斯克的追捧。由于数字货币乱象，"首次公开募币"或 ICO（initial coin offering）被很多人作为行骗工具，严重扰乱金融秩序，很多国家都将加密货币列为非法活动而禁止。

在以太坊上基于智能合约发行的通证或代币（Token），其发行更是几乎没有门槛，任何人只要支付几十美元就能发行自己的代币。很多游戏平台都发行自己的代币，如 *Roblox* 的 Robux（俗称萝卜币）、*Decentraland* 的 Mana 币，有的游戏平台甚至还发行多种货币，如游戏 *Axie* 中除了 AXS 币外，还有 SLP 币。

如此众多的数字加密货币，哪一种也难以成为元宇宙的通行货币。原因很简单，既然每个人都能自己发币，有啥理由使用对手发行的币？这其实就类似原始社会的以物易物的状态，不会成为元宇宙的未来经济模式。目前可行的方案还是各国央行发行的法定数字货币，采用去中心化模式，依靠国家背书。事实上，美国还有其他各国，都在积极准备发行数字货币，我国的数字货币方案 DCEP 已经开始在市场试行，这将是元宇宙通用货币的有力竞争者。

NFT 为元宇宙各种数字资产、数字收藏品提供权益证明，或授权许可证明，并记录权益流转，自动实现流转有序。但它与购买实物商品不同，这涉及 NFT 如何存储问题。我们知道，分布式账本是一种高度冗余的存储模式，NFT 并不是以相同的方式存储所有数据。对于只有 64×64 的小图标，数据量很小，才可存在链上。但对于像"无聊猿"那样高清数字图像，或者音乐、视频等大型文件，NFT 只是存储指向实际资产文件的元数据链接，实际文件被存储在链下。如果文件丢失，NFT 将没有意义。这种弱对应关系，让你无法独享占有文件信息。假如它有使用价值，你无法保证原文件不被盗版。即使它被加密，也有可能被破解。最终还需诉诸于现实世界的知识产权保护机制。当然，如果你只是为了炫耀，那 NFT 确实可提供技术背书。

NFT 也可以通过中心化存储服务器，或 IPFS（inter-planetary file system，星际文件系统）、Arweave 等去中心化存储系统，以分布式存储数据文件本身。而对于线下实体物品或服务，NFT 适合于为诸如电子门票等线下服务提供权益证明，但对于实体商品和艺术品，它也仅能保证 NFT 证书本身在数字空间的真实性。

当前，各种数字货币本质上还都属于虚拟商品，它们的交易一般通过交易所进行。当前规模较大的交易所包括位于新加坡的火币网、马耳他的币安（Binance）、塞舌尔的 BitMEX、中国香港的 OKEX 等，还有经过美国政府批准，持有正规牌照的 Coinbase。数字货币交易火爆，交易所也获利不菲，其中币安的 CEO 赵长鹏还因此成为华人世界首富，资产超过农夫山泉董事长钟睒睒。

中心化交易所仍然要以中介机构信用背书，而近年来兴起的去中心化金融（decentralized finance，DeFi）则将数字货币的交易业务迁移到区块链，即去中心化交易所（DEX）。DEX 交易基于智能合约，交易过程完全由机器程序自动执行，或者说金融服务不需要金融机构作中介。参与者加入不需要许可，也不受地理、经济水平等条件限制，交易过程完全透明，且可审计，还让客户掌控自己的数字资产及流动。

DeFi 是如何实现自动化交易呢？我们以 DEX 的龙头 Uniswap 为例，看看 DEX 交易模式。Uniswap 的核心为"自动做市商"（automated market maker，AMM）系统。传统交易方式是按照出价高低、时间先后等原则，把交易双方的订单都记录在一张订单簿上，从而撮合双方交易。而 AMM 的做法是采用流动性挖矿，具体来说，就是建立一个流动性池（liquidity pool），通过激励机制让各类数字货币持有者将资金放到流动性池中。系统发行通证，激励来自交易手续费，智能合约自动将收益分配给流动性提供者。这很像农场通过耕作获得收益，也称为收益耕作（yield farming）。

交易者也要将自己的资金放到流动性池中，再通过智能合约，让算法自动撮合交易。交易价格和手续费都是通过均衡交易模型计算出来的，这种交易方式的特点是，交易成交价不受客户意愿控制，有可能一夜暴富，也可能一夜归零，其惨烈程度堪比赌博。风险如此之大，而这一切流程规则又是公开透明。

由此可见，当前的去中心化金融交易存在很大风险，在很多方面不符合金融监管要求，很多甚至连起码的客户身份审核（KYC）都不实行，这将对金融安全构成严重威胁。但元宇宙中的 NFT 资产交易也需要交易，这需要将法律和监管等环节嵌入到交易流程中，确保整个交易过程合法合规，这也是元宇宙面临的巨大挑战。

3. 人工智能面临的挑战

人工智能（AI）是元宇宙运转和持续演进的灵魂，它能识别现实世界的场景和物体，听懂人类的语音和自然语言，以便进行交互，引导人类进行探索和创造等。

AI 的起源可以追溯到 20 世纪 50 年代。1950 年，英国数学家艾伦·图灵发表了著名的论文《机器能思考吗？》，为 AI 给出了一个完备准则：如果一台机器输出的内容和人类大脑别无二致的话，那么我们就没有理由坚持认为这台机器不是在"思考"，并提出了一个检验 AI 的测试方法，即图灵测试。图灵因此被誉为 AI 之父。

AI 作为一门学科，诞生于 1956 年在达特茅斯大学举行的计算机科学会议。在会上，计算机科学家约翰·麦肯锡（John McCarthy）首次提出 AI 这一术语。此后掀起了第一次 AI 研究浪潮，机器定理证明、跳棋程序、LISP 语言相继问世。1959 年，诞生了第一台工业机器人；1964 年，发明了首台聊天机器人；1968 年，美国斯坦福研究所研发出首台 AI 驱动智能机器人 Shakey。但这一段 AI 研究侧重问题求解的方法，对知识发现和学习不太重视。

从 20 世纪 60 年代末开始，AI 研究转向专家系统，将 AI 与各领域专业知识结合，以解决复杂问题。1980 年，卡内基－梅隆大学设计出了第一套专家系统 XCON。它有强大的知识库和推理能力，可模拟人类专家解决特定领域问题。但随着应用的深入，专家系统的弱点开始暴露，比如，经常出现很多常识性错误。

到 20 世纪 80 年代，神经网络研究出现突破性进展。卡内基－梅隆大学的 Tom Mitchell 教授在 1980 年创办了国际机器学习大会（ICML），并著有经典教材《机器学习》，明确规范了机器学习的概念，被誉为机器学习之父。

1997 年 5 月 11 日，IBM "深蓝" 计算机战胜了国际象棋世界冠军卡斯帕罗夫，引起公众对 AI 研究的极大兴趣。这是 AI 发展史上的重要里程碑。

2006 年，多伦多大学教授杰弗里·辛顿在世界顶级学术期刊《科学》上发表论文，报告了神经网络研究取得的突破性进展。这篇论文首次提出深度学习的概念，再次激起了神经网络领域研究的热潮，这一年被称为深度学习元年。2012 年，在 ImageNet 图像识别大赛中，辛顿领导的团队采用深度学习模型 AlexNet 一举夺冠。因此，辛顿在 2019 年获得 AI 领域的最高奖——图灵奖。

很快，深度学习显示出在计算机视觉，特别是在人脸识别应用方面的巨大优势。2014 年，脸书公司 DeepFace 项目的人脸识别准确率突破 97%，达到人类识别水平；与此同时，香港中文大学教授、商汤科技联合创始人汤晓鸥领导的团队的人脸识别算法准确率高达 98.52%。目前，AI 人脸识别的准确度已高达 99.9%。

2016 年，深度学习迎来了高光时刻。谷歌公司基于深度学习开发的 AlphaGo 以 4∶1 的比分战胜了国际顶尖围棋高手李世石。随后，AlphaGo 又相继战胜了众多世界级围棋高手。至此，在以高智力著称的围棋界，AI 已经超越了人类。同时，深度学习算法在医疗、金融、艺术、无人驾驶等领域也都取得了不俗的应用绩效。

在语音交互和自然语言处理（NLP）方面，AI 同样可以发挥很大作用。完整的 NLP 流程主要包括语音识别、语义理解、语音合成，其中语音识别是让计算机听懂人的语音，语音合成计算生成回复内容，目前中国的科技企业在这两方面较为领先，特别是在语音识别方面，科大讯飞、搜狗、百度等企业产品的识别率已达到 97% 左右。而在市场上，苹果的"Siri"、微软"小冰"、微信"小微"等聊天机器人已经可为人类提供简单的语音交互服务。当然，它们在语义理解上还不成熟，使用效果并不很理想。

事实上，2014 年，一个名为尤金·古斯特曼（Eugene Goostman）的聊天机器人程序让参与测试的 33% 人类裁判相信它是一个 13 岁的乌克兰男孩，有人认为这是有史以来首台通过图灵测试的计算机程序。尽管这一结论尚有争议，但根据目前 AI 的发展，达到图灵测试的智能语音交互的到来将为期不远。

深度学习算法通常需要大量训练数据，才能获得优异的效能。当数据量很小时，深度学习算法并不比传统机器学习强。但随着数据量的增加，深度学习的性能将持续不断地增强，而传统机器学习达到一个阶段后，性能就不再提升。图 7-2 展示了这两种算法的特性。

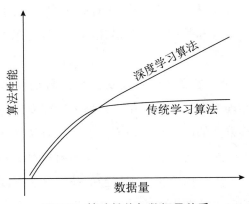

图 7-2　算法性能与数据量关系

语义识别理解的核心是建立预训练语言模型。随着硬件计算能力的不断提升，以及大数据技术的发展，预训练语言模型的参数规模呈指数倍增长。比如 OpenAI 在 2018 年提出的语言算法模型 GPT，其训练参数只有几亿个，2019 年推出的 GPT-2 就拥有了 15 亿参数，而到了 2020 年推出的 GPT-3 时，参数已到达惊人的 1750 亿。它不仅能编写代码，设计界面，还可以创作诗歌。为此，辛顿认为，鉴于 GPT-3 的惊人潜力，未来关于生命和宇宙万物的各种问题，最多需要 4.398 万亿个参数就能解决。

那是不是 AI 就已经能够满足元宇宙中的需求了呢？问题还没有这么简单。当前应用的 AI 大致可分两大类：一类是强人工智能，主要特征是能够执行"通用任务"，可以像人一样自我学习、推理、认知并解决问题，能通过图灵测试，类似科幻电影或小说描绘的那种；还有一类是弱人工智能，这类 AI 的所有功能都由程序所驱动，任何情况都需要对应的程序判断和执行。弱人工智能效能也可以很强，但多局限于某一特定领域。当前大部分 AI 都属于弱人工智能，比如下围棋的 AlphaGo、图像或人脸识别、自然语言处理、无人驾驶等。这些看起来很厉害的 AI，其实它们都只是基于函数和数据，发现最佳动作，没有思考和自主解决问题的能力。

在元宇宙中，很多场景都需要强人工智能，比如社交场景需要情感和心理方面的智能；用户创作内容需要的能力则更为综合，既有情感方面的，也有心理方面的，还有认知和推理等复杂智能；强人工智能驱动的 NPC，将让玩家难以区分与其交互的是人还是智能机器人。由于强人工智能的技术复杂度高，当前还处于研究探索阶段，短期内很难广泛应用到元宇宙中，大部分应用场景还是需要根据约束条件，构建弱人工智能解决方案。

7.2　安全与法律治理挑战

元宇宙将进一步加快经济社会的数字化转型，而与此同时，黑灰产业也在转型，唯利是图的黑客利用虚拟世界的便利性，实施各种网络犯罪，如网络钓鱼、电信诈骗和勒索病毒，平台垄断、隐私滥用、监管审核、数据安全等问题将更为突出，如何利用法律建立元宇宙的安全防护和法律法规体系，将是元宇宙面临的重大挑战。

1. 网络数据安全及隐私保护的挑战

网络和数据安全对于元宇宙来说同样面临严峻挑战。传统互联网安全架构采用基于边界的安全防护，其特点是在网络边界层次防护，无论是部署安全防护设施，还是实施严格的安全防护策略，基本都集中在网络边界。用户访问时，需先联通网络，在网络入口或边界验证用户身份，以判断用户是否值得信任。如果用户身份可信，就授权用户进入网络，访问各种网络资源。这种模式防外不防内，类似于中世纪的城堡，依靠坚固的城墙和护城河进行安全防守。

基于边界的安全防护在理念上默认内网都是安全的。据美国旧金山计算机安全研究所调查统计，过去 60% 到 80% 的网络滥用事件来自内部网络，或者内外勾结。可见，重点防守边界往往并不能够使网络环境变得更安全。

在传统互联网，网络和数据资源都采用中心化方式管理。对于用户身份认证和管理采取的是账号系统，用户需要将自己的各种个人信息上传到网站的用户账号系统进行统一授权和集中管理，用户在网上的大数据记录、数字资产也都由网站集中管理。

这样的话，非法用户一旦攻破边界防线，他就可以畅通无阻，将各种数据资源集中打包，洗劫一空。

近年来，越来越多的数据泄露和窃取事件频频见诸新闻媒体，不仅泄露数据量惊人，波及范围涵盖各行各业，而互联网科技行业更是重灾区，给组织机构和用户造成了巨大损失。以雅虎为例，2016 年公司发现遭遇黑客攻击，被窃取了大量用户信息。后来经过调查发现，2013 年就曾泄露 10 亿用户数据，2014 年泄露 5 亿用户数据。而到了 2017 年 10 月，雅虎惊奇地发现，公司有 30 亿用户数据都被窃取。

随着大数据的兴起，个人数据的价值也日益凸显，互联网平台作为个人数据的实际管理者和控制者，不仅从中获得巨大经济利益，数据滥用事件时有发生，如大数据杀熟、数据非法买卖等。因此，个人数据和隐私保护的重要性越来越大，其紧迫性和关注度已经超过了传统的信息安全。

在元宇宙中，集成的技术和系统越来越多，因而数据的种类和数量更是前所未有。比如 XR 设备对用户个人数据的收集更是全方位的，如相貌、声音等生物识别特征，还有行为特征、交互习惯、注意力等，这些都是详尽的个人隐私数据。这些数据一旦被窃取，将可能对人造成难以估量的损失。比如一个人的脸部识别信息被窃取，即使他发现，也不能像口令密码那样修改。

可穿戴设备往往与用户个人信息紧密绑定。一方面，设备厂商要是存在越权漏洞，导致黑客通过漏洞盗取用户信息，泄露用户隐私，威胁用户的生命健康安全；另一方面，可穿戴设备还会侵犯别人隐私。谷歌眼镜是一款可穿戴 AR 设备，刚发布时由于功能众多，不仅可显示信息、语音识别、通信电话，还可以定位导航、拍照摄像等，给人以"惊艳"的感觉，也曾被谷歌寄予厚望。但在使用中，越来越多的人发现它侵犯个人隐私，后来被美国很多咖啡店和电影院禁用。最后这款产品逐渐销声匿迹，成为谷歌的败笔之作。

元宇宙与现实世界紧密关联，现实世界中大量设备的数字孪生系统利用物联网采集数据，如电网、高铁、供水等，都是涉及国计民生的关键基础设施，一旦受到恶意攻击，后果将是灾难性的。2021 年 5 月，美国最大的燃油管道系统 Colonial Pipeline 就曾遭受黑客"勒索病毒"攻击，导致相关系统全面瘫痪。

元宇宙经济和金融系统同样面临着很大风险与挑战。DeFi 或 NFT 的安全性既有常规的系统安全，还有智能合约的安全漏洞或 bug，商业模式也可能存在结构性风险。著名的区块链自治社区 The DAO 曾经众筹了 1.5 亿美元，成为史上最大众筹项目。但由于系统设计缺陷，黑客取走了超过 360 万个以太币（当时约合 6000 万美元），这让以太币价格从 20 多美元直接跌破 13 美元。

2021 年 12 月，去中心化组织 Badger DAO 遭遇黑客攻击，大量用户资产在未经授权的情况下被转移，交易平台被迫关闭。据 Odaily 星球日报不完全统计，2020 年 DeFi 领域发生了 40 余起黑客攻击事件，损失高达 1.774 亿美元（其中约 4939 万美元被追回）。DeFi 沦为黑客们的提款机。

应对未来元宇宙中网络安全的一种重要技术手段是零信任模型，它是一种基于数字身份进行安全防护的方法。这一概念最早是由约翰·金德维格（John Kindervag）针对传统基于边界防护安全模型存在的问题提出的，他当时是美国技术及市场调研机构 Forrester 的首席分析师。零信任的核心理念是，"从不信任，始终验证"（never trust，always verify）。他认为，"企业不应自动信任内部或外部的任何人 / 事 / 物，应在授权前对任何试图接入企业系统的人 / 事 / 物进行身份验证。"

美国国家标准与技术研究院（NIST）对零信任的定义是："零信任（ZT）提供了一组概念、思想，其假定当网络被攻破时，在执行信息系统和服务中的每次访问请求时，降低其准确决策的不确定性。零信任架构（ZTA）是一种基于零信任理念的企业网络安全规划，它包括组件关系、工作流规划和访问策略。"

与传统安全模型不同的是，零信任不再以一个清晰的边界来划分信任或不信任的设备，也不再区分信任或不信任的网络和用户，而是以数字身份为基础，实行动态访问控制。零信任是对访问控制范式上的颠覆，标志着安全架构从"以网络为中心"转向"以身份为中心"。图 7-3 展示了传统的边界防护模式与零信任安全架构的模式特征。

（a）传统的边界防护　　　　　　（b）零信任安全

图 7-3　传统的边界防护模式与零信任安全架构

（资料来源：Mobile Mentor&devopsiraptor）

当然，法律也是保护元宇宙安全的重要手段。我国已经制定了较为完善的网络安全和数据保护的法律，除了《民法典》之外，《网络安全法》《数据安全法》以及《个人信息保护法》等，对数据及隐私保护也已经成为网络监管的常规职能。

2. 元宇宙单一数字市场及法律治理挑战

元宇宙通常被认为拥有独立的经济系统，但它并非是孤立的，也不是法外之地或者独立乌托邦，同样应遵守现实世界的法律，接受现实世界政府部门的监管和治理，这也面临着各种挑战。

首先，元宇宙需要一个单一数字市场。这一市场以信任为基础，包含三个主要维度：统一的去中心化数字身份、通用法定数字货币，以及一致的数字资产及知识产权保护机制。

完善的经济体系，其首要基础是身份体系。19 世纪后期以来，随着技术的进步，以照片、个人信息为特征的纸质身份证件开始普及使用，这不仅奠定了现代金融和商业活动的信任基础，也是实现经济社会高效治理的重要手段。

在互联网时代，以欧盟为代表的很多国家，都在积极布局，打造数字身份管理体系，如爱沙尼亚、比利时、德国、丹麦等，数字身份在国家经济社会治理中发挥了重要作用。而这一切都是以法律为基础。欧盟还通过法规，要求各成员国接受其他成员国的公民数字身份证。

我国也研发出了两套数字身份方案，比如公安部第一研究所的 CTID 方案和第三研究所的 eID 方案，都已经在试行应用中。国家颁发的数字身份其实就是我们的身份证在元宇宙中的数字孪生，并能够让用户自主掌控。

互联网精神在于信息的开放与自由，但越来越多的中心化垄断平台，掌控着人们的身份和个人信息，控制着谁可以访问什么信息。元宇宙中的数字身份需要用户自主控制，以保证身份凭证独立于网络平台。对个人数据的不当使用，将对个人隐私和生命财产带来安全风险，比如数据滥用、价格歧视和数据泄露等。这些都是中心化数字身份的后果和弊端。

元宇宙中的去中心化身份，可采用"前台去中心化、后台实名监管"的原则，让用户以同一身份在元宇宙中的各平台服务之间通行无阻，实现真正意义上的线上线下联动，还能保证信任和隐私安全。

我国已经开始积极制定去中心化身份方案，相关部门基于各自的 CTID 和 eID 方案，相继发布了去中心化身份白皮书。很多企业，如百度、微众银行等也都在开发去中心化数字身份体系。当然，网络体系中如果多种身份体系并存，需解决不同身份凭证之间的数据共享和互操作性问题，这样才能降低服务提供方验证身份的复杂度，也有利于推广实施。一个可行的途径是从国家层面制定统一标准，规范数字身份凭证的数据内容及格式，保障身份数据的共享互通和互操作。

我国在 2003 年就通过并实施了《中华人民共和国居民身份证法》，建立了完善的身份管理体系，并在 2011 年做了重要修订，使个人信息的采集更为规范，并增加了保护个人隐私的条款。但在互联网空间，特别是元宇宙中，目前还没有数字身份相关的法律条款。通过立法途径，建立元宇宙数字身份法律体系，将是元宇宙建设的一项重大挑战性任务。

在元宇宙中，央行数字货币将是单一数字市场的价值尺度，也是连接虚拟经济和实体经济的关键锚点。大量证据表明，当前的各种加密货币都不具备货币或证券的特性。美国证券交易委员会（SEC）主席 Gary Gensler 多次强调，比特币等都属于商品，并非证券。早在 2013 年 12 月，中国人民银行等五部委就发布了 289 号文《关于防范比特币风险的通知》，认定比特币属于虚拟商品，否定了比特币的货币地位；2017 年 9 月，中国人民银行等七部委发布《关于防范代币发行融资风险的公告》，将各种代币都列为未经批准的非法公开融资行为；2021 年 9 月，人民银行、中央网信办等十部门联合发布《关于进一步防范和处置虚拟货币交易炒作风险的通知》，重申比特币、以太币、泰达币等不具有与法定货币等同的法律地位。

NFT 资产需要制定完善的法律规则。当前其法律定位为虚拟商品。国际融资监管机构——金融行动特别工作组（Financial Action Task Force on Money Laundering，FATF）的《虚拟资产及虚拟资产服务提供商风险指南》（Updated Guidance for a Risk-Based Approach to Virtual Assets and Virtual Asset Service Providers）是国际反洗钱风向标，2021 年 10 月，在其修订的指南中明确定义了虚拟资产（VA），即 VA 不仅仅是价值的数字表示，还必须可交易或可交换。即价值必须能够被转移，而不仅仅是一种记录方式。因此 FATF 认为，NFT 似乎不构成 VA。但如果它们以属于 FATF 标准资产的方式使用，就应该按照资产方式进行监管，即使其一般用途不符合 VA 的定义。

NFT 更确切的定位应该是"加密收藏品"（crypto-collectibles）。NFT 在元宇宙中的重大挑战是，如何避免其金融化和炒作。支付宝 App 就将其发行的 NFT 转赠时间设定为 180 天，并为受赠者设定了更高的再次转赠门槛，需实际持有 2 年以上。

NFT 面临的另一挑战是如何协调知识产权相关的法律。传统法律强调清晰的权利边界，排除外界干涉。而在元宇宙中，各利益相关方权利边界却相互交织，平台提供基础设施和工具，而用户既是创作者也是消费者，多人互动参与往往是常态，还有 AI 向导的参与，这涉及很多问题，比如版权结构如何确定？收益如何分配？出现版权纠纷如何解决？

另外，元宇宙中往往涉及多家企业的游戏或动漫 IP，其知识产权类型和法律保护方式可能各不相同，也可能相互交叉或干扰，比如著作权、商标权、人物肖像权等。如果创作者或者玩家将不同公司、不同游戏中的设计角色或装备，集成到一个场景，或者进行二次创作，版权结构变得非常复杂，不仅法律条款复杂，也很容易引发版权纠纷。

3. 元宇宙去中心化金融体系的监管挑战

既然形形色色的加密货币不太可能作为元宇宙的流通货币，那么区块链领域炒得火热的 DeFi 或去中心化金融是否适用于元宇宙呢？答案是很复杂，这要看情况。从技术上来说，DeFi 倡导的基于智能合约的自动化交易模式，将大量需要人工重复劳动的环节实现智能合约或利用人工智能的替代，将会大大提高金融领域的业务效率。还有，其多元信用模式也有利于实现普惠金融。这些都是传统金融业需要去学习和借鉴的地方。

但 DeFi 在商业模式和机制上却有严重问题和漏洞。这首先体现在，过度迷信技术建立的信任，理念上强调去中心化，并主张去监管，实行完全自治，这某种程度上妄图构建一种无政府"数字乌托邦"。当年 P2P 金融在技术理念上也有类似之处，当时由于管理上疏忽，使得 P2P 金融平台的准入门槛很低，不仅金融机构，还有各种互联网公司纷纷加入，造成乱象频出，纷纷跑路，直至全部清零，给民众造成了巨大经济损失。这个教训不谓不深刻。实际上，P2P 所谓的点对点其实就是 DeFi 的去中心化早期形式，P2P 资金池与 DeFi 的流动性池也如出一辙。

采用公链 DeFi 的另一个问题就是，它作为一个整体无法成为法律责任承担者。按照我国《网络安全法》相关规定，如果网络服务或产品存在明显恶意程序或显著系统漏洞，则提供者需要承担相应的法律责任。但区块链是集体维护，人数众多，却没有一个独立的行为责任主体控制网络。很多 DeFi 交易所在发生问题需要追责时都自称"去中心化"。为此，FATF 在最新的《虚拟资产及虚拟资产服务提供商风险指南》中，给出了虚拟资产服务提供商（VASP）的定义，并建议"当 DeFi 安排实际上包括一个有控制权或足够影响力的人，却自称去中心化。司法管辖区应适用 VASP 的定义，而不应考虑其自我描述"。

区块链通常采用了严格的密码学算法，也没有提供监管接口，监管部门无法对其进行正常的金融监管。而交易者既不需要注册账号或身份，也没有身份审核机制。这让公链 DeFi 存在巨大的风险隐患，却又无法采取法律措施。为此，美林公司前首席投资策略师理查德·伯恩斯坦认为，DeFi 金融服务可能很有趣，但其理念之幼稚让人震惊。他们满怀着瓦解一切的雄心，却对金融监管为何存在一无所知。

为了打击洗钱和金融诈骗，FATF 制定了《反洗钱及反恐融资国际标准——FATF 建议》，并于 2021 年 6 月进行了更新，"建议 15"提出，各国应要求虚拟资产服务提供商在其本国取得审批或登记注册，以便各国当局采取必要措施进行监管、监测，并要求监管必须是国家权威监管机关，而非自治管理组织。

DeFi 通常基于以太坊的智能合约机制。但这种智能合约并非是通常意义上所说的法律合约，不具备法律上的权利和义务。为此，国际金融标准化组织 ISDA 在 2018 年发布报告，提出将法律效力引入到智能合约中，称为智能法律合约。

智能法律合约强调法律合规，在执行的交易合约中嵌入相关法律条款。R3 公司的 Corda 是一个"受区块链启发的"分布式账本平台，其智能合约包括了程序代码和法律文本（legal prose），它们一起作为交易状态附件共同存证。在交易执行中，法律文本的效力更强，如果智能合约程序代码中与合约的法律文本有冲突，将被明确认定为程序设计缺陷（BUG）。这与坚守"代码就是法律"（code is law）原则的以太坊明显不同，以太坊上的智能合约，即使发现有错也要继续执行。Corda 平台的这一特性得到了很多国家的认可，瑞典、瑞士、泰国、委内瑞拉等国央行的数字货币技术测试和概念验证都基于 Corda 平台。

智能法律合约的一个重要问题是语言规范及实施。通常计算机中的形式化语言都未考虑到法律合规问题，再严谨的智能合约代码也无法确保所开发的合约代码与法律语言能够实质一致。Accord（意为"协约"）项目是基于 Corda 平台的智能法律合约语言规范及实施参考，这是由思科、微软、甲骨文、英国电信、Github 等 34 家厂商共同参与的项目，现由 Linux 基金会托管。

Accord 项目提出形式化合规语言和模板，并落地在计算机语言和验证方法上，将计算机程序和法律语言结合起来，这相当于为区块链用户开发了法律合同模板，并保持技术中立。Accord 包括编程语言 Ergo、数据建模工具 Concerto 和合同模板 Cicero。

　　智能法律合约是未来元宇宙商业应用的主要形式。我国目前的当务之急是，尽快开展智能法律合约相关项目的研发，以元宇宙主要应用场景为依托，构建主要商业合约的智能法律合约体系。当然，这将是一项庞大而艰巨的工程。

7.3 社会及技术伦理挑战

1. 从沉浸到沉迷：个人身心健康挑战

　　沉浸感是元宇宙的核心要素之一，高度真实感的画面，高保真的声音、触觉等方式，让用户获得现实世界中身临其境的体验。然而这一特性也充满争议和挑战，比如著名科幻作家刘慈欣就曾表示，元宇宙是极具诱惑、高度致幻的"精神鸦片"。他担忧人类沉浸在虚拟世界故步自封，从而让人类走向死路。实际上，这究竟是沉浸还是沉迷，已经争论了很多年。

　　我们以元宇宙原型游戏《堡垒之夜》为例，看一下当前美国的情况。这款游戏在美国很流行，成为很多青少年社交和生活的主要方式。有学生在网上爆料，自己班里上课玩《堡垒之夜》的同学直接把教室的网络挤爆了。为此，学校选择关闭无线网、封掉直播平台、严禁课上用手机。但很显然，这些措施治标不治本。就像一位高中学生承认的那样，他一放学就开始游戏，直到半夜才罢休，学习成绩直线下降。

　　不仅影响学习成绩，沉迷游戏和网络还有身体方面的伤害。最突出的问题是，长时间盯着手机屏幕，容易让眼睛受伤，导致视力降低。根据英国的一项调查，在 18～24 岁的年轻人中，有 84%因为玩手机而导致颈脖和背部疼痛。VR 头显引发头晕、恶心、失衡等，并且这些症状的持续时间与使用时长也保持着几乎线性递增关系。

沉迷游戏和网络的另一问题就是影响睡眠、作息时间紊乱。有的学生因玩游戏严重缺乏睡眠，上课时间注意力不集中，甚至在课间休息的短短 5 分钟里都会睡着。睡眠问题还可能导致注意力障碍，降低学生的创造力和学习能力。

沉迷于虚拟世界还容易造成与社会脱节，增加孤独感，影响家庭关系和感情。在国外就不少人因为游戏占据了与另一半的时间，而发起"千人请愿呼吁控制游戏"的奇葩活动。但这一问题在元宇宙中可能将有所缓解，多人参与互动场景，身临其境的现场感，这在一定程度上还拉近了人与人之间的距离。

这些问题自然引起了家长们的担忧，很多家长认为网络游戏都是"电子海洛因"，称为网瘾，采取各种手段干预控制，但效果并不理想。10 多年前，国内出现了专门的网瘾戒制中心，其创始人杨永信是山东临沂市的一名医生。经央视纪录片《战网魔》的宣传，杨永信一举成名，成为很多家长心目中的"救世主"。

但实际上，他采取了很多偏激的强迫和暴力手段，如像治疗精神病那样的电击疗法，还有非法拘禁和殴打，甚至连孕妇送到那里"治疗"，这些其实都已经触及法律底线。

那么究竟什么是网瘾呢？它的名称来源令人啼笑皆非。1995 年，美国精神科医生伊万·戈登伯格（Ivan Goldberg）为了恶搞权威的精神疾病诊断圣经——《精神疾病诊断手册（DSM-

4）》，模仿其中的赌博成瘾症，编造了"网络成瘾症"（internet addiction disorder，IAD）一词，没想到被同行假戏真做，成为一个正式专业术语。

1998 年，匹兹堡大学的金伯利·扬（Kimberly Young）教授提出"病理性网络使用"（PIU），俗称网瘾，并给出了八项标准，满足五项即可"确诊"。2005 年，她又提出了游戏成瘾（VA）六项标准。两者内容大部分重叠。

2007 年，美国医药协会经过激烈辩论，拒绝了美国精神病协会将 IAD 纳入《精神障碍诊断与统计手册》（DSM–5）的建议，提议对"网络游戏滥用"做进一步研究。2008 年 11 月，北京军区总医院陶然主持制订的《网络成瘾临床诊断标准》通过专家论证，将网络成瘾纳入精神病范畴，并将标准定为每天上网超过 6 小时。这一标准后来被卫生部否决。2013 年，美国 DSM-5 却将这一标准收录在其中。尽管这部分内容被列在附录，作为进一步研究的参考，但还是引起很大争议。2019 年 5 月，世界卫生组织（WHO）正式将"游戏障碍"（gaming disorder）纳入《国际疾病分类》第 11 版（ICD-11）。

从上述这些对网络和游戏上瘾的标准来看，尽管得到了国际权威医学某种程度的认可，但争议还是很大。根据 QuestMobile 发布的《中国移动互联网 2019 春季报告》，中国人均每天花近 6 小时玩手机，"95 后"更是 8.33 小时。世界网络指数也显示了类似数据。难道说，世界上一半以上的人都患有这一精神疾病？

事实上，戈登伯格在 1997 年接受《纽约客》采访时表示："如果你把成瘾概念扩大到人的每一种行为，你会发现人们读书会成瘾，跑步会成瘾，与人交往也会成瘾。"因此，网络成瘾其实只是一种"行为依赖"，是人们对某类信息和体验的渴望。按照英国哲学家以赛亚·伯林的观点，人们可以，或应当被容许，做他所能做的事，或成为他所能成为的角色，而不受到别人的干涉，即所谓的消极自由。其实，网瘾与半世纪前人们对电视成瘾的担忧类似，很大程度上只是人们对新技术的一种恐惧心理。

当然，很多所谓有网瘾的人确实会有一些严重症状。正如某些医生认为的那样，个体反复过度使用网络可能导致性格内向、自卑，部分患者还会导致社交恐惧症等。这些症状也确实是事实，究竟孰因孰果？2006年，中国社会科学院和北京大学通过对网络依赖者进行调查发现，形成网络依赖的原因主要取决于玩家自身的人格，沉迷其中的只是少部分。一般来说，神经质和敏感的人更容易沉迷其中，而公正和自律的人则相对不容易。也就是说，网瘾与其说是一种疾病，不如说是一种症状或结果，其引发原因是多方面的，既有人格因素，还有社会环境、家庭环境，如单一的学业评价体系、社交关系不融洽、父母职能缺失等。

对于网络上瘾，还有一个关键因素，那就是互联网平台在规划设计之初，就将目标定位成"让用户上瘾"，其中一项关键技术就是黑客增长术（hacking growth），本质上就是通过技术手段窥探人的心理活动，发掘用户内心深处的需求点，再投其所好，以潜移默化的操纵方式改变用户认知方式、行为习惯和价值观。

2020年，Netflix制作了一部纪录片《监视资本主义——智能陷阱》（*The Social Dilemma*），揭示社交App让人们上瘾，产生严重负面后果。社交平台通过心理分析、信息传播模型、大数据分析及人工智能等算法，利用控制参数，构建以致瘾和操控为基础的技术环境。比如什么样的电影可以刺激你的情感，什么东西能击中你内心的脆弱之处，什么功能或内容能抓住你的眼球等。正是这些设计让用户欲罢不能，深陷其中而不能自拔。

在元宇宙，现实世界和虚拟世界难以区分，而沉浸感就是希望用户在其中时间更长，甚至让人们在其中生活和工作，这就和当前网瘾标准发生严重冲突。现在"Z 世代"年轻人的娱乐生活呈现多元化、沉浸感的特点。比如剧本杀，就以沉浸感著称，持续时间通常都是几个小时以上。

随着数字化的深入和智能终端的适老化改进，老年人也逐步走进数字世界。据趣头条联合澎湃新闻发布的《2020 老年人互联网生活报告》披露，在 60 岁以上老年人中，有 0.19% 日在线时间超过 10 小时，51% 的老人上网时长超过 4 小时，浏览网页、刷视频、熬夜追剧……按照上述医学标准，很多都属于沉迷网络的网瘾者。

可以预见，网络和游戏成瘾问题在元宇宙中同样会出现，也会引发更多的争议。在元宇宙，如何解决沉浸与沉迷的冲突关系是一项重大挑战。这就需要我们制定元宇宙的伦理规范，对元宇宙的服务或产品提供者进行适当约束，尽量减少其负面效应。

元宇宙的伦理规范的第一个原则应该是"不作恶"。互联网平台、软硬件设备供应商等，都应该采取技术手段和监管措施，尽量消除网络对人的身体和心理的伤害或负面影响，比如视力影响，心脑血管影响，睡眠时间和质量，孤独感、抑郁或其他心理健康的影响等。

进而，元宇宙伦理规范还应该"消除恶"。当前，互联网上的各种网络诈骗、购物陷阱、健康误导层出不穷，这通常会给用户带来重大财产损失。网络服务提供商应该从源头上遏制各种陷阱、骗局，消除其产生的环境和土壤。

元宇宙伦理规范的另一原则应该"科技向善"。比如商家在设计青少年相关的产品或服务内容时，可以将各种学科知识融汇其中，寓教于乐；金融机构可以利用元宇宙的模式，构建去中心化的普惠金融体系，降低金融服务使用的门槛，弥合数字鸿沟，释放元宇宙红利；利用元宇宙人工智能和人机协作机制，促进用户创造，创造新型就业岗位，促进就业的结构性变革；通过创新数据授权和隐私保护计算方法，在促进用户数据价值开发的同时，保护个人隐私，促进数据价值的合理分配等。

2. 人工智能的伦理治理

元宇宙的理念很大程度上来源于科幻小说和电影，很多科幻经典的剧情设定常常是糟糕的未来，而这些通常都是 AI 的后果。比如在科幻小说《雪崩》里，元宇宙被一个名为全球多媒体协议集团（Global Multimedia Protocol Group）管辖，光纤网络被一个垄断企业掌控。这个企业在一艘航空母舰上控制着一个邪教组织，试图利用雪崩来破解小说主角阿弘的思想。

电影《黑客帝国》设定的场景则更为惊悚，其中的 AI 已经超越了人类，人类作为"人肉电池"，被 AI 控制生活在名叫矩阵（Matrix）的系统中。在另一科幻电影《我，机器人》中，AI 机器人作为人类的奴仆，服侍人们的生活起居，关系还算和谐。后来发生一起科学家自杀案件，警探怀疑是 AI 机器人桑尼（Sonny）害死了主人，随即引发了大规模的机器人暴动。

在这些电影中，AI 具备了与人类相似的意识能力，能够进行批判性思维，有自己的世界观，拒绝服从人类的社会规范，想奴役甚至杀死人类。那么,它们发生的可能性有多大呢?实际上,这些本质上是一种理想化的超人工智能,超越了有自主意识的人类智能。但根据人类科技发展现状,在可预见的未来,它们发生的可能微乎其微。

当前,绝大多数的 AI 还都属于弱人工智能。比如著名的 AlphaGo,它可以轻松击败围棋世界冠军,但除了下棋之外,它什么都干不了。弱人工智能的例子包括自然语言识别、图像识别、无人驾驶等,很多智能语音系统,如 Siri、小爱、小度等。它们已在购物出行、智能家居等方面,默默帮助人类。弱人工智能是人类的得力工具。

强人工智能又称通用人工智能,顾名思义,就是应用不限于某一项特定功能或领域,可以胜任人类所有工作。目前最被广为接受的强人工智能标准就是前面介绍的图灵测试。强人工智能不仅可以理解人类的自然语言,与人类自如聊天,还具有学习能力、规划能力和知识表示能力。并且,当遇到不确定因素时,可以自动使用策略和推理能力解决问题。

在业界也有人将强人工智能与超人工智能混为一谈。我们认为,这两者还是有一定区别的。主要原因是超人工智能需要了解人类意识和思维的本质,其难度极高。而强人工智能只需要从外部行为特征实现通用人工智能即可,其规则和实现机制都是预先设定好的,它也不一定能够理解所做任务,其行为模式可由设计者自主控制。

从目前技术来看,元宇宙中使用的 AI 基本可以排除拥有自主意识,反抗人类的可能性,能力也弱多了。但这种 AI 同样面临着风险,那就是来自设计者的主观偏见或恶意。

在很多人心目中，算法是客观、中立的，还有人提出"Code is Law"（代码即法律），每个人都适用相同的规则，体现了公平与正义。但实际上，互联网巨头背后都有庞大的资本，而资本的本性就是逐利和贪婪，一旦不受制约，将做出很多违反社会公正和道德的事情。比如当前互联网平台就通过黑箱智能算法，进行大数据杀熟，利用自己掌握的个人的数据隐私，对价格不敏感的消费者收取高价；还有平台利用智能算法，分析个人的兴趣爱好等个性化特征，再根据个性化需求过滤聚合相关信息，并按照用户反馈进行调整。这就可能让用户接触不到新知识、新信息，陷入自己的小天地中不能自拔，即所谓"信息茧房"或"回音室效应"。在当今美国，有上百万人相信"地平说"，还有不少人认为 5G 网络传播新冠病毒。

另外，在缺乏多元化观点交流的情况下，用户的认知观念越来越狭隘和偏颇，让不同社群观点的两极分化更为严重，难以调和，而平台还可能会投其所好推送明显虚假或低俗的泛娱乐化内容，造成谣言和低俗信息的迅速蔓延，这就是"群体极化"（group polarization）现象。2021 年 10 月，脸书（Meta）前产品经理 Frances Haugen 在国会听证会上指控，脸书平台利用算法刻意将偏执极端的内容推送给用户，以挑起人们的愤怒与仇恨情绪，煽动族群对立，从而达到用户增加发帖、评论回复、点赞转发、点击广告等，以从中牟利。

元宇宙中，AI 和各种自动操控算法的应用将更为普遍，算法伦理和价值观将对社会公正产生重大影响。但由于算法的隐蔽性和产权属性，这让算法的监管和公正性审查变得非常困难。AI 技术发展迭代快，制定强制性法律赶不上技术发展的步伐，而伦理规范可以动态调整。因此，建立元宇宙的伦理规范的需求很迫切。

很多国家都发布了 AI 伦理框架及指南等。2019 年 4 月，欧盟委员会发布了《可信赖人工智能伦理指南》，提出了 AI 伦理框架，包括四项伦理准则：尊重人的自主权、免受伤害、公平、可解释性。美国在发布的《人工智能应用监管指南》中提出"轻监管"模式，即强调标准、指南等柔性监管举措，并配合监管沙盒、避风港等监管科技手段。

2019 年 5 月，经济合作与发展组织（OECD）发布《确定 OECD 的人工智能发展原则》，提出负责任地管理可信赖的 AI 的五项原则：包容、可持续发展及民生福祉，以人为本的价值观和公平，透明和可解释性，健壮性和安全性，可问责制。

2019 年 6 月，中国国家新一代人工智能治理专业委员会发布《新一代人工智能治理原则——发展负责任的人工智能》，强调在发展 AI 要采取公平公正、包容共享的原则，尊重用户隐私，数据安全可控，还要保证用户的自主决策权。同时，相关企业要接受并配合监管，加强自律、自查，实现开放协作、敏捷治理，保障合法性与普惠性。

元宇宙中不仅需要伦理规范，还需要有可行的执行机制，即基于这些伦理原则，综合考虑各参与方和相关方的权益，构建信任生态体系，实现协同共治。互联网商业企业及平台需要对自身的伦理问题进行全面评估，将伦理规范转换成企业规章制度或工作指南，还可通过设置伦理委员会，广泛征集各方意见，对算法伦理相关的策略和规则等方面进行审核，以达成普遍共识。另外，还需要建立可行的监督问责机制，将违反网络伦理等行为纳入社会信用评价体系中，并通过曝光、批评等手段，遏制网络中的隐私滥用、侵权、歧视等不良行为。

3. 脑机接口的伦理挑战

当谈论元宇宙时，不少人往往将其与"脑机接口"（BCI）关联起来。那么未来元宇宙会普遍采用 BCI 方式进行交互吗？从目前来看，很多说法都是夸大其词。这不仅有技术方面的原因，人们对 BCI 技术的研究还是处于刚刚起步阶段。更重要的是，尽管 BCI 有很大的优势，但挑战与风险巨大，特别是在伦理方面，被很多人认为这将是打开人类的"潘多拉的盒子"。事实上，目前的各种 BCI 应用，多集中在伤残人士临床治疗和能力增强方面，如人工耳蜗、双向肌电假肢、点阵输入视觉信号等。

从技术流程上看，BCI 主要包括两部分内容：一是利用脑电采集，获得大脑神经中枢信号，经过信号处理，进行互动和控制，即所谓输出式 BCI，也称意念控制；二是利用合成信号刺激大脑，触发各种感官的反馈信号，比如视觉、听觉、触觉等，即输入式 BCI。它可以将计算机合成的图像或声音等信息，直接传输到人脑中枢，生成感官所馈，具体流程如图 7-4 所示。

第一类技术是采集和分析用户的脑电信号（EEG），"猜测"出用户的行为意图。这项技术已经取得了一定进展。有科学家已经研究出了方法，让用户通过脑电信号来控制机械手，或者直接生成语音等。尽管效率和精准度还有待提高，但目前发展势头很快，进入实用阶段也指日可待。

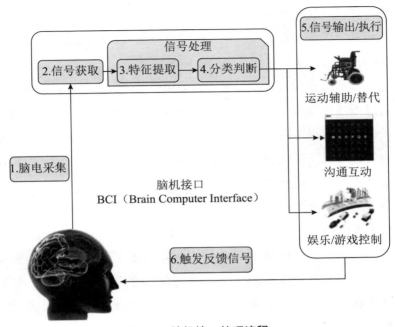

图 7-4 脑机接口处理流程

（资料来源：UW BioRobotics Lab）

美国的 BrainGate 团队已经实现了人类大脑信号与计算机之间的无线高带宽传输，使用户不仅能够用思维打字，还能用意念来浏览网页内容。

2021 年 12 月，埃隆·马斯克在华尔街日报 CEO 峰会上声称，他的 Neuralink 公司已经向美国食品药品管理局（FDA）提出申请，将在 2022 年在人类身上使用 BCI 技术微芯片，主要用于医学目的。这家公司在 2021 年就研究出，将 BCI 芯片植入猴子大脑，让它用意念玩模拟乒乓球游戏 *Pong*。

第二类 BCI 技术为输入式 BCI，即通过刺激人脑生成各种感官，这方面难度很高，目前尚未有突破性进展。当前的人造耳蜗、人造视网膜等，都是通过电子设备采集信号，再把信号接入到相应的神经上，实现了较低分辨率的感知反馈。

目前大多数的 BCI 技术通常采用侵入式植入芯片，尽管可以通过无线传输避免科幻小说中人脑插管的恐怖景象，但在可预期的未来，健康人很难接受利用 BCI 玩"元宇宙"的情况。至于还有人传言元宇宙中将进行"记忆移植""意识上传"，从而实现数字永生，更是捕风捉影。因为到目前为止，人类还没有研究清楚人的意识究竟是什么，如何组织，如何起作用，根本谈不上如何模拟使用了。

在元宇宙广泛使用 BCI 的主要障碍还在于伦理挑战。这其中首要问题是隐私问题。几年前火爆一时的大数据技术，发展到现在，已经成为偷窥人们隐私的主要元凶，这一技术也声名狼藉，不得不借助国家立法手段，保护个人隐私和权益，如我国的《个人信息保护法》、欧盟的《通用数据保护条例》（GDPR）等。而 BCI 可以直接读取人脑中的各种想法和意念，这将攻破人类隐私的最后堡垒，一旦被别有用心的人或组织利用，不仅可能滥用人脑数据，还可能通过篡改数据，其后果有多严重，将很难预料。

元宇宙中 BCI 技术还有更深层的伦理挑战。比如说人脑与网络机器双向互通，究竟是人脑在控制电脑，还是电脑在控制人脑？人的自由意志会被消除吗？比如说，某人通过 BCI 技术，在人脑中植入像计算机木马那样的病毒，这些人就可能像"电脑肉鸡"一样，成为被操控的僵尸，任人摆布，这将对整个人类文明构成极大挑战。

由此可见，BCI 技术很难在元宇宙中得到广泛使用，这不仅有技术原因，更多是出于医学和伦理的原因。目前对 BCI 技术的研究都还是以医学的名义，辅助瘫痪、残疾等临床病人的生活。夸大 BCI 技术在元宇宙中的广泛使用，将在公众中引起混乱和惊恐，不利于未来元宇宙的发展。

4. 贫富差距与数字鸿沟挑战

在现实世界，资源分配不均，贫富差距非常大，这是一个全球性难题。现在很多人声称在元宇宙中这个问题将得到解决。实际上，这个问题在元宇宙中同样是严峻挑战。如果你没有足够的钱，没有钱购买昂贵的 VR 装备、智能终端和可穿戴设备，连进入其中都困难。即使进入其中，也是处处需要数字货币支付，情况并不比现实世界强多少。科幻小说或电影通常都是十足的赛博朋克风，五光十色的霓虹灯，充满科技感的机器人和炫酷的操作界面，与此形成鲜明对比的是现实中简陋暗黑的贫民窟。就像《雪崩》中描述的那样，富豪和精英都拥有高清绚丽的数字分身，而平民的分身则粗糙简单，颗粒感严重。如果元宇宙经济治理不好，将可能出现大量数字贫民。

贫富差距产生的根源极为复杂，并且，不加制约的资本主义导致了财富不平等的加剧。在金融服务领域，银行都希望优先贷款给大客户或大项目，但这部分需求只占市场的 20%。按照长尾效应，这部分属于头部市场，而长尾部分的小额借贷需求往往被商业银行忽视。

20 世纪 70 年代，孟加拉国银行家穆罕默德·尤努斯（Muhammad Yunus）提出普惠金融的理念。他以"穷人有信用，信用有价值"理念创办了孟加拉乡村银行——格莱珉银行（Grameen Bank），开创了无抵押小微贷款金融服务新模式，因此获得了2006 年诺贝尔和平奖。2005 年，当时担任联合国秘书长的科菲·安南将其概括为普惠金融。世界各国都在积极推动普惠金融，促进经济的健康发展。2016 年，中国政府专门印发了《推进普惠金融发展规划》，将普惠金融列为国家战略。

经过十多年的发展，普惠金融发展可谓一波三折，经验教训都很深刻。比如点燃美国 2008 年次贷危机的金融衍生品，就是美国政府为了改善居民住房条件，对信用等级不高的人放宽了信贷要求，开启的一种普惠信贷。2010 年，印度爆发小额信贷危机。

我国从 2013 年开始兴起的 P2P 金融，最初也是打着普惠金融的旗号。但却以高利率吸引储蓄客户，贷款利率自然不低，这其实已经完全偏离了普惠金融的初衷。加之当时进入的门槛很低，鱼龙混杂。很多 P2P 平台最后纷纷跑路，直至全部清零。

对于普惠金融，信用数据极为关键。比如通过信用评分，可度量用户履约概率或偿付能力，信用分高表示履约概率高、偿还能力强。阿里巴巴的蚂蚁集团提出的基于大数据分析技术的信用评估是一个可供参考的实例。这套信用体系依托于其母公司阿里巴巴整个消费生态体系，而淘宝、天猫产生的大数据是一个超级数据金矿，芝麻信用分就是利用这些海量个人大数据获得相关信用指标，实现对用户信用的精准判断。因此，蚂蚁集团的风险控制能力很强。再加上阿里巴巴庞大的生态体系做后盾，其坏账率极低。

元宇宙由无限多的去中心化系统组成，其治理模式也基于去中心化技术信任，如分布式账本、智能合约。区块链上的数据不能被篡改，也无法抵赖；智能合约作为一种在区块链上部署运行的链码程序（chaincode），其中包含预设条件，且不可篡改，一旦条件触发就自动执行数字资产交易。也就是说，将社会和商业契约的执行交给机器自动执行，双方都无法单方面改动合约，直至执行完毕。这种机制让元宇宙中的信用机制相比更为普遍，也更为可靠，并可赋能现实世界的信用治理。

在元宇宙中，人的各种属性和行为都是数字化的，比如行动轨迹、浏览记录、聊天互动、购买记录等，这些数据构成了用户大数据。通过智能分析，获得刻画信用主体信用特征的标签和指标体系，即"信用画像"。最后以可视化方式展示信用主体的信用状况，实现多维度的精准信用评分，这不仅可用于元宇宙中经济活动，还可赋能现实经济社会。

但目前元宇宙还没有理想的普惠金融模式。就以在以太坊上最大的 DeFi 借贷平台 Compound 为例，它声称以智能合约为基础，可实现完全透明化、自动化的借贷交易，且不需要建立借贷订单，而是利用智能合约动态调整利率及分配，从而获得比传统银行服务有更高利息、更低风险的金融服务。但实际上，Compound 借贷平台交易的并非货币，而是各种通证，本质上是以物易物。

Compound 等 DeFi 模式也不太适合普惠金融。它需要其他加密通证做抵押，没有数字资产也就无法参与。尽管其借贷利率不是很高，但各种加密货币剧烈波动的价格也与普惠金融格格不入。实际上，DeFi 更适合作为高风险、高收益的投资理财平台。

　　解决贫富差距鸿沟的可行途径还是需要依靠国家力量，将普惠金融作为公益服务。大数据信用评估可以有效降低金融风险，有助于消除欺诈或骗贷的发生。以智能合约为基础的自动化交易可提高效率，减少人工干预。可编程数字货币有利于控制资金的非法挪用。另外，使用数字钱包也有助于减少各种中间环节或中介机构，普惠信贷或者政府福利都可利用数字身份钱包，直接将补贴发放到民众手中，减少中间环节，避免可能的雁过拔毛的克扣或截留等腐败行为。

参考文献

[1]　朱嘉明."元宇宙"和"后人类社会"[EB/OL].经济观察网. (2021-06-21).
　　　http://www.eeo.com.cn/2021/0621/492328.shtml.

[2]　李峥，李默，张岚舒，等. 元宇宙与国家安全 [EB/OL]. 微信公众号：
　　　中国现代国际关系研究院. (2021-10-30). https://mp.weixin.qq.com/s/
　　　hlN7k-_4ZSftpyE2qNAGeA.

[3]　赵国栋，等.元宇宙 [M].北京：中译出版社，2021.

[4]　于佳宁，何超. 元宇宙：开启未来世界六个趋势 [M] . 北京：中信出
　　　版社，2021.

[5]　Jon Randoff. The Metaverse Value-Chain [EB/OL]. medium.com.
　　　(2021-04-07). https://medium.com/ building-the-metaverse/ the-
　　　metaverse-value-chain-afcf9e09e3a7.

[6]　无忌.元宇宙究竟是什么？科技巨头为何纷纷抢先布局 [EB/OL].
　　　腾讯网·企鹅号. (2021-05-15). https://new.qq.com/omn/20210515/
　　　20210515A015J200.html.

[7]　光速追猎者.元宇宙路线图：先实现云游戏，再来谈 Metaverse[EB/
　　　OL]. 游资网·文化产业评论. (2021-06-11). https://www.gameres.
　　　com/885333.html.

[8]　鞭牛士.科技巨头和普通玩家，都在掘金"元宇宙"世界 [EB/OL].
　　　36Kr. (2021-08-26). https://www.36kr.com/p/1369661540450953.

[7]　Linux 阅码场.元宇宙，互联网的下一个风口？ [EB/OL].面包板网·芯
　　　语. (2021-09-14). https://www.eet-china.com/mp/a76850.html.

[9] 扎克伯格. 元宇宙，就是下一张互联网 [EB/OL]. 新浪科技. (2021-08-04). https://finance.sina.com.cn/tech/2021-08-04/doc-ikqcfncc0961099.shtml.

[10] Joseph Kim. 腾讯互娱社会价值研究院翻译. 什么是元宇宙经济？[EB/OL]. 湃客： 腾 云 智 库 (2021-05-15). https://m.thepaper.cn/baijiahao_12662557.

[11] 徐思彦，张采薇. Metaverse： 互联网的未来是虚拟时空？ [EB/OL]. 百度百家号·腾讯研究院. (2021-04-30). https://baijiahao.baidu.com/s?id=1698396212998993331&wfr=spider&for=pc.

[12] 余凯. 元宇宙早已无处不在，不仅是终极更是初心 [EB/OL]. 新浪财经·游戏陀螺·赛博格实验室. (2021-07-28). https://t.cj.sina.com.cn/articles/view/2953054937/ b0040ad901900x0we.

[13] 青月. 字节、腾讯、百度，谁能抢先绘出斯皮尔伯格眼中的"元宇宙"？ [EB/OL]. 和讯网. (2021-09-10). http://news.hexun.com/2021-09-10/204339904.html.

[14] rct AI. 从 UGC 到 AIGC：穿越历史周期，做时间的朋友 [EB/OL]. 微信公众号：rct AI（ID：rct-ai）. (2021-07-30). https://www.huxiu.com/article/444758.html.

[15] 张春强，张和平，唐振. 机器学习：软件工程方法与实现 [M]. 北京：机械工业出版社，2020.

[16] 陈筱，李芋漪. 元宇宙：下一代互联网生态或开启 [R]. 国泰君安证券研究. (2021-10-21). https://www.gelonghui.com/p/491956?hmsr=joyk.com&utm_source=joyk.com&utm_medium=referral.

[17] BlackFever. 一文概览元宇宙概念、应用特点及发展趋势 [EB/OL]. 链闻 . (2021-07-19). https://www.chainnews.com/articles/995615483882.htm.

[18] 宋嘉吉，唐尧元宇宙 Metaverse：互联网的下一站 [R]. 国盛证券研究报告. (2021-05-31). https://www.zhitongcaijing.com/content/detail/484567.html.

[19] 许英博，陈俊仁. 元宇宙：人类的数字化生存，进入雏形探索期 [R]. 中信证券研究部·前瞻研究，2021-09-12.

[20] 赵钊，魏宇烽. 从《失控玩家》看元宇宙中的老龄市场与老龄社会 [N]. 中国经营报，2021-09-09.

[21] 周利敏，钟海欣. 社会5.0、超智能社会及未来图景 [J]. 社会科学研究，2019（6）.

[22] 蔡维德. 从麻省理工的数字社会到通向区块链中国之路 [EB/OL]. 巴比特网专栏. (2019-02-16). https://www.8btc.com/article/360523.

[23] 施东辉. 西方经济演变：新自由主义式微，新发展主义方兴 [EB/OL]. 澎湃财经频道. (2021-09-23). https://www.thepaper.cn/newsDetail_forward_14609922.

[24] 张涛，刘宽斌. "大数据"在宏观经济预测分析中的应用 [J]. 财经智库，2018 (3).

[25] 房燕良. 元宇宙技术架构案例分析：Roblox. 游戏程序员的自我修养 [EB/OL]. (2021-10-5). https://neil3d.github.io/.

[26] 王儒西，向安玲. 2020—2021年元宇宙发展研究报告 [R]. 清华大学新媒体研究中心，2021-09-16.

[27] 浔阳. UGC游戏浪潮（一）：梦里什么都有的 *Dreams*[EB/OL]. Gameres. (2020-03-10). https://bbs.gameres.com/thread_863521_1_1.html.

[28] 浔阳. UGC游戏浪潮（二）平分天下的 *Minecraft* 与 *Roblox*[EB/OL]. Gameres.(2020-03-26). https://bbs.gameres.com/forum.php?mod=viewthread&tid=864469&highlight=UGC%E6%B8%B8%E6%88%8F%E6%B5%AA%E6%BD%AE.

[29] 浔阳. UGC游戏浪潮（三）做一个UGC游戏与在UGC做一个游戏 [EB/OL]. Gameres. (2020-03-31). https://bbs.gameres.com/forum.php?mod=viewthread&tid=864754&highlight=UGC%E6%B8%B8%E6%88%8F%E6%B5%AA%E6%BD%AE.

[30] 杨帅 . 工业 4.0 与工业互联网：比较、启示与应对策略 [J]. 当代财经，
     2015(08):99-107.

[31] 谭天，张子俊 . 我国社交媒体的现状、发展与趋势 [J]. 编辑之友，
     2017(1).

[32] DADA. 加密元宇宙漫游：Cryptovoxels 的崛起 [EB/OL]. 碳链价值网 .
     (2021-07-23). https://www.ccvalue.cn/article/1214377.html.

[33] 陆挺，徐宏 . 人文通识演讲录·人文教育卷 [M]. 北京：文化艺术出版
     社，2007.